浙江财经大学东方学院
ZHEJIANG UNIVERSITY OF FINANCE & ECONOMICS DONGFANG COLLEGE

卯山论丛

2018年卷

◎ 沃 健 主编

中国财经出版传媒集团
经济科学出版社
Economic Science Press

图书在版编目（CIP）数据

仰山论丛.2018卷/沃健主编.—北京：经济科学出版社，2019.5
ISBN 978-7-5218-0595-6

Ⅰ.①仰… Ⅱ.①沃… Ⅲ.①高等学校-教学研究-中国-文集②高等学校-教学改革-中国-文集 Ⅳ.①G642.0-53

中国版本图书馆 CIP 数据核字（2019）第 112086 号

责任编辑：李 雪
责任校对：刘 昕
责任印制：邱 天

仰山论丛（2018 年卷）
沃 健 主编

经济科学出版社出版、发行 新华书店经销
社址：北京市海淀区阜成路甲 28 号 邮编：100142
总编部电话：010-88191217 发行部电话：010-88191522
网址：www.esp.com.cn
电子邮件：esp@esp.com.cn
天猫网店：经济科学出版社旗舰店
网址：http://jjkxcbs.tmall.com
固安华明印业有限公司印装
880×1230 16 开 14 印张 330000 字
2019 年 5 月第 1 版 2019 年 5 月第 1 次印刷
ISBN 978-7-5218-0595-6 定价：70.00 元
(图书出现印装问题，本社负责调换。电话：010-88191510)
(版权所有 侵权必究 打击盗版 举报热线：010-88191661
QQ：2242791300 营销中心电话：010-88191537
电子邮箱：dbts@esp.com.cn)

《仰山论丛》（2018年卷）编委会成员

沃　健　黄董良　王跃梅　倪玲霖
董永茂　陈晓阳　李　忠　樊小钢
冯　晓　姚建荣　邵培樟　林香娥
张友文　刘中文

前　　言

　　《仰山论丛》是浙江财经大学东方学院主办的财经类综合性学术读物，仰山出自《诗经·小雅·车辖》中的"高山仰止"，反向取其仰山，与东方学院校区所在的仰山路之名相对。丛书为东方学院教职员工在教学改革、专业理论、社会服务等相关领域的研究成果提供出口平台，也为地方企事业单位对地方经济、行业等领域的调研或研究成果创设展示阵地，丛书自2010年创办以来，每年出版一卷。

　　丛书设有区域经济与历史文化、教学改革与创新创业、理论研究与建言献策等栏目，突出学院在财经社科类的研究成果以及服务地方、行业和企业的智库成果。丛书注重基础理论研究与实践应用相结合，以学术研究服务于学科建设、应用型人才培养以及地方经济与社会发展为目标，为教学改革、学术研究、服务地方等提供有力的理论指导和咨询决策。

目　录

理论研究与建言献策

在嘉高校法律顾问制度运行模式研究
.... 伍　军　王海焦（3）
设区的市地方性法规合法性审查中抵触问题研究
.... 田　飞（9）
基层公安机关公共服务供给质量优化研究
——以 K 市公安局 S 派出所群众满意度测评为实证样本 …… 乐俏娜　张　浒（15）
社会工作介入基层社会治理的创新机制研究
.... 郭美晨　柳　迪（24）
社区社会组织参与社会治理实践模式探索
——基于 C 镇 N 助残社区社会组织的实证分析 ………… 石卷苗（31）
东北乡村振兴的实践与思考
——以辽宁省 D 村为例 ………………………………… 董芷含　刘　君（38）
浅议政府会计制度下高校会计核算的变革与衔接
.... 赵　丹（43）
汇率变动、自主创新对出口技术复杂度的影响研究
.... 淦苏美（49）
新媒体时代企业价值传播中的借势营销策略研究
.... 马文博（58）
"校地合作"深化对策研究
——基于东方学院与海宁校地合作的案例探索 …………… 邵建辉　倪玲霖（66）

区域经济与历史文化

海宁市农村集体产权制度改革试点评估
.... 王跃梅　倪玲霖　耿　槟　梁　颖　邵建辉　梁小亮　姜骏骅　唐宇明　于洪月（75）
海宁市发展壮大村级集体经济情况调查
.... 徐文浩（86）

财政补贴、税收优惠与上市公司财务绩效
　　——基于海宁上市公司的实证研究 …………………………………… 蔡　丞（91）
去"繁文缛节"，变"精益求精"
　　——浙江国自流程再造视角的应收账款优化研究 …… 戴钰慧　章　华　张晓慧　柳一鑫（109）
是"雄狮沉睡"还是"凤凰涅槃"
　　——杭州万事利丝绸集团转型升级研究 ……… 王文朋　戴钰慧　何泞苹　童子奇（121）
明清时期海宁碑刻文献初探
　　……………………………………………………………………………… 蔡敏敏（129）
从"二重证据法"到"多重证据法"
　　——兼论新时期训诂学研究方法 ……………………………………… 高　扬（136）
荀子的"礼法"思想对文明执法之镜鉴
　　——以浙北H市水路交通行政执法为样本 …………………………… 查苏生（143）
浅论禅宗的心性伦理
　　……………………………………………………………………………… 秦团结（151）

教学改革与创新创业

《办公软件高级应用》课程微课设计与实践
　　……………………………………………………………………………… 王　懿（161）
通识教育视野下的创新创业课程体系构建
　　——基于浙江财经大学东方学院的实践 ………… 王　侦　金伟林　任本燕（168）
基于网络教学平台教师教学行为数据的分析及可视化
　　……………………………………………………………………………… 毛樟伟（174）
"走读海宁"：东方学院图书馆阅读推广的本土化实践
　　……………………………………………………………………………… 范慧碧（183）
省内八所独立学院图书馆资源建设和服务工作对比分析
　　……………………………………………………………………………… 霍东燕（189）
浙江省独立学院图书馆读书节活动的调查与分析
　　……………………………………………………………………………… 葛晴晴（197）
"双百双进"优秀大学生赴基层挂职锻炼实践研究
　　——以浙江财经大学东方学院为例 …………………………… 陈　聪　崔艳明（202）
高校辅导员在大学生就业指导中的角色及作用研究
　　……………………………………………………………………………… 王书渠（207）

后记 …………………………………………………………………………………………（213）

理论研究与建言献策

在嘉高校法律顾问制度运行模式研究

伍 军 王海焦

（浙江财经大学东方学院，浙江 海宁 314408）

摘 要：认真贯彻落实教育规划纲要精神、全面推进依法治校的重要举措和有效途径之一是建立法律顾问制度，而高校法律顾问制度运行模式是制约高校法律顾问工作成效的主要因素。在调研嘉兴10所高校推行法律顾问制度实践的基础上，归纳了在嘉各高校法律顾问制度的两种运行模式，存在着兼职服务模式比例高、法律服务工作以事后弥补为主、参与高校民主法治建设少等问题，提出了完善在嘉高校法律顾问制度运行模式的具体对策。

关键词：依法治校；在嘉高校；法律顾问；运行模式

全面依法治国是习近平新时代中国特色社会主义思想的重要组成部分。十八大以来，教育部全面落实依法治国、大力推进依法治校，加强建设现代学校制度，2012年11月22日印发的《全面推进依法治校实施纲要》中明确指出："高等学校应当设立或者指定专门机构、中小学应当指定专人负责学校法律事务、综合推进依法治校，有条件的学校，可以聘请专业机构或者人员作为法律顾问，协助学校处理法律事务。"[①]

随着我国高等教育规模不断壮大，高校不仅各种经济社会文化活动参与度越来越紧密与深入，而且学校与教职工、学生、学生家长及社会之间已经形成了各种复杂的法律关系，致使学校在实施教育教学、科研管理与社会服务过程中出现了很多新问题、新情况。新问题、新情况与新矛盾迫切需要法律手段予以规范和解决。建立符合高校实际情况、有高校特色、职能定位准确的法律顾问制度，既是依法治校的客观要求，也是高校维护自身合法权益，谋求稳定可持续发展的内在需要。

嘉兴市是浙江高等教育的大市，现有各类高校10所（按照教育部2017年全国普通高等学校名单统计为6所），诸如浙江大学国际联合学院、嘉兴学院、嘉兴职业技术学院、浙江机电职业技术学院长安校区、浙江传媒学院桐乡校区等公办高校，还有嘉兴学院南湖学院、浙江财经大学东方学院、同济大学浙江学院、上海杉达学院嘉善光彪学院和嘉兴南洋职业技术学院等民办高校。建立和完善在嘉高校法律顾问制度是加强嘉兴现代大学制度建设，推进大学治理体系和治理能力现代化，提高在嘉高校依法治校的能力

---

① 教育部关于印发《全面推进依法治校实施纲要》的通知，2012-11-22.

与水平的必然要求，也是切实维护学校和师生员工的合法权益的迫切需要。

一、在嘉高校法律顾问制度运行模式及特点

依法治校已成为高校管理的基本理念，法律顾问制度在嘉兴高校中得到了较好的推行，普及程度较高。在全市10所高校中，有8所高校已建立和施行了法律顾问制度，尚未建立法律顾问制度的2所高校，其有关工作人员在接受调研时表示已经纳入工作范围，正在研究论证；浙江大学海宁国际联合学院、浙江机电职业技术学院海宁长安校区、浙江传媒学院桐乡校区等都是参照和借助主体学校的法律顾问制度，因而在嘉兴市的校区里没有另行设计单独的法律顾问制度。

法律顾问制度之所以能在嘉兴高校中得到较好的推行，主要归结于浙江省教育厅和嘉兴市对依法治校的重视。浙江省教育厅出台了《关于深入推进依法治教的若干意见》，明确指出"全面推行法律顾问制度，通过购买服务、合作共建等方式，2016年底前全省各级教育行政部门建立法律顾问制度，2017年底前全省各级各类学校普遍建立法律顾问制度。高校原则上应聘请专任法律顾问。"[①] 近年来，随着"法治嘉兴"建设产生的引领和示范效应增强，特别是《中共嘉兴市委关于全面深化法治嘉兴建设推动法治建设走在前列的实施意见》《嘉兴市人民政府法律顾问服务管理办法》的颁布实施，都为在嘉高校探索建立法律顾问制度提供了有益的参考和借鉴。

目前，在嘉高校法律顾问制度总体而言有两种运行模式。

（一）兼职服务模式

在兼职服务模式下，高校设立的法律事务机构不占用学校的行政编制，也不需要设专职成员，其成员主要由本校从事法律专业教学、具有法律专业知识和专业技能的专任教师兼任。如浙江大学国际联合学院、浙江传媒学院桐乡校区和浙江机电职业技术学院长安校区，设立了形式上的法律顾问室，但不单独设编制，其成员主要是由本校具有法律专业知识技能的专任教师来兼任的；又如嘉兴学院和浙江财经大学东方学院的法律顾问室与党政办公室合署办公，没有单独的行政编制，其经费由学校党政办公室负责管理，其成员由院长在学校内部具有法律专业知识和技能的教职工中聘任，同时还聘请了1位来自地方律师事务所的律师，共同组成学院的法律顾问团。

兼职服务模式的特点是机构设置不占学校行政编制，成员均为兼职担任学校法律顾问，有固定办公经费和办公场所，为法律顾问工作建立了平台。

（二）外包服务模式

在外包服务模式下，高校将学校的法律咨询和服务等全部事务均外包给专业的律师事务所，以对外购买专业的法律服务的方式来处理学校涉法事务。具体又可分为两种形

---

① 蒋亦丰. 浙江：学校将建立法律顾问制度［N］. 中国教育报，2016-12-09.

式：一种是将学校全部涉法事务整体外包给专业的律师事务所来全权处理，在嘉高校暂时还没有采用该形式；另一种是聘请校外的专业律师来担任学校的常年法律顾问，处理学校委托的涉法事务，如嘉兴职业技术学院和嘉兴南洋职业技术学院。这两种形式都是由学校的校（院）长办公室来统筹管理。

外包服务模式的特点主要是高校通过付费购买的方式获得专业的法律服务，处理本校全部的涉法事务；在机构设置上，高校内部不单独设立处理涉法事务的专门机构；在人员设置上，也不单独配置专门的工作人员，从而减少了高校运作的人力成本。

二、在嘉高校法律顾问制度各运行模式效能分析

（一）兼职服务模式优点与不足

兼职服务模式的优点是，学校在应对和处理法律事务上有了专门的平台，也有了相对固定的办公场地和相对独立的办公经费，能以学校正式的组织机构的名义，名正言顺地参与到学校依法管理和依法治校的工作中来。该机构的职员都是学校正式的工作人员，对学校的管理规定、具体事务和办事流程等都比较熟悉，这样就能在学校事务和管理上做到提前切入，开展工作更有针对性，也能更加有效地办理学校涉法事务。另外，在兼职服务模式下，高校为法律事务花费的人力成本相对来说比较低。如浙江财经大学东方学院的法律顾问就曾有效帮助学校应对过因考试作弊被开除学生起诉学校一事，正因为学校专任法律教师作为兼职法律顾问，他们非常熟悉学校的管理规章制度和相关处理流程，实现了处理过程程序上的合法性，为学校正确应对和有效解决问题提供了便利。

但是，这种模式也有很明显的不足。一是该机构的工作人员都是兼职身份，他们在法律顾问工作中投入的精力与时间均得不到充分保障。同时，也正因为工作人员的兼职，他们很难或者根本就不会提前介入服务管理工作，因而也就很难从源头上去把控学校法律事务，这样就大大限制了法律顾问全面有效发挥其应有的功能。二是因为这个机构在实际中是不占学校正式编制的非正式机构，导致其地位比较尴尬，缺乏统揽学校依法治校工作的权力基础，缺少强有力的权威性，也就很难全盘考虑和掌控高校的依法治校工作，只能通过个例或个案来介入学校具体的法治工作，对高校法治工作的长远和大局来说，这种模式的工作成效肯定会受到不利影响。

（二）外包服务模式的优点与不足

外包服务模式的优点就是关系比较简单，是纯粹的契约关系。高校只需出钱购买就能获得专业法律机构提供的专业法律服务，双方需求简单明了，目的明确。对高校来说，既不需要设置相对固定的场地，也不需要设置相对独立的机构和聘请相关工作人员，使得高校降低了人力成本。

但是，这种模式也有非常显著的不足。一是为高校提供法律咨询与服务的律所和专

职律师，对高校内部运行机制、管理模式和规章制度等都不是非常熟悉，这样就很难为高校提供有针对性和高效的法律咨询与服务；二是为高校提供法律服务机构的专职律师不能在高校内部常驻，这样就很难做到在事前预防或在事后提供及时有效的法律服务，往往也只能做到有问而顾、事后才顾的被动状况，特别是一些非显性的涉法事务和细节往往很容易被忽视；三是为高校提供法律服务的专职法律机构和人员，一般是以个案的方式为高校提供法律咨询和服务的，导致这些专职的法律咨询服务机构和专职人员很难全面有效指导高校依法治校的实践。

三、在嘉高校法律顾问制度运行模式面临的问题

从外部视角来看，高校作为一个独立的法人，其涉法事务的发生，主要表现在高校人事管理、学生管理、开放办学、后勤保障、商贸管理等方面。近年来的司法实践和当前教育法治中的诸多典型案例，都反映出高校依法治校工作还有很长的路要走。在嘉高校法律顾问制度的实践证明，法律顾问机构为高校吸取经验教训，改进和提高学校管理水平，弥补各种管理上的漏洞和瑕疵，促进学校管理的科学化、制度化和规范化等方面带来了很多启示。但在嘉高校法律顾问制度运行模式仍然面临一些问题和不足，主要体现在：

（一）采用兼职服务模式的比例高，与高校日益增长的法务需求不相适应

在嘉已推行法律顾问制度的 8 所高校中，有 5 所采用的是兼职模式聘请法律顾问。随着地方高校应用型建设的不断深入，高校服务地方经济社会发展的职能将会不断强化，高校与地方、企业及社会之间的交往将日益频繁并不断深入，涉法事务会也将越来越多，兼职服务模式的法律顾问制度将难以充分满足高校日益增长的法务需求。以浙江财经大学东方学院为例，作为通过独立学院规范设置省级验收的独立学院，今后将以独立法人身份去面对各项对内对外的涉法事务，再不会有母体高校在法律事务方面的庇护，嘉兴学院、南湖学院也将面临同样的问题；而诸如浙江大学国际联合学院、浙江机电职业技术学院长安校区、浙江传媒学院桐乡校区等，随着不断深度融入地方，沿用母体高校或者本部高校的法律顾问制度必将面临不适用的问题。

（二）法律服务工作以事后弥补为主，事前预防和提早介入相对不足

根据调查情况显示，在嘉高校当前法律顾问工作开展主要以事后弥补为主，更多的是在学校出了负面状况或问题后，才会找法律顾问去解决问题，比如学校被起诉才着手去辩护、利益受损才知道去维护，更多的是在扮演"消防员"救火的角色，而没有起到"防火墙"的功能。特别是在现有的兼职服务模式和外包服务模式下，法律顾问既缺乏提前介入的时间和通道，也没有明确承担事前介入的义务，在工作上更多的是重事后补救，轻事前预防，这与法律顾问制度设计的初衷和高校依法治校的目标还相距甚远。

(三）法律顾问职责单一，参与高校民主法治建设太少

调查显示，在嘉高校法律顾问的工作大致分三个方面：一是处理学校的纠纷，如参与调解、诉讼；二是审查拟以学校名义签订各类协议与合同的合法与合规性，如校企合作协议；三是对学校即将出台的文件、决策、规章和办法出具法律审核意见。因而，目前法律顾问的工作大多局限于法律层面的具体专业工作，而在参与和引领学校民主与法治建设方面的功能比较缺乏。

四、完善在嘉高校法律顾问制度运行模式对策

在全面依法治国和依法治校背景下，加强高校法律顾问制度建设迫在眉睫。[①] 目前在嘉高校实践的几种法律顾问制度运行模式各有优劣。随着法治嘉兴的不断深入，高校独立法人人格的不断完善，完善在嘉高校法律顾问制度运行模式时应当从以下几个方面着手：

（一）加强嘉兴教育行政部门的管理和指导

地方教育管理部门应承担高校法律顾问制度建设的领导、管理和指导责任，在充分调动高校建立健全法律顾问制度的积极性的基础上，及时跟踪高校法律顾问制度建设落实情况。现阶段可以设置具有行政管理编制的、身份独立的法律顾问机构，负责高校依法治校和法律服务，成员为专职与兼职互补。同时，还要强化高校法人对法制工作重要性的认识，加强培养高校法人法制意识的同时提升其法制思维能力和依法办事的能力，使高校法人能够把依法依章治校转化为自觉行动，能够按法治程序、用法治方法进行学校管理和决策。[②]

（二）明确高校法律顾问制度的职能定位

综观在嘉高校当前的法律顾问制度，其职能定位大多仅仅是处理学校法律事务，相当于"代理律师"的角色。从制度设计的层面上考虑，这样的职能定位过于单一，角色地位还需提升。按照现代大学的发展趋势，高校法律顾问制度运行模式总体上应该是建立总法律顾问制度，即以总法律顾问为领导，以法律顾问室为平台，以专业法律顾问为支点的体系架构。高校总法律顾问进入高校的决策层，更重要的是负责推进高校内部管理的法治化，统筹依法治校工作。

（三）不断完善法律顾问工作与运行机制

法律顾问是学校为了妥善处理学校涉及的法律事务和有关法律问题而聘请的专业法

---

① 操武斌.高校法律顾问制度运行模式探讨［J］.法治与社会，2017，5（下）：206-207.
② 张春莉.全国人大代表邢克智：建议建立规范高校法律顾问制度［OL］.中国青年网，2017－03－05.

律服务机构或法律专业工作人员。地方高校构建具有地方特色的法律顾问制度运行模式应当依据地方和高校双方具体情况，通过不断探索和广泛实践，明确法律顾问参与学校管理和决策的范围、职责、权利、义务、程序等，并逐步规范高校法律顾问任职资格和运行保障机制，建立科学的法律顾问薪酬制度和绩效考核制度，建立防范风险的法律机制，使法律顾问的工作成果与晋级关联，激励法律顾问不断增强自身素质与能力，提升地方高校法律顾问的服务水平。

参考文献

[1] 操武斌. 高校法律顾问制度运行模式探讨 [J]. 法治与社会，2017，5（下）：206－207.

[2] 陶永峰. 高校法律顾问制度运行模式研究及其完善——以湖南本科院校为例 [J]. 怀化学院学报，2014，33（7）：126－128.

[3] 游倬锐，徐桐桐. 解构与重构：论高校法律顾问制度的突围 [J]. 法制博览，2017，2（下）：34－37.

[4] 俞锋，祝敏. 社会转型关键期高校总法律顾问制度的合理构建——基于浙江高校的区域本土化 [J]. 生产力研究，2012（12）：101－104.

设区的市地方性法规合法性审查中抵触问题研究*

田 飞

(云南省人大常委会农业工作委员会办公室，云南 昆明 650228)

摘　要：2015年我国《立法法》作出重大修改，其第72条内容规定所有设区的市能够行使地方立法权。省级人大对报请批准的设区的市地方性法规实施合法性审查，对不与上位法相抵触的地方性法规，应当予以批准。在地方立法实践工作中，省级人大在对设区的市报请的地方性法规审查批准过程中，面临如何处理好设区的市地方性法规与上位法相抵触的问题。结合对全国部分省（自治区）立法有关规定和做法的梳理，对目前"不予批准"和"修改后予以批准"以及"附修改意见方式予以批准"等几种处理抵触问题的主要方式进行分析，力图为妥善处理设区的市地方性法规合法性审查中抵触问题献言献策。

关键词：设区的市；地方性法规；抵触问题

2015年3月我国《立法法》作出重大修改，其第72条内容规定所有设区的市能够享有并行使地方立法权。这使得拥有地方立法权的主体在已有80个（包含31个省、自治区、直辖市和49个较大市）的规模上，激增了274个（其中设区的市有240个。此外，还有4个没有设区的地级市以及30个民族自治州），总计达到了354个。[1]根据2015年修改后的《立法法》第72条第四款的规定，设区的市的人大可以对环境和历史文化保护等方面内容制定符合行政区域实际需要的地方性法规，前提是制定的地方性法规不与上位法相抵触。[2]2018年3月，审议通过了《宪法》修正案，《宪法》修正案第47条内容规定，《宪法》第100条增加一款内容，即："设区的市的人大及其常委会，在不同上位法相抵触的前提下，可以制定地方性法规，报请省级人大常委会批准后予以施行。"[3]上述规定以国家根本大法的形式确认了设区的市的立法权，使地方立法权的主体显著增多，并对地方立法主体的立法权限进行扩充，进一步健全完善了社会主义立法体制。

---

*　基金项目：本文系2018年云南省人大常委会机关一般课题研究项目《人大对"一府两院"监督权力行使机制研究》（项目编号：2018YNRD05）阶段性研究成果。

一、问题由来

我国的立法体制既不同于联邦制国家，又区别于单一制国家，而是具有中国特色的社会主义立法体制。我国的立法是在中央的集中统一领导之下，充分调动并发挥地方的立法主动性、积极性，中央和地方适当分权的、统一而又分层次的立法体制。[4] 2018年3月我国《宪法》作出最新修改，对设区的市享有地方立法权进行进一步明确。确保设区的市依据法律法规，能够制定充分体现行政区域内实际需要的地方性法规，从而提升地方治理水平和能力，并促进地方经济社会不断发展。但是，在地方立法实践中，省级人大在审查批准设区的市报请批准的地方性法规过程中，时常遇到一些困难和问题。其中最为核心的问题是：对设区的市地方性法规合法性审查过程中如果遇到抵触问题时如何处理？2015年修改的《中华人民共和国立法法》第72条规定："设区的市的地方性法规须报省、自治区的人民代表大会常务委员会批准后施行。省、自治区的人民代表大会常务委员会对报请批准的地方性法规，应当对其合法性进行审查，同宪法、法律、行政法规和本省、自治区的地方性法规不抵触的，应当在四个月内予以批准。"根据该条法律规定，省级人大在对设区的市地方性法规审查过程中，如果发现该设区的市的地方性法规同上位法相抵触的，就不能予以批准。问题在于：省级人大不批准设区的市的地方性法规是以决定，还是以决议的形式作出？假如省人大常委会作出不批准的决议或者决定后，下一步该如何处理？这些问题在《中华人民共和国立法法》中都没有作出明确规定，需要由各省、自治区人大根据各地实际情况作出规定。[5] 尽管截至目前，全国各省级人大常委会还没有出现不予批准设区的市的地方性法规的情况，但从逻辑上来判断，现在没有出现不予批准的情况，不代表其以后也不会出现。

全国人大原港澳基本法委员会主任乔晓阳在《立法法导读与释义》一书中写道："省级人大对报请批准的设区的市的地方性法规，应当对其合法性进行审查。如果在审查中发现报请批准的设区的市的地方性法规与上位法相抵触的，省级人大可以不予批准，或可以附审查修改意见后予以批准，也可以发回报批机关修改，重新报批后予以批准。"[6] 从以上表述可以看出，省级人大对与上位法相抵触的设区的市的地方性法规，即审查中发现合法性有问题的地方性法规，有权不予批准，可以附审查修改意见后予以批准，也可以发回修改后再进行批准，但具体如何操作目前法律法规没有进行明确规定，实践中也还没有十分成熟的做法。当前，全国大部分省（自治区）人大在审查批准设区的市地方性法规的工作中，为避免设区的市地方性法规在报批后审查中发现合法性问题，省（自治区）人大法制委员会、省（自治区）人大常委会法制工作委员会基本上从设区的市打算编制立法计划、规划开始起，往往就会提前介入，力求从源头上防止设区的市地方立法的"先天不足"。[7] 省（自治区）人大法制委员会、省（自治区）人大常委会法制工作委员会经常会通过深入细致的工作，指导帮助设区的市人大常委会在地方性法规立项、起草、调研、修改、论证、审议等各个环节提前做好相关工作，确保设区的市报请批准的地方性法规在合法性审查中不出现问题。自2015年《中华人民共和国立法》最新修改以来，截至 2018 年 1 月下旬，全国各省、自治区人大常委会还没有出现不批准设区的市地方性法规的情形。[8] 但是，从依法治国全面建成法治国家的角度来看，审查批准设区的市地方性法规的新任务会越来越多，将给本来就立法任务繁重、人手不够的省（自治区）人大法制委员会、省（自治区）人大常委会法制工作委员会带来新的挑战和困难，难以保证对每一件设区的市地方性法规的制定都做到深入细致的介入指导，这是很现实的一个问题。而且，立法过程中省（自治区）人大介入过多，不利于充分发挥设区的市人大常委会的积极性和主动性，也有"越俎代庖"的嫌疑。反之，省（自治区）人大不介入或介入不够，设区的市人大法制委员会、市人大常委会法制工作委员会多数面临着立法难度大、立法能力和经验不足等问题，立法工作中一个不小心，制定出来的地方性法规报请到省人大常委会进行审查，就可能出现与上位法相抵触而不予批准的问题。

二、设区的市地方性法规与上位法相抵触问题处理模式：基于 20 个省（自治区）的规定

在对全国 20 个省（自治区）立法条例或者制定地方性法规条例梳理的基础上，分析发现各省（自治区）对设区的市地方性法规合法性审查过程中，当遇到抵触问题时，处理方法不尽相同。详见表 1。

表 1 全国 20 个省（自治区）立法条例关于与上位法相抵触时处理方式对比

方式一：与上位法相抵触的，不予批准	方式二：与上位法相抵触的，可以不予批准，或修改后予以批准，或退回报请机关修改后再报请批准	方式三：与上位法相抵触的，可以不予批准，或附修改意见方式予以批准，或退回报请机关修改后再报请批准	方式四：附审查修改意见的批准，或者退回报请机关修改	方式五：对于报批的设区的市地方性法规，无论批准与否，都规定了通知程序
1. 福建省立法条例（2016年1月修正）第38条、第39条。2. 广西壮族自治区立法条例（2016年1月修正）第49条。3. 吉林省地方立法条例（2017年1月通过）第43条。4. 山东省地方立法条例（2017年2月通过）第53条、第56条。	1. 山西省地方立法条例（2015年11月修正）第64条。2. 陕西省地方立法条例（2016年1月修订）第67条。3. 江苏省制定和批准地方性法规条例（2016年1月修正）第57条、第60条、第62条。4. 浙江省地方立法条例（2016年1月修正）第69条、第74	1. 安徽省立法条例（2015年11月修正）第57条。2. 广东省地方立法条例（2016年1月修正）第76条、第80条。3. 河南省地方立法条例（2016年1月通过）第64条、第67条。4. 江西省立法条例（2016年6月修正）第57条、第59条。5. 甘肃省地方立法条例（2017年1月通过）第70条。6. 西藏自治区立法条例（2017年1月修订）第54条。	1. 黑龙江省立法条例（2016年1月修订）第76条。2. 四川省立法条例（2016年1月通过）第61条。3. 海南省制定与批准地方性法规条例（2016年1月通过）第49条。4. 青海省立法程序规定（2016年11月修订）第47条、第52条。	1. 内蒙古自治区立法条例（2016年1月修正）。第61条：自批准决议通过之日起七日内，书面通知报请机关。对未予批准的，应当及时书面通知报请机关。2. 新疆维吾尔自治区立法条例（2016年1月修正）。第44条：自批准决定通过之日起七日内，书面通知报请机关。对未予批准的，应当及时通知报请机关。

对表1分析可以得出：一是有14个省、自治区的立法条例或制定地方性法规条例规定了与上位法相抵触的情形下，不予批准，其后的处理方法各有不同。归纳起来主要有如下3种：与上位法相抵触的，不予批准，且为唯一处理方式，如福建、广西、吉林、山东；可以不予批准，或修改后予以批准，或退回报请机关修改后再报请批准，如山西、江苏、陕西、浙江；可以不予批准，或附修改意见方式予以批准，或退回报请机关修改后再报请批准，如安徽、广东、河南、江西、甘肃、西藏。二是部分省份立法相关条例规定，地方性法规与上位法抵触的，可以暂时不予表决，交由报请机关修改，如报请机关不同意修改的，应当不予批准，如四川。三是新疆和内蒙古两个自治区的立法条例规定无论批准通过与否，均规定应当及时通知报请机关。据此判断，全国各省（自治区）人大常委会在对设区的市地方性法规合法性审查过程中，在处理与上位法相抵触的问题时呈现多元化情形，但是这些处理方式在实践中或多或少存在一定问题。[9]

存在的主要问题及其原因分析如下：2015年修改后的《中华人民共和国立法法》没有对当设区的市的地方性法规与上位法相抵触时的处理方法作出详细规定，致使各省（自治区）在实践中处理该问题时方式多种多样。一是作出"不予批准"的处理方式。这种常用的处理方式操作过于"简单粗暴"。例如，当设区的市报请批准一件地方性法规（草案）时，省（自治区）人大常委会在审查中仅因为报批的地方性法规中某一条合法性存疑问题，就不予批准，并退回报批机关予以修改，之后再按照程序重新报批。该处理方式不但影响立法效率，而且浪费立法资源。二是作出"修改后予以批准"的处理方式。这种处理方式好处在于操作简便且效率高，省级人大常委会对报批的地方性法规进行修改后即可批准，但"修改后予以批准"这种处理方式存在较为严重的问题——影响设区的市自主行使立法权。三是作出"附修改意见方式予以批准"的处理方式。这是一种较为折中的处理方式，但却给设区的市行使立法权造成新的问题，即设区的市人大常委会怎样采纳省（自治区）人大常委会会议审议后提出的修改意见并按照何种程序进行修改。[10]此外，设区的市人大常委会如果在其常委会会议审议时不同意修改意见该怎么处理？

三、妥善处理设区的市地方性法规合法性审查中抵触问题的思考

对报批的设区的市地方性法规的不同处理方式，反映出全国各省（自治区）人大在立法实践工作中对现实需要的积极回应，也体现出各省级人大对设区的市制定地方性法规所作出的巨大努力的尊重，值得肯定。但笔者认为：

（一）"修改后批准"的处理方式不宜采用

《中华人民共和国立法法》并没有规定省（自治区）人大常委会可以直接修改设区的市地方性法规中与上位法相抵触的内容，而且从法理上来说，省（自治区）人大常委会对设区的市地方性法规审查行使的是批准权，而设区的市的人大及其常委会制定地方

性法规行使的是立法权。[11]按照"谁制定、谁修改"的原则，如果制定的地方性法规合法性存在问题，也理应由设区的市的人大常委会进行修改，而不能由省人大常委会直接对设区的市地方性法规进行修改。所以，省人大常委会在审查批准设区的市地方性法规时，不宜采用直接由省人大常委会修改报批的地方性法规后直接予以批准这种方式。基于此，笔者才会在前文中提到《立法法导读与释义》一书中关于"与上位法相抵触的，省（自治区）人大常委会可以不予批准，也可以发回报批机关修改后重新报批"的阐述。

（二）对"附修改意见予以批准"处理方式的完善建议

在地方立法实践中，在处理与上位法相抵触问题时"附修改意见予以批准"的方式也较为常用，建议对该种处理方式加以完善。在完善该制度设计时，应当在《中华人民共和国立法法》中明确规定省（自治区）人大常委会所附修改意见是常委会会议审查后的意见，对报批的地方性法规的设区的市人大常委会来讲，该审查意见"天然"具有法律约束力，必须按照省人大常委会所附修改意见对报批的地方性法规进行修改。因此，不用再通过召开市人大常委会会议来讨论是否作出修改，也不再通过召开市人大常委会会议审议修改后的地方性法规。建议设区市的人大常委会专门明确市人大法制工作委员会作为具体负责修改地方性法规的部门，按照省（自治区）人大常委会所附修改意见进行修改后，按程序提交市人大常委会主任会议讨论通过，再以正式文件形式报请省（自治区）人大法制委员会审核。为规避实践中设区的市人大常委会不予修改、不按所附意见修改等问题的产生，建议省（自治区）人大常委会在正式收到设区的市人大常委会提交的地方性法规修改版本之后，再向报请机关下发书面审查批准文件。[12]

（三）对"修改后再报请批准"处理方式的完善建议

在地方立法实践中，省（自治区）人大常委会在审查批准设区的市报批的地方性法规时，通常做法是先由省（自治区）人大法制委员会、省（自治区）人大常委会法制工作委员会对报批的地方性法规作出具体审查，然后再提交省（自治区）人大常委会主任会议研究决定，是否列入省（自治区）人大常委会会议议程。[13]这里的"决定列入"，笔者认为是必须列入，而不应理解为当设区的市地方性法规合法性可能存在问题时，省（自治区）人大法制委员会可以向主任会议汇报，省（自治区）人大常委会主任会议审定后决定是否列入常委会会议议程。简而言之，只要是设区的市人大经过法定程序审议通过的地方性法规，一旦报请省（自治区）人大常委会审查批准，省（自治区）人大常委会主任会议都应当决定把其列入省（自治区）人大常委会会议议程。即便是省（自治区）人大常委会主任会议认为该地方性法规有重大合法性问题，而需要进一步研究讨论决定的，也不能由省（自治区）人大常委会主任会议取代省（自治区）人大常委会会议的法定审查程序，直接将设区的市地方性法规予以退回，这是由省（自治区）人大常委会主任会议的法定性质决定的，而必须由省（自治区）人大常委会会议审查后，认为该地方性法规确实与上位法相抵触的，经过表决程序后不予批准，或者也可以在常委会分组会议审查的基础上，由主任会议研究后形成统一意见，建议本次常委会会议对合法性存疑的地方性法规不予表决,由省(自治区)人大常委会办公厅正式发函通知设区的市人大常委会修改后再报请批准。

四、结语

综上所述,建议省(自治区)人大常委会对报请批准的设区的市地方性法规进行合法性审查时,发现与上位法相抵触的,可以经省(自治区)人大常委会会议表决不予批准,也可以由省(自治区)人大常委会有关专门委员会在审查报告中附修改意见予以批准,或者发回报请机关修改后再报请批准。

参考文献

[1] 田成有. 在扩容与限制之间的地方立法[J]. 人大研究,2018(6):24—27.

[2] 蒲晓磊,姜东良. 地方立法权来了设区的市如何立良法促善治[N]. 法制日报,2016—11—15(9).

[3] 王鑫昕,王亦君. 宪法修正案草案提请十三届全国人大一次会议审议设区的市地方立法权拟入宪[EB/OL]. [2019—01—21]. 中青在线,http://news.cyol.com/content/2018—03/05/content_16991783.htm.

[4] 王怡. 中国特色社会主义立法理论与实践——2016年中国立法学研究会学术年会会议综述[J]. 地方立法研究,2017(1):115—124.

[5] 李春燕. 论省级人大常委会对设区的市地方性法规批准制度[J]. 江汉学术,2017(3):57—65.

[6] 乔晓阳. 中华人民共和国立法法导读与释义[M]. 北京:中国民主法制出版社,2015:299—300.

[7] 陈建新,谭瑟. 浅谈设区的市地方性法规审查批准制度的完善[J]. 人大研究,2018(3):10—13.

[8] 贺海仁. 防止地方立法"放水"完善中国特色合法性审查制度[J]. 人民论坛,2018(3):112—113.

[9] 伊士国,李杰. 论设区的市地方性法规的审查批准制度[J]. 中州大学学报,2017(3):56—61.

[10] 庞凌. 论省级人大常委会对设区的市地方性法规批准制度中的审查范围和标准问题[J]. 江苏社会科学,2017(6):98—105.

[11] 程庆栋. 论适当性审查:以地方性法规为对象[J]. 政治与法律,2018(3):65—76.

[12] 刘雁鹏. 地方立法抵触标准的反思与判定[J]. 北京社会科学,2017(3):31—39.

[13] 王新存. 地方人大在地方立法工作中如何贯彻落实宪法精神[J]. 人大研究,2018(11):12—15.

基层公安机关公共服务供给质量优化研究

——以 K 市公安局 S 派出所群众满意度测评为实证样本

乐俏娜[1]　张 浒[2]

（1. 云南武定县交警大队，云南 武定 651600；
2. 云南财经大学，云南 昆明 650221）

摘　要：派出所作为基层公安机关的派出机构和基层组织，位于执法服务的第一线，为辖区群众提供公共安全服务保障。通过对基层公安机关公共服务供给概念厘定和群众满意度测评主要方式的梳理，在分析 K 市公安局 S 派出所 2018 年度群众满意度测评数据的基础上，发现基层公安机关公共服务供给过程中存在公安民警职业倦怠、职业认同感降低、基层一线警力严重不足、职能界定不清晰、群众期望与现实有差距、警民沟通关系不畅等问题。提出积极疏导基层民警心理、提升警察职业认同感、合理配置基层警力、明确公安机关主要职责范围、高度重视群众期望、加强警民互动沟通等对策建议。

关键词：基层公安机关；公共服务；供给质量；群众满意度

一、基层公安机关公共服务供给和群众满意度测评概述

（一）基层公安机关公共服务供给含义厘定

基层公安机关公共服务供给是指基层公安机关作为政府公共安全部门，根据法定职权，依法履行职能职责，为群众提供权限范围内的公共安全服务，维护社会秩序，打击违法犯罪，保障人民群众的人身安全和财产安全。[1]一般而言，基层公安机关提供的公共服务主要有：日常的接警和处警、社区警务与治安巡逻、预防和打击违法犯罪、执勤安保、紧急救助、行政审批以及其他为民服务事项。

---

* 基金项目：本文系云南省教育厅科学研究基金项目"利益均衡与政府治理问题研究"（2017ZZX259）的阶段性成果。

（二）基层公安机关群众满意度测评工作相关情况梳理

2015年7月，南京市公安局建成了全国第一家民意跟踪监测中心，将公安机关每次提供的执法服务作为一种"产品"，测评群众的满意度，并经不断调试后再提供更能满足群众需要的优质"产品"。公安部将上述测评机制在全国公安系统内进行了推广。[2] 2016年11月，公安部要求学习借鉴湖南岳阳等地实行"12345民保安宁"的经验，不断提升群众的满意度。[3] 2017年1月，公安部组织召开第二次规范执法视频演示培训会，强调进一步提升人民群众满意度。[4] 2018年7月，公安部进一步对深化改革作出部署，提出要为人民群众提供更好更优质的服务。[5] 当前，群众满意度测评被大多数基层公安机关使用，作为了解群众诉求的重要渠道。

（三）基层公安机关群众满意度测评的主要方式

政府公共部门依据职能划分和社会公众的需求，提供相应的公共服务和"产品"，并根据公众对所供给的公共服务和"产品"的满意度进行绩效评估，从而作出适当调整，供给更为完善的服务和优质"产品"。[6] 目前，基层公安机关群众满意度测评工作还没有统一标准和详细规定，各地做法具有一定差异，但在实践中有两种测评方式较为常用。第一种是基层公安机关自身作为测评主体。通过对部门或个人的作风评议，在辖区群众中随机抽取一定比例的样本，作为回访调查的对象，对其开展群众满意度的测评，测评结果用于部门考核评估的依据。第二种是基层公安机关委托无利害关系的第三方测评。通过委托通信运营商、专门统计机构或者数据监测企业，对服务范围内的群众进行满意度调查。第三方测评机构多运用先进的技术手段，大量收集与群众对基层公安机关满意度相关的信息，统计对比分析后得出调查结果，并将调查结果反馈给委托方，作为委托方改进工作的参考依据。

二、K市公安局S派出所2018年度群众满意度测评分析

（一）S派出所2018年度群众满意度测评基本情况

1. 测评主体和方式

2017年8月，K市公安局创设民意评访中心，主要功能是收集整理各类外部评价，进行群众满意度测评分析。[7] 2018年K市公安局在系统内开展群众满意度测评，抽调数十位民警成立测评工作小组，专门负责对民意监测和投诉受理以及作风建设等内容进行测评，并安排监察部门工作人员全程监督。依托12340专线电话平台，采取拨打电话、接听群众来电、发送调查信息、开展问卷调查等方式，广泛收集群众对公安执法服务工作的评价信息。12340专线电话平台通过设定，向辖区内群众自动发送关于调查满意度的短信，并统计分析反馈结果。对群众回复不满意的信息，民警会进行回访，询问不满意的具体原因。能在电话中处理的立即解决，遇到不能处理的情况会制作问题督办通

知,下发到相关部门责令整改落实,并要求限时反馈情况,12340专线电话平台会根据反馈的情况,及时对群众进行第二次电话回访。其中,每一起回访群众回复满意得1分,回复基本满意得0.6分,回复不满意得0分。一次回访通知整改后,回复满意得0.5分,回复不满意或回复未联系整改经核实后得－0.5分。最终将上述得分相加后再除以测评单位所发送关于调查满意度的短信的总数,所得分数值即为群众满意度测评得分。

2. 测评数据分析

S派出所2018年度在开展接处警群众满意度测评工作中,共随机向群众发送回访短信3 739条,群众回复1 068条(统计口径设定群众无回复即表示满意)。其中,回复满意3 528条,基本满意112条,不满意99条。对不满意的执法服务通知整改后,进行第二次回访。群众回复满意64条,不满意35条。经过测算,S派出所2018年度群众满意度测评满意率为96.54%。[①] 如表1所示。

表1 2018年度S派出所接处警满意度数据统计

S派出所 (2018年)	短信发送 数量(条)	回复数量 (条)	满意(条)	基本满意 (条)	整改后满意 (条)	整改后仍不 满意(条)	满意率 (%)
类型数量	3 739	1 068	3 528	112	64	35	96.54
事故灾害	10	3	10	0	0	0	100
投诉举报	747	180	703	30	9	5	96.79
群众求助	889	227	820	34	20	15	94.81
群体事件	6	2	4	1	1	0	85
矛盾纠纷	972	296	906	35	23	8	96.09
交通事故	28	22	28	0	0	0	100
违法犯罪	1 080	335	1 050	12	11	7	98.07
其他警情	7	3	7	0	0	0	100

注:满意率＝(满意×1＋基本满意×0.6＋一次整改后满意×0.5－整改后仍不满意×0.5)÷短信发送数量÷100。

通过表1可以看出:2018年度回访中有99条不满意的警情回复,投诉举报类警情一次回访14条不满意,整改后9条满意,5条不满意;群众求助类警情一次回访35条不满意,整改后20条满意,15条不满意;矛盾纠纷类警情一次回访31条不满意,整改后23条满意,8条不满意;违法犯罪类警情一次回访18条不满意,整改后11条满意,7条不满意。与2017年度发送回访短信2 993条相比,2018年度接处警数量增幅较大,增幅率24.92%。2017年度回访短信中,回复满意2 639条,回复基本满意263条,一次整改后回复满意52条,仍然回复不满意39条,2017年度测评满意率为93.66%。据此推断,K市公安局通过12340开展群众满意度调查以后,促使基层公安机关大力提升服务供给质量,确保在工作量增多的情况下,服务水平和质量有所提高。

此外,第三方测评机构根据委托,在S派出所辖区内,随机抽取占辖区总人口

[①] 所有数据均来自K市公安局内部文件,笔者通过调查所得。

1.5%的群众（总计1 200名）的电话，作为调查样本，围绕社会治安和公安民警满意度以及社区民警熟悉度三个指标进行调查。调查结果如表2所示。

表2　2018年度S派出所社会治安和公安民警满意率、社区民警熟悉度

测评时间	社区治安 满意（条）	基本满意（条）	不满意（条）	满意率（%）	公安民警 满意（条）	基本满意（条）	不满意（条）	满意率（%）	社区民警 入户熟悉（条）	公示栏熟悉（条）	不熟悉（条）	熟悉度（%）
1月	84	11	5	90.6	88	7	5	92.2	6	75	19	81
2月	81	10	9	87	91	5	4	94	8	77	15	85
3月	83	11	6	89.6	88	9	3	93.4	3	81	16	84
4月	84	12	4	91.2	89	4	7	91.4	10	71	19	81
5月	86	6	8	89.6	87	6	7	90.6	5	76	19	81
6月	87	11	2	93.6	83	12	5	90.2	9	74	17	83
7月	89	4	7	91.4	84	11	5	90.6	7	72	21	79
8月	87	9	4	92.4	85	10	5	91	8	75	17	83
9月	82	10	8	88	91	3	6	92.8	9	73	18	82
10月	83	12	5	90.2	88	6	6	91.6	5	76	19	81
11月	87	6	7	90.6	89	4	7	91.4	9	73	18	82
12月	89	5	6	92	82	9	9	87.4	7	71	22	78

注：满意率=（满意×1+基本满意×0.6+不满意×0）÷每月测评指标数（100）
熟悉度=（入户熟悉×1+公示栏熟悉×1+不熟悉×0）÷每月测评指标数（100）

调查显示：2018年度S派出所社会治安满意率为90.68%，相较2017年度88.5%有所提升；公安民警满意率为91.38%，相较2017年度87.6%增幅较大。而2018年度S派出所社区民警熟悉度为81.67%，比2017年度84.25%有所下降，且受访的1 200名群众中，有894名群众表示是通过小区公告栏知道社区民警，占比达74.5%。群众对社区民警的熟悉度有所下降，产生此种现象最大可能是基层民警工作量明显增加——与2017年度相比2018年度接处警数量上升24.92%。

（二）影响群众对S派出所满意度的主要因素

一是维护社会治安的作用发挥。保障公共安全、打造良好的治安环境和维护公共秩序是基层公安机关最基本的职能职责。通常情况下，社会治安环境良好，案件数量不断下降，群众对社会的满意度就会随之提高。二是预防犯罪行为的发生。良好的治安环境依靠对违法犯罪行为的严厉打击，更为重要的是日常积极预防。有效降低违法犯罪行为的发生率，能够增加群众对社会的安全感和满意度。三是化解矛盾纠纷的能力。基层公安机关直接面对群众，需要化解各种消费、家庭和邻里矛盾纠纷，而这些纠纷往往投入大量警力进行调解，化解矛盾的成败直接影响着群众的满意度。四是符合要求的作风和形象。民警良好的作风形象能给群众带来"天然"信任感，民警需要通过高效便民的服务展现出良好的作风形象。服务意识淡薄、推诿扯皮、做事生冷硬套、消极不作为等都

会影响群众的满意度。

（三）公共服务供给数量和质量与群众满意度的关系

一般而言，公共服务供给数量和质量均会影响群众的满意度，而且与群众的满意度呈正相关的关系。[8]公共服务供给数量对质量有直接影响，公共服务供给数量越多，越是能满足群众的实际需要，群众的满意度也相应地得到提高。公共服务供给的数量趋于一定数值范围，这是因为提供公共服务供给的政府职能部门的人力、物力和财力基本稳定。例如，基层派出所辖区内人口与公安民警数量比例基本稳定，基层派出所能够提供的服务内容与种类变化不大。就公共服务供给质量而言，主要与公共服务供给部门的服务能力和水平有关。

三、基层公安机关公共服务供给存在的主要问题

（一）公安民警职业倦怠

公安民警职业倦怠是指公安民警对所从事的工作的认同感和成就感以及工作热情度降低，时常感到疲惫甚至厌倦的心理状态。[9]当前，公安工作任务日益繁重，各项规章制度更加严格，基层公安机关处于"事多人少"的局面，加之受公安机关总体人数多而领导职数少的影响，晋升渠道狭窄，工作压力非常大，容易引发职业倦怠现象。笔者在走访S派出所几位民警时他们如是说："工作这些年，任务多、压力大，早就习惯了，但因为单位领导职数少，对升迁也不抱任何希望，只要工作过得去，不出现问题就行"。也有民警表示："自己对工作时常感到厌倦，派出所事情繁杂，想要调离但无能为力，工作上'差不多'就行"。由此可见，基层公安民警一旦产生职业倦怠心理，他们的精神状态和工作效率都将受到影响，提供的公共服务也难以保证质量。

（二）职业认同感降低

近年来，基层公安机关职能范围拓宽，工作任务激增，执法环境复杂程度加深，导致基层民警对自身职业的认同感呈减弱趋势。李欧副教授于2017年在四川警察学院训练基地进行过一项课题研究，对800名民警开展问卷调查，收回有效问卷762份。数据分析表明：男性民警的职业认同感高于女性民警；入警10年至20年的民警的职业认同感明显高于入警年龄不满3年和入警已满25年的民警；家庭背景、受教育程度、工作环境等也会影响民警的职业认同感。[10]民警的职业认同感高低，直接影响其提供的公共服务质量。当民警对自身职业认同感较低时，对待工作会产生厌倦情绪或"混日子"的想法，工作势必不能尽心尽力，提供的公共服务将会大打折扣。

（三）基层一线警力严重不足

基层一线警力严重不足已是不争的事实。S派出所共有民警39人，但辖区内有5.8

万常住人口和2.2万暂住人口，以及500余个各类企事业单位、商业中心、各类学校等，警力十分匮乏。与英国伦敦相比，伦敦人口数约850万人，伦敦的警察数超过4万人，警察总人数与辖区总人口数比为1∶212.5。[11]而S派出所的警察总人数与辖区总人口数比则为1∶2 051，可见我国基层公安机关警力是多么不足。此外，基层公安民警流失非常快，尤其是年轻的业务骨干，总是通过各种途径去到上级机关。以S派出所为例，2015~2018年四年中，每一年都至少有一名或以上民警调离。在这种警力严重不足的情况下，民警忙于烦琐的日常工作，加之认为工作前途渺茫，心理上容易失衡，就很难在工作繁重之余想方设法提升公共服务质量。

（四）职能界定不清晰

在最初的公安改革工作中，全国出现个别典型案例，承诺有警必接，致使公安机关的职能无限拓宽。"110"不堪重负，其职能职责从公共部门职责延伸至社会职责，比如，"110"接警请民警帮忙送钥匙、接小孩放学、扶老人就医等各式各样的警情，接警量大幅增加。在实际生活中，一些政府部门推诿扯皮或不作为，告知当事人政府部门晚上和节假日不上班，把原本属于部门职责范围内的事项推给24小时值班的基层公安机关，或者一些当事人认为走正常的诉讼渠道程序烦琐、效率低下，还不如直接找基层公安机关尤其是派出所来得直接，要求帮助解决邻里纠纷、家庭矛盾、债务纠纷等各类问题。因此，浙江、河北、湖南等省份先后正式下文，明确"110"不再"有警必接"，实行非警务与公共服务分流处理。[12]基层公安机关职能界定不清晰，导致有限的警力资源得不到合理利用，而且预防与打击违法犯罪和维护社会秩序等职能作用发挥也不充分。

（五）群众期望与现实有差距

笔者在2018年12月25日~29日，对S派出所5位民警进行了走访，他们不约而同谈到，如今社会上的群众对基层民警的期望远高于过去，而且服务工作也越来越难做。随着社会不断进步，基层公安机关服务范围和内容逐渐增多，群众要求越来越高，认为警察就该什么问题和困难都能解决，一旦为群众解决不了困难就是不作为的表现。甚至有的群众坚持认为，自己拨打"110"，"110"警务平台把警情转发给基层派出所，派出所就应该解决好自己的问题，如果派出所向群众解释问题不归其管理时，群众往往认为其在不作为或推诿，并多出现过激言论或行为。因此，在开展群众满意度测评工作中，基层公安机关提供的公共服务最大限度符合群众期望，是测评取得高分的一个非常重要的因素。

（六）警民沟通关系不畅

公共服务供给联系着供给主体和被服务对象，就基层公安机关而言，处理好民警和群众之间的关系影响着公共服务供给质量。当前基层民警与群众之间沟通存在的主要问题是：沟通频次不高、沟通程度不深、沟通渠道不畅。具体表现为：群众一般是遇到问题和困难后才会找警察，生活中与警察接触少，再加上警力不足的原因，警民沟通频次明显不够；基层公安机关对信息公开不及时、不全面，群众对关心的事项了解不够，容易造成群众的不信任；警察基于执行公权、专业素养和工作要求，在与群众沟通中，往往属于"强势"一方，而群众则希望获取尽可能多的信息，如果在沟通中不能有效弥补"不对等"偏差，很容易导致沟通失败，演变为群众认为民警"态度不好"。因此，基层民警能否与群众进行有效沟通，也是其能否为群众提供优质公共服务的重要因素。

四、优化基层公安机关公共服务供给水平的路径

（一）积极疏导基层民警心理

一是要高度重视公安队伍建设，包括关心基层民警心理健康状况。建议在县一级公安机关设立心理辅导室或者心理健康咨询中心，不定期地开展心理健康服务。二是建议在每年的集中轮训工作中，增加各类减压活动项目，使基层民警以积极的状态开展工作。三是建立健全轮岗制度。轮岗不但让基层民警掌握更多业务技能，而且利于调动基层民警的工作激情和积极性。建议在县一级公安机关内部，实现在不同部门、不同岗位之间进行轮岗交流。四是建议通过培塑和表彰基层民警中的先进典型，进行适度宣传，鼓舞基层民警的斗志，激发其荣誉感和自尊心，使基层民警向榜样看齐，努力为群众提供满意的服务。

（二）提升警察职业认同感

一是建议将公安编制与普通公务员编制区分开，扎实推进公安机关职务序列改革，让基层民警能够正常晋升，享受相应的职务职级待遇。二是提高基层民警福利待遇。基层民警工作辛苦且充满危险性，要认真考虑其工作特殊性，在民警就医、子女上学、住房保障方面给予充分考虑，给予最大可能的支持。此外，县级财政要充分保障基层民警福利待遇的落实，按照规定落实政策允许发放给基层民警的执勤和加班补贴以及警衔补贴。基层公安机关内部实现轮流值班制度，让基层民警能够享有法律规定的公休假，保证基层民警的休息权利。三是健全基层民警职业安全保障制度。建议在《刑法》中增加"袭警罪"条款，进一步保障基层民警人身安全。四是设法提高警察的社会地位。建议尽快设立"中国警察节"，营造敬警爱警的社会氛围。

（三）合理配置基层警力

一是在招录中可以增设定向基层工作的警察岗位。同时，要严把"调动"关口，在基层工作不满一定年限的民警，不允许调离工作岗位，用制度管理警力。二是建议在提拔领导干部时，按照一定比例，在基层派出所民警中进行选拔，调动民警的工作能动性。三是充分利用辅警资源。在政策允许范围内，尽可能多聘用辅警人员，辅助开展法律允许的公共服务工作。四是合理运用"警力无增长改善"理论，通过科学培训强化业务能力、充实理论知识、提高体能素养，向综合素质要警力。[13]五是探索建立购买社会

服务机制。随着公共安全服务和"产品"的需求激增，建议把一些原本由基层公安机关提供的公共服务，比如高考、大型体育赛事、文艺演出等安保活动，从基层公安机关的职能中予以剥离，转交给市场来运作，减轻基层公安机关的工作压力。

（四）明确公安机关主要职责范围

公安机关主要职责的明晰应当是一个动态调整的过程，随着社会变化而不断改变，不断适应社会发展的需要。因此，进一步明确公安机关主要职责边界范围显得十分重要。当前，公安机关从事的部分工作与其职能职责不完全相符。建议对部分省份已经实行的"公安机关不再受理非警务报警，对非警务报警实行与公共服务平台对接作分流处理"做法在全国范围内推广。可以适时对《警察法》进行修改，对警察职能职责条款进行修订，进一步明确人民警察的主要职责和执法服务的范围。例如，不同类型的消费纠纷、债务纠纷、涉及商业行为的演出活动安保等调解和安保工作，这些纠纷调解和安保工作明显不属于或超出公安机关的职能职责范围，务必在新修改的法律条文中予以剔除。

（五）高度重视群众期望

要合理引导和平衡群众的期望值。实践中，多数群众对公安机关的职能职责不了解，认为民警是"万能"的，很少能冷静思考并考虑现实情况，期望值一般都超出正常范围。因此，要划清责任界线，让群众明确知晓什么是合理的诉求，如何正常行使权利，进而客观地确定自己的期望值，获取到有效的公共服务。具体措施：一是强化宣传引导。宣传要做到与实际相符，让群众了解到公安机关能够提供的公共服务内容范围，合理设定期望值。二是做好解释工作。当群众的期望超出公安机关能够提供的服务范围时，要做好解释工作，沟通中要耐心细致，说清楚具体的政策规定。三是设法提升服务质量。当群众的期望值不断提高时，公安机关应当把"压力"转化为"动力"，努力提高公共服务供给质量，满足群众的期望。

（六）加强警民互动沟通

一是在公共服务中引入公众参与。使群众参与到辖区治安防护工作中，激励其向基层公安机关提供信息，基层民警及时处理各种治安问题，相互间形成合力共同维护治安环境。二是建立健全群众诉求机制。基层公安机关通过诉求机制，真正了解群众所急、所想和实际需要，倾听群众对公安机关提供的公共服务的评价，了解掌握真实的"民意"。三是健全警民交流互动机制。建议开设警民互动活动日，让群众真实了解公安机关的执法服务工作。可以在开展法制宣传教育活动的同时，发放警民联系卡、安全小提示、问卷调查表等，进一步加强警民之间的沟通。四是依托现代科技拓宽警民沟通渠道。基层公安机关应积极搭建警务网络平台，开通警务微信公众号、微博和官网等，积极与群众开展互动，让群众参与到公共事务的管理中来，第一时间掌握民情民意，作为改善和提升提供公共服务供给质量的判断依据。

参考文献

[1] 侯欣竹,于群.基层公安机关提升警务效能的思考[J].公安教育,2018(1):20—23.

[2] 林笛,许政.南京"民意跟踪监测中心"收获群众满意[N].人民公安报,2015—11—08(1).

[3] 王曦.公安部在湖南省岳阳市召开全国公安机关规范基层警务工作暨110接处警工作会议[N].湖南日报,2016—11—07(2).

[4] 蔡长春.2016年全国110受理警情两千万起[N].法制日报,2017—01—10(3).

[5] 姜天骄.公安部进一步深化改革提升服务便利化[N].经济日报,2018—07—02(4).

[6] 张康之.论公共性的生成及其发展走向[J].青海社会科学,2018(3):1—12.

[7] 王宇.云南首家公安民意访评中心启用[N].法制日报,2017—08—21(3).

[8] 陈娟,吴昊.基本公共服务均等化公众满意度影响因素分析[J].学术探索,2017(4):46—51.

[9] 刘家希,丁勇.激励理论在我国公安管理实践中的应用[J].辽宁警察学院学报,2018(1):98—101.

[10] 李欧.警察职业认同量表的编制[J].中国健康心理学杂志,2018(2):268—271.

[11] 赵旭辉.英国警察组织的发展[J].现代世界警察,2017(8):62—65.

[12] 陈诚.今起河北施行非警务报警与公共服务平台分流对接[N].河北日报,2016—05—01(3).

[13] 王琛,周彬.大数据时代的警务模式改革[J].中国人民公安大学学报(社会科学版),2018(4):56—68.

社会工作介入基层社会治理的创新机制研究

郭美晨 柳 迪

(浙江财经大学东方学院法政分院,浙江 海宁 314408)

摘 要:在当今不断强调社会治理创新的背景下,社会工作通过政府购买服务的形式,在提供公共服务方面一直发挥着独特的功能,并试图以"嵌入式"方式参与到基层社会治理中。社会治理强调多元主体平等沟通的方式,社区是社会工作大有可为之处。在实务经验中,社会工作以其独特的专业理念及工作方法,与社区和社会组织联动,形成了别具特色的"三社联动"基层社会治理创新机制。其中如何实现"三社联动"的良好运行,变"嵌入式"为"合作式"社会治理,真正实现多元主体平等参与的基层社会治理仍值得思考。因此,本文从提升社会工作专业能力、强化社区居民治理主体角色、加强社会组织发展动力、完善"三社联动"合作式参与四个方面提出社会工作介入基层社会治理的机制创新。

关键词:社会工作;基层社会治理;合作式治理;三社联动

一、引言

改革开放 40 多年以来,经济社会飞速发展,我国的社会治理也经历着从社会管控—社会管理—社会治理的不断发展,并逐步强调多元主体参与、整合社会资源、人人有责、人人尽责的社会治理局面。党的十六届四中全会首次提出"党委领导、政府负责,社会协同、公众参与的社会管理格局"。党的十七大报告进一步强调"健全基层社会管理体制"。党的十八届三中全会首次提出"社会治理"这一新概念。党的十九大报告特别就"打造共建共治共享的社会治理格局"进行专门部署。[1] 如此看来,加强社会治理是我国社会体制创新的趋势,而基层社会治理是基石。针对社会工作介入基层社会治理,政府也提供了政策支持。2013 年《关于加快推进社区社会工作服务的意见》,指出社会工作专业人才是新型社区服务管理机制的支撑力量,是满足社区居民各项需求服

---

* 基金项目:浙江财经大学东方学院院级一般课题资助项目(2018dfy016)。
[1] 江必新. 以党的十九大精神为指导,加强和创新社会治理[J]. 国家行政学院学报,2018(1):23—29.

务的提供者。2014年，浙江省民政厅发布的《关于加快推进"三社联动"完善基层社会治理的意见》特别提出，社会工作者是社区工作中的骨干力量。

随着人们需求日益多元化，社会主要矛盾也发生新变化，在新形势下，党的十八大提出，要改进社会治理方式，激发社会组织活力，鼓励社会力量参与社会治理。社区作为人民群众表达诉求的基本场所，社会工作逐渐走上前台，在政府有关部门推动下，与社区、社会组织联动，形成了新型的"三社联动"基层社会治理机制。然而在实践中，社会工作仍面临诸多困境：首先，社会工作者的角色困境，社会工作者作为社区服务直接提供者，在基层社会治理背景下，往往还作为社区或社会组织工作人员，承担着部分行政工作。其次，制度供给不足，社会认可度不高，在一定程度上影响社会工作介入基层社会治理效果，也影响社会工作队伍的稳定。再其次，资源不足，无法发挥社会工作功能，造成服务质量不高，服务影响力不够，居民信任感也无法建立。总的来说，目前社会工作以"嵌入式"方式参与到社会治理，存在一定弊端，如何发挥"社区—社会工作—社会组织"的联动机制，转变为"合作式"基层社会治理，仍具有讨论必要。

二、社会工作介入基层社会治理的理论依据与必要性分析

（一）社会工作介入基层社会治理的理论依据

我国社会治理体制的创新，是为充分发挥多元主体的作用，及时回应人民群众的诉求，化解国家治理中的社会矛盾，推动社会有序和谐发展。[1] 在社会治理大格局下，促进社区及个人参与社会治理，需从上往下不断推动社会治理重心向基层下移，尽可能把资源、服务、管理放到基层，且以社会工作者为轴心，动员社区资源及社会组织人力，使基层社区在提供公共服务的过程中，也能参与社会治理。

公共治理理论恰恰是强调多元主体共同参与公共治理的公共行动系统，之前单纯依靠政府进行管理已不适应当今社会经济发展水平，需鼓励社会力量如社会组织、第三部门参与到社会治理中。就目前学界研究来看，社会治理未必完全需要国家政府的介入，通过居民和社会的共同行动，也是能够解决冲突，达到社区建设目标，实现社会和谐发展。在"三社联动"社会治理机制中，依托社会组织共同治理社区，社会工作者以倡导者、协调者、引导者等角色，链接社区内外部资源，推动居民参与基层社会治理。

社会生态系统理论注重个人与环境中各个系统的相互作用，将人类生存的社会环境（家庭、社区等）看作各种社会性的生态系统。运用社会生态系统理论分析社会工作介入基层社会治理这一话题，本文认为，微观系统是社区居民自身，中观系统是居民所在的社区、社会组织等，宏观系统是居民所处的文化环境、社会政策等。在中观系统中社区环境及社会组织的影响下，居民的认知与行为也会发生变化。而作为宏观系统中的国

---

[1] 姜晓萍．国家治理现代化进程中的社会治理体制创新[J]．中国行政管理，2014（2）：24－28．

家制度、社会政策以及文化环境等，亦从不同角度对居民参与、社区参与的社会治理产生影响。本研究将借助社会生态系统理论，从居民、社区、社会组织及政府机构等生态系统角度，分析影响社会工作介入基层社会治理的各种因素，由此得出良性的基层社会治理机制。

（二）社会工作介入基层社会治理的必要性分析

社会治理多元主体、平等协商的特点，要求社区及个人的参与，而社会工作者是活跃于社区之中，生活在居民身边的专业群体。且随着政府购买服务力度加大，社会组织数量的扩张，基层社会治理更加需要专业人才进行引导与组织，如此才能形成良性循环，真正实现政策目标。

随着我国经济社会转型，政府逐渐从管理型转向服务型，政治上与经济上的变革给社会治理带来更多挑战。面对新的社会主要矛盾，原先的社会管理体制已不再适用，而当前新型社会治理也存在不少挑战，一是社会治理主体发展不平衡；二是社会治理的制度性保障不够；三是社会主体有序和理性参与能力不足；四是社会治理发展水平不均衡；五是社会治理社会化的效能不高。总的来说，社会组织发展不充分，居民参与社会治理积极性不高，社区未形成有力主体，社会治理效果不佳。本文希望能通过对"三社联动"模式下社会工作介入基层社会治理的现状和内容进行研究，对治理过程中出现的困境进行思考，从社会工作本身、社会组织和社区等角度提出基层社会治理的机制创新。

三、社会工作介入基层社会治理的现状及评析

（一）社会工作介入基层社会治理的现状

虽然我国历史上有社会工作的概念，但其仍是西方的舶来品，在中国普遍不了解社会工作专业价值与理念的大环境下，社会工作在发展初期为获得政府及群众的认可，以"嵌入式"方式，通过政府购买服务，嵌入政府行政管理体制，以此获得生存空间，并逐渐打开工作范围。当前社会工作服务领域众多，就社区方面而言，截至2017年年底，全国共有各类社区服务机构和设施40.7万个，其中社区服务指导中心619个，社会组织76.2万个，社区志愿服务组织9.6万个。[1]

"三社联动"机制就是以社会工作者为工作核心，联结社会组织和社区，通过培育社区社会组织和居民能力，发挥社会组织在基层群众自治中的作用，建设社区社会组织参与社会治理的机制，由此实现社会组织的有序运转、促进社区居民成长，凝聚社区参与力量。当前社区居民生活空间独立、社区成分多元且流动性大，不易形成社区凝聚力。而社会工作者虽有志于此但力不从心，在社区居民不了解社工、资源有限等限制

---

[1] 中华人民共和国财政部.2017年社会服务发展统计公报.2018-08-02.

下，社会工作所做的努力及尝试，并未得到社区居民的支持，在当前社会治理过多关注社区的行政事务，而忽略社区居民服务事务，社会治理则鼓励多元主体参与，社会工作者更应该主动发挥自身作为沟通协调者、能力建设者、平台打造者等角色，充分动员社区及个人参与社会治理。因此在基层社会治理这一块，还有很大进步空间。

（二）社会工作介入基层社会治理的评析

"三社联动"模式下的基层社会治理，是社会问题集聚、政府角色转变背景下的产物，这一种模式也重新让我们关注到了社区，形成以社区为平台、社会工作为核心、社会组织为媒介的局面。社会工作虽在提供公共服务方面获得了认可，但在介入基层社会治理方面仍面临众多困境。

1. 社会工作者功能发挥有限

社会工作介入基层社会治理最大难题，就在于社会工作者功能发挥有限，无法达到基层社会治理的要求。这体现在社会工作队伍专业性不够、职业认可度低、工资水平不高、流动性较大等方面。基于以往学者对社会工作者的实践调查可发现，从事社会工作的人员多是未接受过系统社会工作专业教育的人，且由于社会工作行业本身在薪资福利、职业保障、职业晋升、工作环境等方面无明显优势，从事社会工作的人员对职业不认可，在工作中也无动力，造成流失率高、工作成效不明显等问题。除此之外，服务形式不被居民认可及服务活动居民参与度较低也在一定程度上反映出社会工作者的能力有待提高。

2. 社区居民自主参与不足

社会工作提供服务的最终目标是赋能于居民，让社区有能力自己处理问题，这是社会工作介入基层社会治理的重要目标之一。但现如今，参与社区活动的多是退休中老年人和未成年的中小学生，大部分中青年群体游离于基层社会治理的主体之外。从参与方式来看，大多是因为居委会动员而被动参与，主动参与的人员比例也较少。从参与类型来看，有奖品的活动参与人数较多，而无奖品的活动几乎无人问津。此外，文娱类活动参与度较高，而社区重大事宜决策这类的基层社会治理性质事件参与人数也略显不足。该现状可能源于社会工作功能未发挥，但真正原因在于社区居民自主参与基层社会治理的认知不足，其参与热情未激发。

3. 社会组织力量不强

社会组织由于起步晚，存在内生动力不足、资金资源缺乏、运行经验较少等问题，普遍呈现规模小、功能弱的状态。社会组织参与基层社会治理过程中，需要协调各个相关机构、组织的关系，还要在资源不足时，向社区工作人员、政府部门、企事业单位等链接服务对象所需要的资源，而这种资源链接的能力也是社区社会组织和现今大部分社会组织缺乏的能力，亟待提高。除此之外，从社会工作培育社会组织角度来看，社会组织在项目管理、运营等方面仍显生疏，无法准确关注社区居民需求，也就不能很好动员社区居民参与，从另一方面来讲，社会组织自身作为社会治理的重要参与主体，还未形成自己的独立话语权，未凝聚成一股强大力量。

4."嵌入式"治理缺陷

"嵌入式"发展方式某种程度上使得社会工作缺乏主体地位,经济上依赖于政府购买服务,难以获得独立发展。一方面,政府以社会工作作为解决社会问题的工具,但并未真正理解社会工作理念,在双方合作过程中,往往政府占主导地位,而社会工作因无话语权,采取迎合态势,使社会工作的服务偏行政化,失去了社会工作专业的原则,社会工作也没有了活力。另一方面,在"嵌入式"发展过程中,专业社工由于资源缺乏,依赖政府购买服务,容易陷入政府权力体制中,无法保持第三方的姿态,易形成与政府共谋、无视群众需要的危险局面。此外,由于政府政绩需要,即要效用最大化,又要福利最大化,在购买资金有限的情况下,社会工作负担重,压力大,长期的有序发展堪忧。

四、社会工作介入基层社会治理的机制创新

在不断创新社会治理体制过程中,构建平等对话的参与平台,形成社会多元协同治理机制,充分发挥社会工作"三社联动"效能,切实推动基层社会治理落地是社会工作"嵌入式"走向"合作式"发展的必然趋势,也是建立平等合作式参与的必然结果。这要求从提升社会工作专业能力、强化社区居民治理主体角色、加强社会组织发展动力、完善"三社联动"合作式参与四个方面提出社会工作介入基层社会治理的机制创新。

(一)提升社会工作专业能力

作为基层社会治理的骨干力量,社会工作专业能力也是极为重要,提升社会工作者的专业化和职业化也是十分必要的。专业化上,社会工作在岗人员需要在平时工作中总结反思,更应该与时俱进,利用网络、培训、行业交流等机会加强自身学习,在理论上武装自己,在实践上强化自己。而在当前不断推进产教融合"政、校、社"三方协同培养的模式下,社会工作机构也有提升余地,可与高校合作,增加交流学习机会。职业化上,畅通的职业晋升与及时的奖励机制目前已较为成熟,如鼓励社会工作在岗人员参加职业资格水平考试,对考取职业资格证书的从业者给予奖励,对于表现优秀、贡献突出的社会工作者进行名誉奖励和福利补贴。

(二)强化社区居民治理主体角色

"三社联动"模式下,要求基层政府、社会组织、社会工作者和社区居民多元主体共同治理,并对各个主体进行了较为明确的角色分工。在当前社区居民参与基层社会治理有限、社会工作者组织活动难以吸引社区居民、无法形成"三社联动"良性循环的局面下,扩大居民参与,强化社区居民治理主体角色是基层社会治理的主要目标。基于之前学者研究结论,社区居民比较愿意参与和自己利益相关、自己能发挥主观能动性的活动。因此,在社区活动开展前,就应该鼓励社区居民广泛参与,听取其意见,开展人民群众喜闻乐见的活动,真正让社区居民行使话语权,实现社区自决。在社区活动开展过

程中，定期召开座谈会、听证会等，积极调动社区居民的参与积极性，让居民深刻感受自身参与到基层社会治理的重要性，给予居民充分的话语权，通过民主协商的方式来处理社区事务，用社区居民的集体智慧来解决问题。

（三）加强社会组织发展动力

在介入社区初期，开展针对本社区的需求调查，将能从中发现社区需求及部分有兴趣参与社区治理的居民。同时，致力于社区精英和领袖人物的培育，成立社区志愿服务组织，指导组织成员建立组织制度和规范，并熟悉组织目标和组织安排。在跟进总结阶段，评估社区社会组织活动的开展情况、创投项目的申报进度，及时解决出现的问题，做到过程评估和结果评估并重。在此过程中，社会工作者运用赋权和增能理念，以鼓励扶持为基础，以能力提升为重点，围绕创投申报、资源链接、团队运作、社区宣传等内容进行集中培训，引导其健康可持续发展。在社会组织运行期间，要着重增强社区组织的自我造血功能，进行能力培养和团队建设，保证组织活动的有序化、常态化进行，实现社会治理目标。

（四）完善"三社联动"合作式参与

新型基层社会治理背景下，政府不再是管理者，更多的是服务者、协作者、指导者等角色，不断地简政放权，"去行政化"。"三社联动"模式下的基层社会治理，必须打破之前自上而下的垂直管理体制，突出横向服务与协调，加大对社区的投入，培育社区力量，改善政策和资源环境，给予基层社区更多的自主权，释放基层活力，形成政府搭台、社会唱戏、多界参与的互动格局。在社会工作者进入社区之后，社区居委会的工作人员和专业的社区社会工作者要明确职能定位和权利分化，保证其职责的复位与回归。

五、结 语

社会工作秉承助人自助的理念，关注个人、家庭和社区，通过能力建设、资源链接、力量统筹，发挥个人能力，最终实现社区融合，这与基层社会治理内涵相契合。社会工作作为基层社会治理的关键，在专业价值观和专业理论的影响下，社会工作与居民建立多维联系，让居民信任社工，能促进基层社会治理更加高效。因此，在社会治理背景下，社会工作将改变以往的介入方式，转变为"合作式"发展路径，更加发挥专业主动性。尤其在"三社联动"机制下，更需要培育社区、社区社会组织和居民参与到基层社会治理中。如此一来，社会工作才能通过协商、合作、互动、共赢的方式充分发挥自身功能，重构政府、社会、市场、民众之间的新型关系。当前的基层社会治理，宏观上，需政府、社会、居民、社会组织多方协作、平等对话；微观上，需要社会工作不断提升专业能力，介入到基层社会治理中，强化社区居民治理主体角色，将社会组织运作起来，发挥其动力，不断完善"三社联动"合作式参与，实现基层社会治理目标。

参考文献

[1] 江必新. 以党的十九大精神为指导,加强和创新社会治理 [J]. 国家行政学院学报,2018 (1):23—29.

[2] 姜晓萍. 国家治理现代化进程中的社会治理体制创新 [J]. 中国行政管理,2014 (2):24—28.

[3] 罗强强. "嵌入式"发展中的"内卷化"——社会工作参与基层社会治理的个案分析 [J]. 江西师范大学学报(哲学社会科学版),2018,51 (4):49—56.

[4] 成洪波,徐选国,徐永祥. 社会工作参与基层社会治理的机制创新及其实践逻辑——基于东莞市横镇的经验研究 [J]. 福建论坛(人文社会科学版),2018 (7):126—135.

[5] 付琳. 社区社会组织发展过程中"三社联动"的困境及对策研究 [D]. 北京:首都经济贸易大学,2018.

[6] 李达,杨金. 三社联动:城市社区治理中的策略变革——来自昆明市 L 社区的治理经验 [J]. 重庆交通大学学报(社会科学版),2018,18 (3):13—17.

[7] 周京. "社工+志愿者"联动机制建设的思考与对策——基于基层社会治理创新视角 [J]. 中国社会工作,2018 (13):32—34.

[8] 程晨. "五社联动"在基层社区治理中的实践研究 [D]. 合肥:安徽大学,2018.

[9] 赵婧. 当代中国社会治理创新 [D]. 重庆:重庆理工大学,2018.

社区社会组织参与社会治理实践模式探索

——基于 C 镇 N 助残社区社会组织的实证分析

石卷苗

(浙江财经大学东方学院法政分院，浙江 海宁 314408)

摘 要：随着政府加强社区社会组织参与社会治理相关政策的出台落实，各级地方政府相继推进社会服务平台建设，不断满足居民的需求，在科、教、文、卫、体、计、民、法等领域，充分发挥社会组织在创新社会治理中的作用，激发社会组织的活力。本文主要是以 C 镇 N 助残社区社会组织参与政府购买服务项目为样本，探索社区社会组织参与社会治理的实践模式，试图建构项目化运作下社区社会组织参与社会治理的规范化管理机制，从而促进社区社会组织良性参与社会治理。

关键词：社区社会组织；社会治理

一、引言

随着社会的发展，市场经济引发社会各个层次的变迁，使社会各种力量关系进一步复杂，政府面临许许多多亟须处理的事务，各种各样社会问题的治理仅靠政府与市场难以解决，结合第三方力量解决社会问题，共同参与社会治理，成为大势所趋。政府工作报告多次强调建构有"社会协同、公众参与"重要要素介入的社会管理体制，为我国社会组织的培育、发展提供了政策支持和理论指导：一方面体现了我国社会管理走向"多元主体"的价值理念；另一方面体现了社会管理由"行政化"向"社会化"发展的执政价值理念，把"政府统治"变为"共同治理"，使政府从"管理者"向"服务者"角色转变，通过社会组织发挥社会管理的价值导向作用。[1] 社区社会组织发展由初始萌芽走向繁荣与规范阶段，市场经济不断发展，社会转型不断加快，政府职能逐渐转移等促进社区社会组织受到了前所未有的重视。[2]

---

[1] 尹广文，李树武. 多元分化与关系重构：社会组织参与城市基层社区治理的模式研究 [J]. 理论导刊，2015（10）：35－39.

[2] 陆继锋. 社区社会组织发展：当前困境与对策分析 [J]. 社科纵横，2017，32（1）：93－97.

浙江省积极响应政府号召，鼓励社会组织开展社会服务活动，参与社会治理实践，城市社区社会组织在不断发展中对社会管理发挥着重要作用。社区社会组织不仅在为政府提供普遍性、公平性的社会管理和公共服务，同时也因地制宜地为社区居民提供本土化、个性化和精细化的管理和服务。而作为参与基层社会治理的多元主体之一，社区社会组织如何发挥其在社会治理过程中的有效能动性，推进社区建设、社会和谐，将是本文的研究重点。

二、社区社会组织参与社会治理的必要性与可行性分析

社区社会组织作为满足社区居民需求的基层社会组织，在社会治理中发挥中不可替代的作用。首先，社区社会组织作为政府之外的有效治理社会问题的力量补充，利用自身优势为社会提供各种专业性服务，既满足了不同群体的需求，也弥补了政府和市场的某些缺失。其次，社区社会组织推动社会朝更健康有序的方向发展。社区社会组织作为满足居民需求的渠道，能够有效解决社区居民抱怨问题，减少社区冲突。同时，社区社会组织还能动员社区力量帮助社区弱势群体。最后，社区社会组织作为协助政府部门解决社会事务的第三方社会组织，在发展初期，通过参与社会治理不断探索有效协作共管的模式，从而推动社区社会组织自身的发展。

社区社会组织的蓬勃发展，为其参与基层社会治理提供了条件，也为不断创新社会管理模式奠定了基础。一方面，社会治理需要社区社会组织的积极参与，满足社会公众的需求；另一方面，社区社会组织需要通过寻求与政府部门的有效合作，调试社会关系，解决社会矛盾，建立一种"共享共建"的社会治理格局。社区社会组织参与社会治理，拓宽了多元治理主体，能够满足智能时代社会大众的多元需求，有利于当前我国人民日益增长的美好生活需要和不平衡不充分发展之间的矛盾的解决。

社会公众的需求是多元化的，也有其个性化的特点，作为基层的社区社会组织更能够了解到相关信息，政府部门倾向于寻求社区社会组织合作，共同满足社会公众的需求，从而开辟实现社会治理创新的新路径。而浙江省在发挥社区社会组织的功能与探索其参与社会治理的路径过程中取得了相应的成效。特别是在营造社区社会组织发展的良好环境、创新社区社会组织管理体制机制、加强社区社会组织培育规范、提升社区社会组织治理能力等方面，积累了重要经验。

三、社区社会组织参与社会治理的实践现状与问题：以N助残社区社会组织为例

社区社会组织作为治理社会问题的一支重要力量，正在走向社会大舞台。社区内各种社会组织针对不同需求社区居民提供相关服务。本文以其中助残类社区社会组织为样本，对社区社会组织参与社会治理的实践现状进行探索。2018年3月召开的海宁市残疾人工作会议指出：将围绕民生保障、精神康复、就业增收、社会融合、个性化服务等

重点残疾人工作领域，务实创新，优化服务，努力奋斗，推动我市残疾人事业发展再上新台阶。2018年5月9日，海宁市副市长沈勤丽在海宁市残疾人工作委员会成员单位会议上作总结讲话，明确提出，要"以融合发展为导向，全社会参与提升残疾人就业，发展助残社工项目。"有调查显示，浙江省残疾人事业取得的成绩位于全国前列，仅2017年浙江省就有73.2%的残疾人经常参加村（社区）文化体育活动，但其与现行的经济社会发展平均水平相比仍然明显滞后，是社会事业中的短板，残疾人仍是最困难的社会弱势群体。[1] 尤其是助残公共服务能力还比较薄弱，残疾人在平等参与社会生活方面存在着不少障碍。各级地方政府积极响应加强基层残联社会组织要求，鼓励社会力量成立社区社会组织参与残疾人服务，并通过政府购买公共服务形式，以项目化运作激活各类社区社会组织参与社会治理，创新社会管理模式，将"共同治理"理念贯穿于各类政府购买公共服务项目中。C镇某社区积极响应社会政策，应对残疾人群需求，申请成立N助残社区社会组织，为当地残疾人的康复治疗、心理健康、就业等提供帮助。

（一）N助残社区社会组织参与政府购买服务项目情况介绍

2017年，通过政府购买服务的形式，N助残社区社会组织承接了海宁市"携手同行"残障人士阳光守护项目，项目主要为C镇唯一一所残疾人庇护中心提供服务。项目组在前期调查中发现，C镇残疾人庇护中心是一所残障人士辅助性就业安置单位，安置辅助性就业残疾人120余名，其中75%以上是轻度精神、智力残疾人，其余约25%为轻度肢体、视力、听力等残疾人，庇护中心通过安置部分残障人士，帮助其解决就业问题。但残障人士由于自身疾病及缺陷、受教育程度的限制、社会活动范围的限制以及社会认可度欠缺，心理上易出现"自发状态"，如缺少朋友滋生的孤独感，注意力过度集中而造成高度敏感，易受刺激，情绪不稳定，对外界反应过激等，容易陷入心理困境。助残社区社会组织根据庇护中心残障人士的实际需求，积极开展文体康复、趣味增能、心理疏导及抚慰活动，希望通过项目化形式帮助残障人士心理解压、身体康复，消除心理隔阂，推动身心双方面健康发展，增进残健融合，促进残障人士全面共享小康。在项目执行期间，助残社区社会组织开展的活动主要包括如表1所示几个部分：[2]

表1　N助残社区社会组织活动内容

时间	人次数	内容	目的
5月~11月	5人，共30人次	个案辅导：社工根据服务对象自身情况制订个案服务计划	通过个案服务为残障人士增能，提升个案对自身的认识
4月~11月	8次×8人=64人次	"携手同行"同辈支持小组：根据残障人士的社会支持网络薄弱的同质需求，开展同辈支持小组	残障人在小组中获得支持，并且通过在游戏中学会寻求他人支持

---

[1] 数据来源：2017年度浙江省残疾人全面小康实现程度主要数据公报．
[2] 数据来源：2017年海宁市长安镇"仰山杯"首届公益创投项目．

续表

时间	人次数	内容	目的
4月～10月	15人/次×6＝90人次	"我型我秀"文体康复服务：根据中心残障人士兴趣爱好分组，组成体育康复、文艺康复、手工康复等小组，定期开展健身操、手指舞、摄影、合唱、书法、折纸等文体康复活动	使残障人士在自己感兴趣的文体活动中愉悦身心，提高康复训练效果
4月～11月	建立档案120份；开展讲座2场	"心灵护航"健康管理服务：给残障人士建立个人信息库及开展心理健康讲座	动态跟进残障人士的健康状况，关注其心理健康发展，强化其参与社会活动的心理建设能力

（二）N助残社区社会组织参与社会治理的成效评估

项目执行期间，N助残社区社会组织成立项目执行组开展"携手同行"项目活动，通过个案、小组、社会活动等形式为庇护中心的残障人士提供相应的服务。主要包括："我型我秀"文体康复服务、"心灵护航"健康管理服务、个案管理服务、同辈群体支持小组服务。项目组针对不同类型的残障人士开展不同服务：针对有心理支持的个案，建立个案服务计划，定期开展心理咨询和个案辅导工作；针对支持系统薄弱的残障人群，开展"携手同行"支持小组，让残障人士在小组活动中感受到同辈群体相互支持的重要性，从而在处理问题中学会寻求他人帮助。项目组通过同辈群体支持小组的构建，增强了残障人士勇于面对生理缺陷及生活挫折的信心，提升其参与社会性活动的积极性，让残障人士活得更有尊严，从而提升其生活幸福感。

项目结束后，项目组通过对社区、残疾人就业庇护中心、基层残联、服务对象等进行评估，了解到"携手同行"项目为残障人士提供的身心健康服务，帮助残障人士自身增能，建立了残障人士参与社会生活的自信心和主动性，从而有效促进残障人士和谐融入社会；服务受到了庇护中心残障人士的喜爱和热烈好评；服务效果得到了该庇护中心和地方政府相关部门的充分肯定。此项目的开展也是助残社区社会组织通过整合社工、专业医务工作者、志愿者等资源联合工作的模式，为社区社会组织提升残障人士平等参与社会生活提供了更多机会和途径。

（三）N助残社区社会组织参与社会治理过程中的问题

社区社会组织有效参与治理，促进政府与社会组织之间的有效互动，是我国市场经济制度不断完善和谐社会建构的一个基本趋向，也是我国社会组织存在和发展的基本要求。助残社区社会组织在支持残障人群服务方面发挥着重要作用，但是由于社会公众对社会组织特别是助残社区社会组织的认知比较薄弱，社区社会组织在提供公益服务、参与社会治理的过程中还面临着一些问题。C镇N助残社区社会组织通过参与政府项目化购买服务的形式，为提高当地残障人士的自信心和主动性提供了媒介，同时建立了残障人士与当地各资源部门的连接，提升了残障人士的生活幸福感。但是C镇N助残社区社会组织在参与此类活动过程中也存在着很多问题,主要有:第一,社区社会组织在参与社会治理过程中缺乏制度保障。海宁市鼓励乡镇街道培育社区社会组织的发展,却在政策的落实上略显无力,不能给到社区社会组织发展中的资金、技术、人才等方面的支持,大多通过建立乡镇层面的社会组织培育中心来给社区社会组织提供场地支持,而对于开展庇护中心残障人群服务的社区社会组织而言,这类支持性政策却不太适用。第二,社会治理过程缺乏政社联动。在社会治理过程中,政府相关部门与社会组织的边界不清。C镇社区社会组织大多是由相关行政部门响应行政要求而成立,而非社区居民根据社区需要和社区资源而顺应成立。具有行政背景色彩的社区社会组织在参与社会治理、开展社会服务的过程中因角色不清、分工不明带来职责不清问题。如政府没有相应具体评估指标对社区社会组织开展的活动情况和成效进行评估和监督。第三,社区社会组织在社会治理过程中自身能力不足。社区社会组织作为一个新生力量,不仅需要依靠政策支持,更需要提升自身能力才能更好参与到社会治理之中。C镇N助残社区社会组织在为残障人士开展服务过程中,缺乏拥有熟练残障人群服务技能的专业人才。所以项目组结合高校社会工作专业学生资源,却没有熟练技能的专业人员对参与项目的学生志愿者进行培训指导,导致学生志愿者在服务过程中,面对残障人士的一些突发问题会出现措手不及的状况。助残社区社会组织作为社区社会组织的一种,不仅面临着社区社会组织存在的制度保证、政策支持、自身专业性等方面的问题,也面临着这类社区社会组织服务的群体特殊性,所以培育此类社区社会组织,需要更加注重他们服务的专业性。

四、社区社会组织参与社会治理的模式与机制探索

社会治理的过程就是为城乡居民提供服务的过程,因此,构建多元化的社会治理体系,就是构建公共服务体系。各级政府部门以项目化形式激发社区社会组织发展活力以来,积极整合社会力量参与各类人群的服务,规范社区社会组织团队建设,提升社区社会组织的专业能力,并进一步探索社区社会组织参与特殊困难人群福利事业发展的有效模式,为当地居民的就业、心理能力建设、社会支持网络的建设提供有效探索模式。本文以助残社区社会组织参与社会治理为样本,重点探讨如何发挥社区社会组织参与地方社区建设、社会治理。笔者认为可以从以下几个方面进行探索:

(一)社区层面

第一,建立社区居民网络化的志愿服务平台,促进居民广泛参与。社区社会组织开展针对居民特别是弱势群体的服务,更需要社区居民共同参与。社会公众能够根据自身所在基层社区居民实际需求状况安排自己空闲时间,并报名参与社区志愿服务。同时,网络化志愿服务平台的建立,能够提升社区的公益氛围,增强社区居民参与社区治理的意识。

第二,积极挖掘、培养社区内有意向的社区居民成为社区领袖,发挥具有号召力的社区居民领袖优势,鼓励其带领社区居民参与到社区治理中。

(二)社区社会组织层面

第一,积极参与到地方政府购买公共服务之中,发挥社区社会组织在社会治理中的功能地位。社区社会组织自身要积极参与到地方公益创投项目,以项目化运作方式为社区社会组织的良性发展提供资金支持。

第二,提升自身的专业化水平。不仅包括服务的专业性,也包括项目专业化的管理能力。社区社会组织一旦以项目化形式参与到社会治理中,则以项目化管理要求来运作公益服务项目。同时,针对不同的受益对象,社区社会组织需要根据服务对象的具体特征开展有针对性服务。

第三,整合资源,开展服务。社区社会组织在为居民开展服务时,自身的力量远远不够,需要整合资源,合力方能满足居民的实际需求。社区社会组织在为特殊困难人群提供服务时,需要整合资源,跟进社区居民的服务需求,为其匹配适宜服务。

第四,建立交流互动平台,为社区居民提供表达、倾诉途径。针对社区居民,可以建立线上线下沟通机制。项目化运作在一定程度上忽略了受益对象需求的可变性,这就意味着社区社会组织从业人员需要根据实际情况及时调整项目活动。而需求调查、意见表达、活动征集等环节均可通过网络互动平台以匿名形式进行征集。社区社会组织可以通过线上征集表达,线下进行沟通完善。

(三)政府层面

第一,优化乡镇层面社会组织培育中心的培育方式,社会组织培育中心可通过优化公益创投、增加培育资金等方式激发社区社会组织参与到社区公共事务中。这不仅需要政府资金支持,更需要通过公益创投等微小项目化形式渗入到社会治理中,发挥其自身功能。

第二,加强社区社会组织的规范化管理。社区社会组织利用民间资源自主、自愿举办,政府给予必要扶持的原则,发挥社会功能和效益。乡镇街道积极整合资源,为社区社会组织解决场地、备案登记、分类管理工作,将社区社会组织纳入制度化、规范化的管理轨道。各社区社会组织在基层政府部门的"积极支持"下成立,成立主体缺乏相应的自主性,这在一定程度上导致其在开展服务以及对接项目受益对象时会让受益对象产生相应混乱感。

第三,建构"1+4"服务模式。社区社会组织在开展服务过程中,不仅需要政府部门相应的资金支持,更需要地方社会组织培育中心的技术支持以及针对不同服务人群提供服务的专业人才和相关行业志愿服务资源支持。本研究中的"携手同行"项目开展期间,助残社区社会组织则依托政府资源、医疗资源、当地社会组织培育中心平台以及社区、高校志愿者等多方平台力量,开展社会服务,从而取得明显成效。

五、结语

社区社会组织参与社会治理,不仅需要社区居民、社区和社区社会组织的共同参与，更需要政府部门的积极支持，合力治理才是社区社会组织长存之道。地方政府在发挥社区社会组织参与基层社会治理的过程中，需要为社区社会组织提供相应的政策制度保证，尝试根据社区社会组织自身的优势和特点，挖掘社区社会组织在各类人群服务中的优势地位，规范社区社会组织建设，提升工作人员的专业技能，以"小"项目发挥其"大"优势，从而发挥社区社会组织在基层社会中的治理功能。

参考文献

[1] 陆继锋. 社区社会组织发展：当前困境与对策分析 [J]. 社科纵横，2017，31 (1)：93—97.

[2] 张杰. 我国社会组织发展制度环境析论 [J]. 广东社会科学，2014 (2).

[3] 王鹏杰. 发展社区社会组织促进居民参与社区治理 [J]. 人力资源管理，2015 (4)：15—16.

[4] 苏曦凌，黄婷. 城市社区冲突治理中的社区社会组织构建——以社会资本理论为视角 [J]. 广东行政学院学报，2017，29 (2)：41—46.

[5] 方亚琴. 社会资本视角下社区社会组织培育模式探讨——以浙江省 H 市 SC 区 XY 街道为例 [J]. 城市观察，2017 (5)：110—121.

[6] 宋道雷. 转型中国的社区治理：国家治理的基石 [J]. 复旦学报（社会科学版），2017，59 (3)：172—179.

[7] 褚玲玉. 社区社会组织孵化困境研究——以武汉市武昌区为例 [D]. 武汉：华中师范大学，2016.

[8] 易怀炯. 深圳社区治理困境及其破解对策研究 [D]. 长沙：湖南大学，2018.

[9] 左康华. 青年参与社会治理的实证分析与路径探讨——基于广场青年群体的调查 [J]. 社科纵横，2016，30 (4)：24—27.

[10] 张康之. 论参与治理、社会自治与合作治理 [J]. 行政论坛，2008 (6).

[11] 涂才江. 社区社会组织发展战略思考 [J]. 社团管理研究，2012 (4).

[12] 吴素雄，杨华. 政府对社区社会组织培育的制度结构与政策选择——以浙江省杭州市为表述对象 [J]. 湖北行政学院学报，2012 (2).

[13] 徐珣. 社会组织嵌入社区治理的协商联动机制研究——以杭州市上城区社区"金点子"行动为契机的观察 [J]. 公共管理学报，2018 (1).

[14] 尹广文. 项目制运作：社会组织参与城市基层社区治理的路径选择 [J]. 云南行政学院学报，2017 (3).

[15] 李波，于水. 参与式治理：一种新的治理模式 [J]. 理论与改革，2016 (6).

[16] 张良，刘蓉. 社区治理现代化中社会组织合作治理策略研究——以上海市 C 社区为例 [J]. 地方治理研究，2016 (2).

东北乡村振兴的实践与思考
——以辽宁省D村为例

董芷含[1]　刘　君[2]

(1. 浙江财经大学东方学院，浙江 海宁 314408；
2. 辽宁省鞍山市铁东区，辽宁 鞍山 114046)

摘　要：东北农村的繁荣兴旺将有助于推动东北经济的振兴发展，为深化东北乡村振兴，推动东北农村经济社会文化等各方面的发展，本文以辽宁省D村为例，在实地调研的基础上，梳理了该村在推动乡村振兴的实际举措，剖析了该村在乡村振兴过程中存在的问题，并给出了破解问题的相关对策建议，以期为东北同类型村庄的振兴提供相应的思路借鉴。

关键词：乡村振兴；D村；破解问题；对策建议；思路借鉴

一、引言

东北地区作为我国重要的粮食生产基地，在保障国家粮食安全战略中居于至关重要的地位[1]。党的十九大首次提出"实施乡村振兴战略"，指出"要坚持农业农村优先发展，按照产业兴旺、生态宜居、乡风文明、治理有效、生活富裕的总要求，建立健全城乡融合发展体制机制和政策体系，加快推进农业农村现代化进程。"2018年9月习总书记亲自来东北考察调研，提出了更好振兴老工业基地建设、支撑生态建设和粮食生产，巩固提升绿色发展优势的要求。东北农村的振兴对促进东北老工业基地的振兴，保障生态建设、粮食生产具有重要的意义。

素有"南果梨之乡"美誉的D村获得过辽宁省宜居乡村、卫生村等多项省市级荣誉称号，在辽宁省具有较高的知晓度，村民人均收入高于全市农民人均收入，综合实力也排在全鞍山市前列，近些年来，在乡村振兴方面也取得了较好成效，由此本文以D村为例，在实地调研的基础上，梳理了该村在乡村振兴过程中已取得的实际成效，剖析该村推动乡村振兴过程中所面临的相关阻碍，并提出了破解发展桎梏的相关对策建议，以期为D村的发展建言献策，同时为东北其他地区同类型村庄的发展提供思路借鉴。

二、以D村为视角透视东北乡村振兴实践

D村位于辽宁省某市东南5公里的千山脚下，占有土地面积4 762亩，人口总数为1 850人，2017年村民人均收入为16 100元，比2017年辽宁省鞍山市农村民人均可支配收入高1 025元。D村还曾获得辽宁省环境优美村、省卫生村、省宜居乡村、鞍山市文明村、鞍山市"五个好"村党组织、铁东区先进基层党组织等30余项荣誉称号。为实现村强民富、乡风文明、治理有效的新农村格局，D村从产业致富、乡风涵养以及人才引智为抓手推动乡村振兴，取得了显著的成果，为东北农村的振兴发展走出了一条独特的道路。

（一）产业致富，壮大村集体经济

产业兴旺是乡村振兴战略的基础，也是农村发展第一要务，只有产业兴，农村才兴，农民才富[2]。D村是闻名海内外的"南果梨之乡"，村民因地制宜，大力开展南果梨种植，并依托地方特色果品，推动农业一二三产融合发展，实现产业富民。为扩大果品销路，D村建构了一条产供销一体化链条，开创了"农村合作社＋互联网＋农户"模式，依托线上平台扩大果品销路，增加村民收入。同时引进了部分果品加工企业，对南果梨等其他果品进行粗细加工，以实现果品售卖的多样性。此外，D村通过整理闲置房屋和校舍等集体资产，大力发展体验农业与观光农业相结合的特色旅游项目，现已建成6 000平方米的民宿农家院一座，拟打造生态农业旅游新村。

（二）多措并举，涵养乡村文明

加强乡风文明建设是实现乡村全面振兴的内在要求，是促进农村地区全面发展的重要推动力[3]。D村注重涵养乡村文明，采取多样化的举措强化乡村文明建设。首先，以制度为根本，制定了多项乡风文明公约，广大党员干部身先士卒，有效遏制农村红白喜事大操大办、铺张浪费、互相攀比等歪风邪气。其次，不定期组织和指导村民举办具有东北地域特色的文化演出活动，丰富村民的业余生活，同时挖掘和保护民间非物质文化，推动地域文化的传承。最后，开设农村书屋，为村庄文化建设拓展坚实阵地，书屋内的图书可在全市内通借通还，并保障农家书屋的持续投入，2018年书屋新增图书500册，极大方便和满足了村民的阅读需求。

（三）多方引智，共叙乡村发展

乡村的发展离不开乡村人才队伍的发展，有了人才才能实现乡村的全面振兴，实现农业强、农村美、农民富的宏伟蓝图[4]。为夯实乡村振兴人才队伍建设，D村从横纵两个层面完善人力智库建设，多方引智，为乡村发展找出路。D村村委会不定期组织领导干部去兄弟乡镇学习调研乡村振兴经验，拓宽工作思路，对标查找不足，探寻D村的振兴路径。同时D村也会邀请有工作经验的高素质人才来村里挂职锻炼，充实基层管理队

伍，为村庄发展出谋划策。此外，区政府、乡镇街道也会派驻相关农业技术员等专业人才来村里考察指导工作，为村民做果树栽培、防虫害等技术培训，有效促进了地方果品产业的发展。

三、深化东北乡村振兴的"瓶颈"制约

（一）人才外流，人力要素支撑乏力

近几年，随着整个东北经济发展的滞后，东北人才流失已成为制约东北经济发展的一大主要因素，第六次全国人口普查数据显示东北地区迁入人口为274.9万人，迁出人口为494.1万人，净迁出人口高达219.1万人，人口外流现象较为突出[5]。D村的发展也面临同样的窘境，由于D村产业结构还不尽完善，导致村庄大批青年劳动力外流，据初步统计，D村劳动力外流占比农村总劳动力40％以上，并有逐年上升趋势，留在村里的务农人口受教育程度偏低，只能从事传统的生产劳动，无法开展一些现代化的农业种植，实现脱贫致富。此外，即使有志青年想回乡就业创业，但就业创业环境及政策无法满足就业创业人才的实际需求，致使多数人望而却步。

（二）思维受限，带头引领后劲不足

D村的发展虽然有挂职人员以及上级政府的智库支持，但许多政策的落地、执行及推动还是要依靠基层管理干部，由于大量农村人口向城镇转移，留在村庄的青年干部越来越少，致使目前村干部年龄普遍偏高，受限于思维与视野等因素限制，接受新事物能力不足，思想难以与时代俱进，在推动乡村振兴的相关工作中难以创新。而且大多数的村干部产业意识淡薄，对新经济形态下的农村经济发展理解不透彻，对如何带领全村脱贫致富仍束手无策，此外村干部的职权不明、职责不分、亲属关系盘根错节的现象依然没有改观。村干部是一个村子的领头羊，村集体经济的发展、村民的致富都离不开村干部的引领和带头作用，D村的基层管理队伍有待改善。

（三）短板制约，村级医保体系有待完善

近几年来，随着国家新型农村合作医疗的逐渐推广实施，有效缓解了村民"看病难，看病贵"问题，新农合实行以来，基层医疗机构的硬件设施得到了改善。但新农合医保在农民去县级以上医院或异地就诊时又存在报销比例较低等问题，一旦农民患上重大疾病，需要去县级以上医院或异地就诊时，往往会因为保险比例低而出现"因病致贫、因病返贫"问题。D村村民参保新农合比例比较高，但部分贫困户在患重大疾病后也偶有因病加重贫困的现象，此外由于新农保参保费用的上涨，部分不看病没有产生报销的村民感觉花了投保的钱但没有感受到新农合给自己带来的保障，也不再愿意交钱续保，这就为农村医疗保障的实施造成了一定的障碍。

(四)诱惑难抵,非法集资时有发生

近年来,非法集资在乡村地区大肆猖獗,不仅扰乱了国家金融市场秩序,而且对乡村的和谐稳定也造成了一定的冲击。近几年来,D村存在着非法集资放高利贷等非法乱象,部分村民受人蛊惑,缺乏相关法律意识,难以抵制高额利息的诱惑,参与其中,企图靠非法高额利息增加收入。非法集资者除了以高息揽储放贷的方式集资外,还会以多种隐晦变相手段集资,村民难以分辨真假,造成了部分受骗村民的财产损伤,这也给D村的治理带来了一定的不稳定因素。

四、深化东北乡村振兴的对策建议

(一)深入挖掘乡贤资源,增强乡贤的示范引领作用

在人才外流,人力要素支撑不足时,D村可以深入挖掘乡贤资源,建立乡贤吸纳机制,通过采取宣传乡贤事迹、给予荣誉激励等途径,让广大乡贤回到农村、扎根农村,并把他们的思想观念、知识和财富服务于D村的发展上来,为D村乡村振兴建言献策、贡献力量,推动D村的振兴与发展。乡贤的示范引领也会引导广大群众见贤思齐,吸引更多的外流人才和劳动力返乡置业和创业。随着外流人口的日渐返乡,乡村振兴有了人力资源要素作保障,将更好地推动D村的良性健康发展。

(二)内力与外力合力攻坚,充实壮大管理队伍

乡村振兴的开展需要一支高素质的村干部带头引领,在充实壮大D村村干部管理队伍时,可以从内力和外力两个方面着手推进。内力主要体现在基层管理队伍自身建设上,一方面可以邀请高校研究乡村振兴的专家学者或乡村振兴示范村庄的村长对D村村干部组织不同层次的培训,分享乡村振兴的经验做法,以丰富村干部的理论素养;另一方面,可以将村致富能手、有技术和文化等优秀人才纳入村两委负责人候选范围。外力则主要体现在人才引进方面,乡镇或街道也可以选派一批高学历、高素质的人才充实到D村基层干部队伍中去,借助这些新生力量,通过发挥他们的能力和专长,为D村的振兴夯实人才队伍。

(三)多管齐下找出路,健全完善村级医保体系

为有效减少村民因病致贫、因病返贫现象的发生,除国家继续完善新农合医保制度外,地方政府也可以联手当地保险公司探索制定出针对农民的大病保险险种,村级两委也要加大对因病致贫、因病返贫户的救助工作,可通过将其列为扶贫帮扶户等举措减少大病医疗开销对整个家庭的不利影响。此外,为增加村民参保与续保的积极性,村级两委需要扩大新农合的宣传力度,可以通过村级微信平台、粘贴宣传海报等途径向广大农民宣传参加新农合的益处、新农合可报销的内容以及针对不同级别医院的报销比例,让

农民明晰新农合的医疗保障制度。

(四) 宣传与处罚并举,加大力度打击非法集资借贷

非法集资活动损害了群众的切身利益,为根除这个危害乡村治理的毒瘤,从根本上解决村庄的民间非法集资问题,首先要加大对非法集资的危害宣传,以直观化且多样化方式向村民宣传什么是非法集资、非法集资的典型手法、非法集资的危害性、如何远离非法集资以及非法集资的新型手法等知识。村委会还可以联合相关部门加强对非法集资借贷的监管力度和打击力度,有效遏制非法集资案件的发生,此外,还要加强对非法集资的处罚力度,对每一起非法集资都采取零容忍的态度,以起到良好的警示作用。

五、结语

乡村振兴是政治、经济、社会和文化等诸多要素的聚合体。乡村的振兴不仅有助于解决我国当前农村发展的不平衡不充分问题,对于全国建成小康社会也具有推动作用,做好乡村振兴这篇文章离不开村级、地方政府以及社会各方共同的智慧,乡村振兴要以地方实际境遇为导向,多方携手破除阻碍深化乡村振兴路径的桎梏,以地方特色为亮点,走出一条有新度、有效果的振兴道路,在推动村庄自身发展的同时,也为其他同类型村庄的发展提供经验参考。

参考文献

[1] 孙玉. 东北三省乡村性的测度与评价研究 [D]. 北京:中国科学院研究生院,2016.

[2] 高炜,郭锡禹,潘成俊,牛丽丽,罗金. 辽宁省实施乡村振兴战略的五大抓手 [J]. 辽宁经济,2018.

[3] 徐学庆. 乡村振兴战略背景下乡风文明建设的意义及其路径 [J]. 中州学刊,2018 (9).

[4] 张萌,张秀平. 以人才振兴助力乡村振兴 [J]. 合作经济与科技,2019 (2).

[5] 魏洪英. 东北地区人口流出及其对经济发展的影响研究 [D]. 长春:吉林大学,2018.

浅议政府会计制度下高校会计核算的变革与衔接

赵 丹

（浙江财经大学东方学院，浙江 海宁 314408）

摘 要：2017年10月24日，财政部下达《政府会计制度——行政事业单位会计科目和报表》的通知，要求相关单位自2019年1月1日起正式施行政府会计制度。高等学校作为重点改革对象之一，在新旧会计制度的衔接过程中如何应对，实现顺利过渡便成了本文首要解决的重点议题。对此，本文首先对高校新旧会计制度进行系统性地比较和分析，并基于此分析高校会计核算衔接过程中可能存在的问题，提出相应的对策。

关键词：政府会计制度；高校会计核算；变革；衔接

一、引言

2017年10月24日，为了适应权责发生制政府综合财务报告制度改革需要，规范行政事业单位的会计核算体系，提高会计信息质量，财政部下达了关于印发《政府会计制度——行政事业单位会计科目和报表》的通知，自2019年1月1日起施行。当前的高校会计核算工作现状严峻，现有核算制度无法全面、真实、合理地反映高校的财务状况、事业成果和预算执行情况。而此次政府会计制度改革为高校会计核算重塑提供了新的契机。然而高校在适应新的政府会计制度的过程中会面临诸如财务人员新知识体系培育、核算衔接等问题，笔者通过规范分析法，基于新旧会计准则的变化，分析高校在衔接过程中可能存在的问题并针对性地提出对策，以期为高校会计核算平稳过渡建言献策。

二、高校会计核算制度的新旧比较

政府会计制度出台后，高校会计核算面临重塑，为使高校在后续变革中顺利衔接，笔者从会计要素、核算基础、折旧摊销等八个方面进行系统性的分析，比较前后制度变化，详见表1。

表 1　高校新旧会计制度比较

制度比较项目	新会计核算	旧会计核算	比较差异与影响
会计要素	包括资产、负债、净资产、收入、费用、预算收入、预算支出和预算结余8个要素	包括资产、负债、净资产、收入、支出5个基本要素	政府会计制度在原有5要素的基础上新增预算收入、预算支出和预算结余3个会计要素
核算基础	以收付实现制为基础的预算会计和以权责发生制为基础的财务会计	收付实现制为主，权责发生制为辅	政府会计制度下会计核算采用平行记账的方式，在原有的以收付实现制为主的预算会计基础上增加了财务会计比重，更多地引用企业会计核算中权责发生制理念
折旧或摊销	对固定资产或无形资产进行的计提折旧和摊销计入当期费用，当月增加当月计提或摊销，当月减少的当月不再计提	对固定资产或无形资产计提折旧和摊销，在折旧和摊销时对冲"非流动资产基金"科目，不计入当期费用	政府会计制度取消了"非流动资产基金"科目，同时固定资产或无形资产折旧和摊销数在新的会计制度下需要计入当期费用
应收账款的坏账准备	检查在收回后不需要上缴财政部门的应收账款和其他应收款项，并预计可能产生的坏账损失	不计提坏账准备	政府会计制度要求对期间内的各项应收账款进行检查并计提坏账准备，有利于更好地进行应收账款的管理，一定程度保证资金能够正常周转
基本建设投资核算	基本建设进行统一核算，不再单独建账，但应当按照项目单独核算；对于那些纳入部门预算管理的现金收支业务需要平行记账，同时进行财务会计和预算会计的核算，取消"非流动资产基金—在建工程"科目	基本建设应当单独建账；只有基建的现金支付业务会纳入学校的大账核算；使用"在建工程"和"非流动资产基金—在建工程"科目	与旧制度相比，政府会计制度取消了"非流动资产基金—在建工程"科目，基本建设实行统一核算，不再单独建账，减少了不必要的会计核算，强化预算过程管理，同时提高了财务效率
长期投资核算	"长期投资"科目分设为两个科目："长期债权投资"和"长期股权投资"；对于货币资金对外投资，新设置"投资支出"科目；对于持有期间的投资收益核算，新设置"投资收益""预算投资收益"，通常采用权益法核算；对于非企业法人投资，财务会计计入"其他费用"，预算会计计入"其他支出"	"长期投资"科目核算包括长期债权投资和长期股权投资；对于货币资金对外投资不纳入支出核算；对于非企业法人投资，采用双分录核算	在政府会计制度下股权投资和债权投资分别通过"长期债权投资"和"长期股权投资"科目核算，不再由"长期投资"统一核算，同时在计算持有收益时，采用权益法核算，新增"预算投资收益"等科目

续表

制度比较项目	新会计核算	旧会计核算	比较差异与影响
科研收入确认	财务会计在收到资金或开具税票时应借记"银行存款"或"应收账款",贷记"预收账款",期末再确认"事业收入—科研事业收入",预算会计则在收到资金时一次性全部确认为"事业收入—科研事业收入"	纵向科研项目按照收到资金时确认,横向按照项目合同开具税票时确认,按照收到的资金或者税票的面额一次性确认为科研事业收入	政府会计制度打破原有制度下按照科研项目类别确认收入时点的核算方式,对科研收入分别按照预算会计和财务会计不同进行确认
银行借款及借款利息核算	对从银行和其他金融机构等借入的、纳入预算的款项除进行资产和负债的处理以外还应进行预算会计核算,新设"债务预算收入"和"债务还本支出"科目;借款利息核算时财务会计以权责发生制为基础核算,设置"应付利息"科目,同时预算会计核算以收付实现制为基础进行平行记账	对从银行和其他金融机构等借入的、纳入预算的款项只核算资产和负债的增减;借款利息以收付实现制为基础进行核算	银行借款不仅核算资产和负债的增减,新制度还要求进行预算会计核算,对借款利息新增权责发生制核算

三、高校会计核算衔接过程中可能存在的问题

（一）高校对政府会计制度变革的重视不足

政府会计制度要求高校建立更加完善、更具科学性的会计核算体系，从而帮助高校更好地开展日常的会计核算工作，使得相关财务信息能够更真实全面地反映高校财务状况及预算执行度。但是在具体的变革衔接过程中，部分高校可能会存在管理者忽视新制度的具体实施、消极应对等问题，这就导致高校新旧会计制度变革时间长、效率低下，甚至出现财务核算的"四不像"问题——旧制度尚在使用而新制度未完全跟进。如政府会计制度规定高校对于新制度实行以前购买的固定资产需要补提折旧，但是部分高校未必能准确地落实，导致资产的价值反映出现问题，最后不仅无法实现变革的目的，反而不利于进行各项资产的合理利用，影响管理层的决策。

（二）财务人员对新知识体系的适应力弱

相比企业，高校财务人员并不是特别注重自身知识体系的持续性培养，因而呈现出效率低下、知识体系老化、整体现代化水平差等问题，且普遍对新事物的接受能力弱，很难及时接受新的核算制度和要求，而新会计制度内容多、变化大、时间仓促的特点对

高校财务人员的知识水平提出了更高的要求。财务人员对学习新制度的热情不高、能力不足，在适应新会计制度时的效率则会大大受到影响。

（三）信息系统亟待升级完善

现在高校使用的财务管理系统多为天财高校财务管理系统5.0版，无法适应新的政府会计制度下平行记账的要求，急需进行升级完善，更新完成后的财务系统应该对会计科目、经济分类、功能分类、辅助核算等信息重新设置，并通过增加会计核算维度、增强财务控制功能、财政预算项目管理功能和综合查询功能等措施来实现数据的正确转换。

（四）衔接过程监督与反馈的不及时

在新旧会计制度的衔接过程中，由于手段不够强硬，配套措施较为落后，高校财务人员的意识淡薄等等会导致监督和反馈不及时的问题。如部分高校财务部门人员较少，在相关环节没有配备专业的会计人员，有些资产保管的人员同时又进行资产登记，会导致监督失效，没有做好严格的监督；部分高校由于财务人员的反馈意识不强，反馈的信息及时性不强，会影响各项资源的合理配置，影响高校其他财务环节的操作。

四、高校会计核算衔接过程中的若干建议对策

（一）高校应将制度变革与衔接工作的重视度上升到新的层面

新的会计制度出台后，高校需要进行许多方面的工作来适应新的制度，对于这些衔接工作高校要给予高度的重视，对新制度要求的会计核算模式、财务报告模式等要进行详细的了解和熟悉，要完成科目的设定，按照制度要求增加或减少会计科目，在学校内部形成新的会计核算体系并推广，注意在实施新制度时会出现的各项问题，考虑如何做到新旧会计制度的圆满过渡，做好随时应对各种风险的准备。

（二）加强对财务人员的制度宣传和组织培训

首先，加强新制度的宣传，努力营造良好的制度改革氛围，引起高校各部门及人员的重视。其次，高校各级部门要积极支持相关人员参加上级开展的各项培训活动，通过培训活动加强财务人员对学习新的政府会计制度的意识，推动他们努力积极地去学习和消化新制度。笔者认为可以成立政府会计制度实施领导小组，按照"统一性、问题导向、配套改革整体推进"的原则，科学合理地设计实施方案，分解各项工作任务，并严格按照责任分工要求对问题和责任清单进行详细的梳理，重点落实资产管理、投资管理、科研管理、基本建设管理等方面的实施情况，制定详细的实施方案，督促各部门相互协调相互配合，及时解决衔接过程中可能出现的各种问题。学会通过正确有效的培训方法去提升高校财务人员的理论水平和实践能力。高校应完善继续教

育机制，积极组织各项专业培训活动并要求高校财务人员及时出席，加强与其他同类院校的交流学习，共同探索新的会计核算体系，提升他们的能力从而更好地适应高校会计核算变革的需要。高校还可以将高校财务人员的理论水平和实践能力纳入绩效考核，作为日常考核的一部分促进高校财务人员学习的积极性，让他们了解学习新制度的重要性。

(三) 升级信息系统

会计信息系统是推动完成政府会计制度改革的重要信息基础。高校应当按照关于高等学校执行《政府会计制度——行政事业单位会计科目和报表》的衔接规定及补充规定要求对原有的会计信息系统进行及时地更新和调试，完成从处理一套账到同时处理两套账的转变，在此基础上还要进行成本核算。高校要建立财务信息管理与资产管理等相关工作的联系，做到数据动态匹配，提升数据质量，除此之外，高校还要做好各项数据的备份工作，防止数据丢失。高校要做好会计信息化建设，加强对信息化平台的投入，建设一个良好的会计信息体系，要及时关注其财务软件运营商的动态，从而引进最新的可平行记账的财务软件进行会计核算，同时要注意新的信息系统与旧数据之间的整合和过渡。全面利用升级优化后的会计信息系统可以更好地保证会计信息的准确性和时效性，提高工作效率和信息质量。

(四) 做好监督工作并及时反馈

高校可以成立专项监督小组，对高校在政府会计制度改革的衔接过程中可能会遇到的问题进行及时地监督和反馈。由于新制度提出的要求内容多且复杂，高校会计制度变革时的效率可能会较低，很多衔接工作可能未能较好地开展，专项监督小组要及时发现高校在衔接工作中出现的问题并提出妥善的解决措施，要加强对衔接工作的监督，确保各项工作都能按照新制度的要求开展。

五、结语

新政府会计制度的实行有利于提高高校会计信息质量，提升高校财务和资产管理水平，进而增强高校绩效管理和资金使用效益。本文主要基于政府会计制度下高校会计核算的变革以及衔接过程中可能遇到的问题，针对性地提出相关建议对策以推动新旧会计制度的顺利过渡。但因笔者研究能力有限，未来将针对高校如何更好地实施新政府会计制度进行更深入、更细节地探索和研究。

参考文献

[1] 马永义. 行政单位执行政府会计制度相关衔接规定的解读 [J]. 中国注册会计师, 2018 (6).

[2] 葛玉林. 政府会计制度下高校会计核算变革的探析 [J]. 经济师, 2018 (11).

［3］陈琛.高校财务部门实施政府会计制度的衔接工作研究［J］.当代经济，2018（18）.

［4］周曙光，陈志斌.政府会计准则执行的行为分析、能力需求与培养路径［J］.会计与经济研究，2018（4）.

［5］彭敏.政府会计制度下高校会计核算对比分析［J］.会计之友，2018（22）.

［6］荆新.中国政府会计改革发展四十年：回顾与展望［J］.财会月刊，2018（19）.

［7］周娜.谈政府会计双核算基础及会计核算模式的实现［J］.财会月刊，2016（25）.

［8］申岩，周雅妮.高校落实政府会计制度平行记账的路径研究［J］.财务与会计，2018（12）.

［9］齐超.浅谈高校财务部门如何做好政府会计制度的衔接工作［J］.经贸实践，2018（13）.

［10］邓兰，王东辉.高校部署与实施政府会计制度衔接工作相关问题探究［J］.长春师范大学学报，2018，37（7）.

汇率变动、自主创新对出口技术复杂度的影响研究

涂苏美

(浙江财经大学东方学院信息分院，浙江 海宁 314408)

摘　要：2005年汇改以来，人民币大幅升值，与此同时中国出口贸易却仍然保持快速增长，传统理论对此无法做出合理解释。本文基于2000~2015年中国26个制造业行业的面板数据，研究了汇率变动对出口复杂度的影响。结果发现：在2005年人民币汇率改革之前，人民币汇率与出口复杂度显著负相关，而在汇改之后两者显著正相关，实施汇改政策带来的人民币升值显著提升了中国出口竞争力；人民币升值对出口复杂度的影响存在行业异质性，人民币升值对低技术水平行业产生了负向作用，对中等技术水平行业的提升效应大于高技术水平行业。此外，本文还发现人民币升值通过促进自主创新，显著提升了出口技术复杂度。本文的政策含义是，为提升出口竞争力、促进贸易品的结构升级，汇率定价应以主要贸易伙伴国的贸易份额为依据，并实施稳中趋强的汇率政策。

关键词：汇率升值；自主创新；出口技术复杂度

一、引言

自2005年中国实施汇率形成机制改革以来，人民币出现大幅升值，截至2017年，人民币实际有效汇率累计升值44.45%。但是，2005年汇改后，中国出口贸易仍然保持快速增长，据国家统计局的数据显示，2005~2016年，中国出口额由7 619.50亿美元增加到20 976.31亿美元，年均增长9.64%。从中国的经验数据看，经典的国际贸易理论无法解释汇率与出口的关系，这也被称为"汇率不相关之谜"。对这一谜题的解释，学术界主要围绕汇率不完全传递[1][2][3][4]和是否满足马歇尔—勒纳条件[5][6][7][8]等展开讨论。事实上，如果企业为应对汇率升值压力而加大创新投入，提高出口产品的技术复杂度以保持出口竞争力，这将弱化汇率与出口的关联。因此，本文认为出口产品技术复杂度提升是汇率缺乏弹性的内在原因。

已有文献的侧重点主要聚焦在出口技术复杂度的方法构建及测算上，米凯利(Michaely)[9]最早以各国某产品在世界的出口份额为权数，对所有出口国的人均收入进行加权平均得到贸易专业化指标；豪斯曼等(Hausman et al.)[10]在该指标的基础上，将

绝对权数改为相对权数，提出一种用来衡量出口技术含量的新指标，即出口技术复杂度，并利用经验数据进行实证分析发现，出口技术复杂度与人均GDP显著相关，但是中国、印度等发展中国家出口的产品技术含量明显高于其他同等收入水平的国家或地区。近些年来，部分学者也开始对影响出口技术复杂度的因素进行研究。罗斯克（Rodrik）[11]的实证结果表明，人力资本对出口技术复杂度存在微弱的正向作用；王和魏（Wang & Wei）[12]按照产品间和产品内进行分组回归，发现提升人力资本会显著促进出口技术复杂度；王和魏（Wang & Wei）[13]发现FDI显著促进了中国产品内的出口技术复杂度，而产品间的影响不显著。此外，源（Nguyen）[14]、李和陆（Li & Lu）[15]、范等（Fan et al.）[16]还分别考察了贸易自由化、研发投入、文化多元性等对出口技术复杂度的影响。

上述文献研究了人力资本、FDI、研发投入、贸易自由化等因素对出口技术复杂度的影响，但忽略了汇率因素。然而，汇率作为两国货币的比价，对进出口贸易具有直接的调节作用，能够影响一国产品的出口竞争力，因此，有必要将汇率纳入出口技术复杂的研究框架，系统评估汇率变动对出口技术复杂度的影响。基于现有理论，本文利用2000～2015年基于中国大中型企业口径的行业面板数据分析了汇率变动与出口技术复杂的因果关系及作用机制。研究发现，人民币升值显著提升了出口技术复杂度。2005年以前，人民币升值对出口技术复杂度的影响显著为负，2005年以后显著为正，汇改政策产生了积极影响；不同行业的影响效应存在异质性，人民币升值对低技术水平和高技术水平行业产生了负向作用，对中等技术水平行业具有促进效应；人民币升值通过自主创新途径，显著提升了出口技术复杂度。

与现有文献相比，本文做了以下工作。第一，将汇率因素纳入已有研究的分析框架，系统分析了汇率冲击对出口技术复杂度的因果效应；第二，考察了2005年汇改前后，汇率变动对出口技术复杂度的影响；第三，按照技术水平将行业分为高、中、低三类，研究了汇率变动对出口技术复杂度的行业异质性影响；第四，汇率升值导致的出口市场竞争加剧将倒逼企业实施自主创新，同时，汇率升值带来的本购买力增强也会促使企业进口更多的先进设备和技术，加大研发投入，从而提高出口技术复杂度，为此，本文对汇率变动影响出口技术复杂度的作用机制——自主创新进行了实证检验。

二、计量模型、变量与数据

（一）计量模型

为了考察汇率变动对出口技术复杂度的影响，本文首先设定如下固定效应模型：
$$Insoph_{it} = \alpha + \beta Reer_t + \varphi X_{it} + \delta_i + \varepsilon_{it} \tag{1}$$

其中，i和t分别表示行业和年份，Insoph表示出口技术复杂度，Reer表示实际汇率，X是模型的其他控制变量，包括劳资比、人力资本、外商直接投资、出口强度、知识产权保护等。δ_i为行业固定效应，用于控制不随时间变化的行业特征对出口技术复杂度的影响，ε_{it} 为随机扰动项。α、β 和 φ 为待估计的参数或参数向量。本文重点关注 β 的符号及显著性，如果 β 显著为正，说明人民币升值对出口技术复杂度产生促进作用，如果 β 显著为负，说明人民币升值对出口技术复杂度产生负面效应。

（二）变量说明

1. 出口技术复杂度（Insoph）

参照豪斯曼等（Hausman et al.）[10]的思路，本文分两步计算制造业行业层面的出口技术复杂度。首先，利用产品层面的数据计算产品出口技术复杂度 soph，公式为：

$$\text{soph}_{it} = \sum_c \ln\text{gdpper}_{ct} \cdot s_{ckt} \quad (2)$$

式（2）中，soph_{it} 为 k 产品 t 年的出口技术复杂度，gdpper_{ct} 为 c 国 t 年的人均 GDP，本文对人均 GDP 进行对数处理，s_{ckt} 为 c 国 k 产品 t 年的显性比较优势指数。

其次，以 sh_{ikt} 为权重，利用加权平均的方法，进一步计算行业层面的出口技术复杂度 insoph_{it}，具体公式如下：

$$\text{Insoph}_{it} = \sum_k \text{soph}_{it} \cdot sh_{ikt} \quad (3)$$

式（3）中，Insoph_{it} 为 i 行业 t 年的出口技术复杂度，sh_{ikt} 为 i 行业 t 年的出口额中 k 产品所占份额。

2. 实际汇率（Reer）

本文使用 IMF 提供的人民币实际有效汇率指数来衡量实际汇率，并对该指标进行对数化处理。

3. 控制变量

劳资比（KL），用劳动投入与物质资本投入之比表示；劳动投入用行业年平均从业人数表示；物质资本投入，利用永续盘存法计算得到。人力资本（Human），用 R&D 人员与从业人员之比表示。外商直接投资（FDI），用港澳台和外商投资销售产值与销售总产值之比作为替代变量。出口强度（Rex），用出口交货值与销售总产值之比表示。知识产权保护（IPR），用各行业专利申请数与 R&D 人数之比表示。

（三）数据来源

人民币实际有效汇率指数的数据由 IMF 数据库提供，各国的出口贸易数据和人均 GDP 数据分别来自 UNCOMTRADE 和 WDI 数据库，其他变量的基础数据来源于各年的《中国统计年鉴》《中国科技统计年鉴》《工业企业科技活动统计年鉴》等，统计口径为大中型工业企业。除人民币实际有效汇率指数是全国层面的数据外，其余变量均为行业年度数据，时间跨度为 2000～2015 年。各变量的描述性统计如表 1 所示。

表 1 各变量的描述性统计信息

变量	符号	N	Mean	Std. Dev.	Min	Max
出口技术复杂度	Insoph	416	9.78	0.41	8.31	10.82
实际汇率	Reer	416	4.59	0.13	4.43	4.88

续表

变量	符号	N	Mean	Std. Dev.	Min	Max
劳动资本比	KL	416	0.07	0.09	0.01	0.77
出口强度	Rex	416	0.20	0.20	0.00	0.77
人力资本	Human	416	0.03	0.02	0.00	0.09
外商投资	FDI	416	0.30	0.17	0.00	0.84
知识产权保护	IPR	416	0.12	0.11	0.00	0.85

三、实证结果及分析

1. 总体影响分析

表2报告了汇率变动对出口技术复杂度的总样本回归估计结果，第（1）列的结果显示，在未加入控制变量的情况下，实际汇率的估计系数在1%的水平上显著为正，说明人民币升值可以显著促进出口技术复杂度提升。在第（1）列的基础上，逐步加入劳资比、人力资本、出口强度、外商直接投资、知识产权保护等控制变量，得到的估计结果如第（2）～（6）列所示。可以看出，在不断加入控制变量的过程中，实际汇率的估计系数符号及其显著性均没有发生改变，说明模型结果具有稳健性。

表2 基准回归的估计结果

变量	(1)	(2)	(3)	(4)	(5)	(6)
Reer	1.5802*** (0.1111)	1.0245*** (0.0943)	0.8794*** (0.1128)	1.0890*** (0.1235)	1.0151*** (0.1298)	0.6775*** (0.1303)
KL		−2.4012*** (0.1544)	−2.3203*** (0.1575)	−2.3695*** (0.1553)	−2.3874*** (0.1552)	−2.1338*** (0.1497)
Human			2.9745* (1.2851)	3.6189** (1.2738)	3.5516** (1.2707)	3.5317** (1.1922)
Rex				0.5935*** (0.1542)	0.8785*** (0.2209)	0.8319*** (0.2073)
FDI					−0.6053 (0.3368)	−0.5543 (0.3161)
IPR						1.3129*** (0.1797)
截距项	2.5282*** (0.5097)	5.2500*** (0.4372)	5.8316*** (0.5021)	4.7375*** (0.5694)	5.2029*** (0.6240)	6.5687*** (0.6146)
N	416	416	416	416	416	416
R^2	0.3423	0.5948	0.6003	0.6151	0.6183	0.6649

注：***、**和*分别对应1%、5%和10%的显著性水平，括号内的数字表示标准误。

其他控制变量的估计结果显示，劳资比的估计系数显著为负，说明要素禀赋结构的优化有利于技术进步，随着人口红利的逐渐消失和资本结构的不断深化，大量资本替代劳动，从而带来生产效率和出口产品技术水平的显著提升；出口强度的估计系数显著为正，说明出口可以促进出口技术复杂度的提升，即存在出口学习效应，本土企业在参与出口活动过程中，通过不断改进生产工艺和管理模式，提高自身生产效率和技术水平；人力资本的估计系数显著为正，说明人力资本积累通过提高从业人员的知识和技能，促进了出口技术复杂度的提升；知识产权保护的估计系数显著为正，说明加强知识产权保护可以显著提高出口技术复杂度；外商直接投资对出口技术复杂度的作用为负，但统计上不显著。

2. 不同时间段的影响分析

为了检验汇改前后，实际汇率升值对出口技术复杂度的作用效应，这里将样本区间分为 2005 年以前和 2005 年以后两个子区间，然后分别进行回归检验，具体估计结果见表 3 的第（1）和（2）列。结果显示，实际汇率的估计系数在 2005 年以前显著为负，2005 年以后显著为正。在 2005 年中国实施汇率形成机制改革之前，实际汇率升值对出口技术复杂度产生了负向效应，这可能与人民币汇率被低估有关，[①] 汇率升值对技术创新的正向效应被汇率低估对技术创新的负向效应所抵消，最终导致实际汇率对出口技术复杂度的影响显著为负；而在 2005 年中国实施汇改以后，人民币汇率弹性不断增强，这可以更好地发挥汇率在国内外资源配置中的市场化作用机制，从而使得实际汇率升值对出口技术复杂度的技术创新效应显著为正。

3. 不同行业的分析

企业在面临汇率升值带来的贸易竞争压力时，只能通过加大技术创新重构竞争优势，但不同行业的技术水平差异较大，因而，汇率升值对出口技术复杂度的冲击效应可能存在行业异质性。为了验证，本文按照学术界通常的做法[18]，以 R&D 经费占比和 R&D 人员占比这两个指标的平均值，对 2016 年 26 个行业从高到低进行排列分为高技术水平、中等技术水平、低技术水平三类，然后依次对三类不同技术水平的行业进行检验。

表 3 的第（3）~（5）列报告了在不同行业技术水平下，汇率升值对出口技术复杂度的估计结果。实际汇率变量的估计系数符号表明，汇率升值对低技术水平和高技术水平行业的出口技术复杂度的影响效应为负，但统计上尚不显著，对中等技术水平行业的出口产品技术含量的提高具有显著的促进作用。本文认为，不同行业的影响差异可能与企业的技术创新能力有关，低技术水平行业的出口产品技术含量较低，企业的创新能力普遍较弱，因此，这类企业通常采取压缩出口利润空间、降低出口价格的方式来应对汇率升值引起的贸易竞争压力，而这将进一步降低产品的技术含量和质量；就中等技术水平行业的企业而言，它们具备一定的科技活动基础。因此，当汇率升值带来竞争压力后，这些企业可以从外部获取技术资源开展实施技术创新活动以重构贸易竞争优势，从而提高出口产品的技术复杂度；对于高技术水平行业，其自主创新能力强、研发强度大、产

---

① 施建淮和余海丰（2005）[17]的数据显示，2000~2004 年的人民币实际汇率有所上升，但是均衡汇率上升的幅度更大，存在人民币汇率低估的现象。

品技术含量高,但是,当汇率升值后,市场竞争更加激烈,企业进行研发投资的风险加大,导致部分企业放弃研发活动,通过非技术手段降低成本、开拓市场等维持现状,故汇率升值对高技术水平行业的出口技术复杂度也产生了不利影响。控制变量方面,劳资比、人力资本、FDI、出口强度、知识产权保护等对出口技术复杂度的影响与总体回归的结果类似,限于篇幅,故对控制变量的分析从略。

表3 分组回归的估计结果

变量	按时间分		按技术水平分		
	汇改前	汇改后	低技术水平	中等技术水平	高技术水平
	(1)	(2)	(3)	(4)	(5)
Reer	−2.580*** (0.146)	0.630*** (0.092)	−0.146 (0.304)	0.741** (0.233)	−0.336 (0.248)
KL	−0.309*** (0.080)	−1.235* (0.478)	−2.452*** (0.241)	−2.095*** (0.334)	−0.564* (0.224)
Human	1.907 (1.928)	0.541 (0.783)	5.754 (8.918)	5.234* (2.373)	6.817*** (1.871)
Rex	0.696*** (0.131)	−0.019 (0.211)	0.860*** (0.239)	0.326 (0.883)	0.870* (0.361)
FDI	0.154 (0.235)	0.176 (0.339)	−2.044*** (0.480)	0.586 (0.733)	−0.129 (0.524)
IPR	0.133 (0.111)	0.437** (0.141)	0.599** (0.193)	1.887*** (0.447)	4.815*** (0.491)
截距项	20.735*** (0.688)	6.985*** (0.450)	11.076*** (1.427)	5.991*** (1.128)	10.315*** (1.103)
N	130	286	128	160	128
R^2	0.895	0.543	0.729	0.686	0.804

注:***、**和*分别对应1%、5%和10%的显著性水平,括号内的数字表示标准误。

四、影响机制的分析

前文的分析表明,汇率冲击对出口技术复杂度产生了显著影响,人民币升值会促进企业提高产品技术含量。那么,汇率升值对出口技术复杂度的影响机制是什么呢?汇率升值导致出口市场竞争加剧,企业经营利润下滑,一方面,倒逼企业实施自主创新;另一方面,汇率升值意味着本币的购买力增强,促使企业进口更多的先进设备和技术,加大研发投入、消化、吸收和再创新。简言之,汇率升值可以通过加大研发投入促进出口技术复杂度的提升。

为了检验这种影响机制,本文从研发经费(RD)和研发人员(RDP)两个方面刻画自主创新,前者用R&D经费/销售收入表示,后者用R&D人员当量表示,通过构造汇率虚拟变量Dummy(该变量值在2005年之前为0,2005年之后为1)与RD和RDP的交叉项、实际汇率与RD和RDP的交叉项,考察汇率升值通过自主创新对出口技术复杂的作用效应。实证结果如表4所示。

表4 影响机制的估计结果

变量	(1)	(2)	(3)	(4)
Dummy * RD	27.404*** (2.899)			
Reer * RD		1.487 (1.340)		
Dummy * RDP			0.049*** (0.002)	
Reer * RDP				0.051*** (0.003)
KL	-1.373*** (0.163)	-2.140*** (0.157)	-0.652*** (0.125)	-1.246*** (0.132)
Human	2.233* (1.098)	5.420*** (1.211)	1.666* (0.788)	-1.926 (0.999)
Rex	0.357 (0.197)	0.751*** (0.214)	0.469** (0.144)	0.688*** (0.164)
FDI	-0.893** (0.282)	-1.011** (0.313)	-0.755*** (0.210)	0.850** (0.267)
IPR	1.330*** (0.160)	1.657*** (0.174)	0.728*** (0.124)	1.030*** (0.139)
截距项	9.698*** (0.079)	9.685*** (0.098)	9.481*** (0.060)	7.119*** (0.174)
N	416	416	416	416
R^2	0.709	0.642	0.839	0.788

注：***、**和*分别对应1%、5%和10%的显著性水平，括号内的数字表示标准误。

表4的第（1）列和第（2）列的结果显示，无论是采用汇率虚拟变量，还是实际汇率变量，人民币升值通过研发经费投入对出口技术复杂度都产生了正向作用，实际汇率的影响效应尚不显著。表4的第（3）列和第（4）列的结果显示，汇率虚拟变量与RDP的交叉项、实际汇率与RDP的交叉项估计系数均在1%的水平下显著为正，说明人民币升值通过研发人员投入显著提高了出口产品的技术含量。数据显示，2005～2015年，伴随着人民币汇率大幅升值（年平均增长3.02%），研发经费投入和研发人力投入以年均10.90%和6.30%的速度增长，与此同时，出口技术复杂度也保持年均2.26%的增幅。这印证了人民币升值会促进研发投入的增长，进而提高产品技术含量保持出口竞争力的结论。

五、结 论

2005年中国实施人民币汇率改革以来，人民币出现大幅升值。本文基于以中国大中型工业企业为口径的行业数据,研究了实际汇率升值对出口技术复杂度的影响,以及在不同时间段和不同行业技术水平下的作用效应,并实证检验了实际汇率升值通过自主创新影响出口技术复杂度提升的作用机制。结果表明,人民币升值显著提升了出口技术复杂度;2005年以前,人民币升值对出口技术复杂度的影响显著为负,2005年以后显著为正,汇改政策的实施对出口竞争力的提高产生了积极影响;不同行业的影响效应存在异质性,人民币升值对低技术水平和高技术水平行业产生了负向作用,对中等技术水平行业具有促进效应。人民币升值通过促进研发投入,显著提升了出口技术复杂度。

人民币升值导致贸易竞争加剧,企业经营利润下滑和出口减少,因此,为了保持出口竞争力,加大企业创新投入、提高产品技术含量是重构贸易竞争优势的关键所在。此外,应加快汇率市场化改革,完善人民币中间价形成机制,逐步淡化与美元挂钩的单一汇率波动,转向参考一篮子货币的汇率定价模式,为企业提供真实汇率价格信息,提高出口产品竞争力。

参考文献

[1] Dixit A. Hysteresis, Import Penetration, and Exchange Rate Pass-Through [J]. Quarterly Journal of Economics, 1989, 104 (2): 205—228.

[2] Gopinath G, Itskhoki O, Rigobon R. Currency Choice and Exchange Rate Pass-Through [J]. American Economic Review, 2010, 100 (1): 304—336.

[3] Turner P, Wood J. Nonlinear exchange rate pass-through in industrial economies [J]. Applied Economics, 2017, 49 (4): 1—6.

[4] Wang J. Home Bias, Exchange Rate Disconnect, and Optimal Exchange Rate Policy [J]. Journal of International Money and Finance, 2010, 29 (1): 55—78.

[5] 卢向前,戴国强. 人民币实际汇率波动对我国进出口的影响: 1994~2003 [J]. 经济研究, 2005 (5): 31—39.

[6] Matesanz D, Fugarolas G. Exchange rate policy and trade balance: a cointegration analysis of the Argentine experience since 1962 [J]. Applied Economics, 2009, 41 (20): 2571—2582.

[7] 刘尧成. 人民币汇率变动对我国贸易差额的动态影响 [J]. 经济研究, 2010 (5): 32—40.

[8] Arize A C, Malindretos J, Igwe E U. Do exchange rate changes improve the trade balance: An asymmetric nonlinear cointegration approach [J]. International Review of Economics & Finance, 2017 (49): 313—326.

[9] Michaely M. Trade, Income Levels, and Dependence [J]. North-Holland, Amsterdam, 1984.

[10] Hausman R, Hwang J, Rodrik D. What you export matters [J]. Journal of economic growth, 2007 (1): 1—25.

[11] Rodrik D. What's so special about China's exports? [J]. China & World Econo-

my, 2006 (5): 1-19.

[12] Wang Z, Wei S J. The Rising Sophistication of China's Exports: Assessing the Roles of Processing Trade, Foreign Invested Firms, Human Capital, and Government Policies [J]. Columbia University, New York, 2007.

[13] Wang Z, Wei S J. What accounts for the rising sophistication of China's exports? [M]//China's growing role in world trade. University of Chicago Press, 2010: 63-104.

[14] Nguyen D X. Trade liberalization and export sophistication in Vietnam [J]. Journal of International Trade & Economic Development, 2016, 25 (8): 1-19.

[15] Li C, Lu J. R&D, Financing Constraints and Export Green-Sophistication: Evidence from China [J]. China Economic Review, 2017 (47): 234-244.

[16] Fan Z, Anwar S, Huang S. Cultural diversity and export sophistication [J]. International Review of Economics & Finance, 2018, 58: 508-522.

[17] 施建淮, 余海丰. 人民币均衡汇率与汇率失调: 1991~2004 [J]. 经济研究, 2005 (4): 34-45.

[18] Zou Y, Chen T L. Industrial heterogeneity and international product cycles [J]. Journal of Economics, 2018, 125 (1): 1-25.

新媒体时代企业价值传播中的借势营销策略研究

马文博

（浙江财经大学东方学院工商管理分院，浙江 海宁 314408）

摘　要：在移动互联技术高速发展的新媒体时代，信息的传播速度和效率使得企业传统的营销模式吸引力下降。借势营销作为一种新兴的营销手段，凭借其覆盖广、成本低、收效快等特点，成为企业广泛应用的营销新模式之一。本文首先介绍借势营销的基本概念，分析新媒体的特征，其次对企业借势营销实践案例展开研究，进而分析目前企业借势营销活动中存在的问题及可行的改进、应用策略。

关键词：新媒体；企业价值；价值传播；借势营销

一、引言

借势营销是企业将销售的目的寄生于热点事件之中，借助其影响力，在潜移默化中使消费者知晓、接受企业产品或品牌的营销手段。在传统媒体时代，受时效性和传播广度等因素制约，借势营销很难达到理想的效果。但在信息快速传播、媒介交织融合的新媒体时代，借势营销因其灵活、兼容性强、成本低、收效快等特点，成为企业追捧的营销模式。在这种媒体环境下，共享信息的便利性以及公众升级的社交需求让热点事件（即借势营销所借的"势"）呈现高频率、扩散快、多样化、易消逝等新特点。但时下诸多企业的借势营销实践中，真正借到"精髓"的只是少数，更有甚者，由于实施不当，反而产生了较大负面影响。

二、新媒体的特征

（一）新媒体的含义

从目前的情况来看，很多学者对于新媒体的定义有不同的观点。整体上看，新媒体的定义分为广义和狭义，狭义的新媒体是指与传统媒体相区别的新兴媒体，包含互联网和移动网络，这两种媒体都可被称之为网络媒体；广义的新媒体则是指以新兴的电子信息技术为载体的媒介形式，包括互联网媒体以及运用新媒体技术，或是由新媒体融合发展出来的新型的媒体形式。

（二）新媒体中的信息传播特征

新媒体打破了传统媒体对信息的垄断，改变了传媒的秩序和人们的生活方式，消解了各类信息渠道、公众社群、产业业态之间的边界。具体来讲，新媒体中的信息传播具有以下特点：

1. 传播方式双向化

传统媒体信息传播的方式是单向的、线性的、不可选择的，受众被动接受信息，缺少信息的反馈与互动，在传统媒体中信息的传播关系是不平等的，媒体一直在处于中心地位，受众则处于被支配的从属地位。新媒体中，互联网和手机等工具实现了信息的共享与传播，信息的传播和接收可以同时完成，传播者与受众的角色能够在一瞬转换，每个人都可以是接受者，也可以是传播者，从而帮助信息的二次传播，扩大信息的传播效果。

2. 传播内容多元化

新媒体的信息传播包含文字、图片、声音、视频等形式，充分提高了信息的内容量和体验度，用户可以声情并茂地感受比传统媒体更为具象化的信息。同时，新媒体传播的信息广度大幅提高，由于新媒体吸纳了更为广泛的受众，各类型的社会事件都有可能受到不同圈层的关注，从而形成二次传播。此外，新媒体的广泛运用还打破了一系列旧有的情境传播界限，致使一些不同情境合并，形成新的传播情境，抑或使不同情境之间一些旧有的连接消失，新的连接建立，制造出更为丰富的内容和形式。

3. 注意力时效性

传统媒体背景下，公众对热点事件的关注度相对集中，注意力的停留时间也相对较长。但新媒体环境中，热点事件层出不穷，其传播借助层层嵌套的弱关系，可以在瞬间将信息大面积地扩散。但受众的注意力也在被来回调动的过程中迅速衰减，致使在公众某个话题或事件上停留的注意力资源非常有限，同时，旧的事件、话题会不断被新的事件、话题刷新、替换。因此，如何获取注意力就成为在新媒体时代商业竞争的新焦点。

4. 内容变异性

网络传播点多、面多的模式，在使传播结构进一步扁平化的同时，话语权也进一步回归普通民众。新媒体的传播更具有开放性，为人们发表自己的言论和观点提供了自由和开放的平台面，也使得越来越多的用户开始使用新媒体进行讨论，对繁多的事件不同受众基于其立场、价值观、生活方式给予不同程度的关注、扩散及交流。这在扩散、催生热点话题的同时也容易出现事件、话题在扩散的过程中内容易发酵、动作易变形，一旦流传便难以控制。

三、企业"借势"的分类

(一)按企业预期目标分类

在借势营销中,"借势"是一种手段,企业更应该关注的是在"势"后面给企业带来的真正价值。通常来讲,主要包括:

1. 价值迁移

在相对成熟的市场中,产品或品牌的同质化是一种常态。当需要在短时间内强化价值主张或为产品、品牌注入新的内涵时,企业会借与自己价值主张相匹配的热点事件,将产品或品牌与事件绑定以增加曝光率,从而将事件的核心价值元素迁移至产品或品牌之中。如可口可乐通过与国际奥委会的合作将奥运精神与可口可乐的品牌价值观高度融合。

2. 获得目标消费群体

寻找、吸引目标消费群体作为企业的一项重要营销活动耗费了企业大量的营销成本。但越来越多的企业意识到目标消费群体的特征点会从多个角度表现出来,通过识别这些特征,寻找特征和热点事件之间的相关性,企业就可以借助热点事件找到目标消费群体。如吉列剃须刀借与漫威的合作共同分享了"荷尔蒙观众"。

3. 攫取注意力

注意力经济下,夺取注意力成为营销的重点,吸引越多的注意力就意味着越容易产生商业价值,获得经济效益。作为企业就需要增加自己产品、品牌的曝光率,不停地在公众眼前刷存在,而热点事件因其关注度高、扩散快等特点成为企业攫取注意力的工具。如杜蕾斯官方微博一系列借热点事件的炒作。

(二)按事件类型分类

新媒体背景下,热点事件层出不穷,但并非所有热点都可以为企业所用,也并非所有事件都只需按固定程序借用。按照事件类型,我们将企业可借的热点事件分为六大类型:

1. 节日类

节日因其符合日常生活习惯,且多是假期,成为企业"借势"活动中使用的最多、也是最安全的事件类型。其中包含传统的常见的节日如元旦、春节、清明、端午、中秋和国庆等,也包含诸多商家自造节日,如"双11""双12""520"等。但节日类事件由于涉及面广,被越来越多的商家所用,导致流入单个企业的注意力并不汹涌。

2. 赛事类、娱乐类

赛事类(如奥运会、世界杯、欧冠等)和娱乐类(如明星婚礼、公开恋情、新电影上映等)事件,天然地为企业划定了目标注意力人群。由于其专业性和社群性,在短期内引来的注意力十分汹涌,但由于事件缺乏持续性导致注意力流量容易在短时间内大量流失。

3. 行业类

在很多行业里都有各类型的专业话题，但关注度与参与量不同，行业内的人参与热烈，行业外的人不知甚解。借势此类热点应注意话题的涉及面和卷入程度，能借"势"造"市"。此外，行业类热点的评论风向极易改变，受众的情绪也容易受相关业内意见领袖的左右，企业"借势"应密切关注业内评论的褒贬风向，判清情绪走势。

4. 时政类

时政类事件的受众面广、关注时间相对较长，但由于立场不一，公众对于事件的看法差异很大，企业"借势"的风险较大。在负面大事件面前，企业尽量不参与，一旦卷入，风险非常不可控；在正面大事件面前，企业不宜"借势"，但可积极参与，但这种参与仅限于祝福阶段，并与品牌结合隐性结合，不宜直接露出产品。那些比较敏感的政治话题务必敬而远之，稍有不慎，引火烧身。

5. 灾难类、负面类

不管是灾难类还是负面事件类，其事件背后总有一群人有着难以抹去的负面情感或痛苦经历，还有一大群或体谅或同情的公众。从常人的角度想，这时再做广告有些不近人情，且一旦"借势"不力就会煽动起猛烈的负面舆论攻势，讨来一片口诛笔伐。所以这时候与其大张旗鼓地声援，不如默默地支持，自然地提升好感度。

6. 心态类

在当下的文化环境中，人们物质生活水平不断提高，但精神生活的匮乏感、紧张感日益凸显，在北上广深这类城市中尤为明显，人们每隔一段时间就会带着情绪把被压制精神需求拿出来讨论，如"世界那么大，我想去看看""逃离北上广""贫穷限制了我的想象"等。随着社会结构的变化、文化的转型，很多曾经的热点话题会周期性出现，成为企业"借势营销"活动的"可再生资源"。

四、企业"借势营销"中的常见问题

（一）反应迟钝

2017年一部现象级电影《战狼2》在总票房一举创下中国票房新纪录的同时，也考验了国内企业们的"借势营销"的响应能力。作为一部主旋律电影，电影中给了诸多国产品牌、产品免费曝光的机会。在观影热潮来临、大众的爱国主义情怀被激发时，然而各个品牌都未在短时间内做出回应。

新媒体时代最大的特点就是信息的高效传播，热点事件的出现变得更加难以预测、瞬息万变。在上述的借势活动中，企业反应速度明显慢于事件的扩散速度，导致"借势"活动接不住汹涌短暂的公众注意力。此外，诸多企业对网络传播的热点事件不够敏感，事前无监测，事后无应急预案，加之决策过程烦琐，往往在热点事件发生时反应不过来，反应过来了还要层层汇报，汇报了还要等负责人决策，决策了还要头脑风暴想创意，而此时汹涌而来的注意力早已分流消散，企业也只能盲目跟风，最终导致借势活动如同鸡肋。

（二）关联度不高

在第 22 届冬奥会开幕式上，圣火点燃的方式非常特别，空中的五朵雪绒花本要绽放成五环，结果却只开出了四朵。随后"五环变四环"的失误立刻变成了舆论热点，被坊间各种借用和调侃，诸多企业的官微就此事件找哏、评论，以期用娱乐的言语、图片博观众一笑，获得注意力。而运动功能饮料红牛，发了一张照片，把五听饮料摆成五环的样子，四罐打开，一罐没开，同时配了一行字："打开的是能量，未打开的是潜能。"这张图和这行字，巧妙地在事件和企业价值之间搭起了桥，用正能量的方式将事件与品牌主张紧密关联起来。

网络传播的热点事件纷繁多样，但并非所有的事件都适合每个企业，在产品、品牌同质化的当下，企业可以将鲜明的品牌个性借助与之相匹配的热点事件传播扩散以在目标消费群体中形成独特的定位。单纯的"借势"只能让企业和事件同时曝光，难以形成、强化受众对于企业品牌的认知。许多企业理解的"势"只是注意力，较少考虑热点事件、目标市场和企业产品、品牌定位之间的关联性和融合度，因而在很多借势活动中动作走形，难以保持企业形象的一致性。这种"生搬硬套""牵强附会"的"借势"，极易造成企业形象混乱。

（三）缺乏主动性

2016 年《哈利·波特》中赫敏的饰演者沃森（Emma Watson）联合 Books On The Underground 在伦敦地铁发起了一项读书分享的活动。他们在地铁里放了 100 本书，还在书中附上亲自手写的纸条，并在社交媒体上号召大家去寻宝。此事件在国内传播之后，内容创业公司"新世相"积极与伦敦地铁读书行动负责人取得了联系，并进一步优化创意，通过公众号发布"丢书大作战"活动预告，次日公众号推送图文《我准备了 10 000 本书，丢在北上广地铁和你路过的地方》，迅速成刷屏之势，阅读转发量短时间突破 10 万，登上微博热搜榜，话题阅读量破亿。

传统的"借势营销"借的多为时事，所以多数企业会在新闻中等热点、搜热点，"借势"活动的成功与否与热点事件本身直接相关。同时，由于网络传播媒体和各个传播结点的不断刷新，热点事件本身也缺乏持续性热度和关注，企业辛辛苦苦吸引来的注意力转瞬即逝。若企业"借势"仅迷恋于热点本身，忽略传统营销模式的协调配合和线上线下的公众互动，其追逐的营销效果往往只是"过眼云烟"，很快消失在公众视线。

（四）"借势"无底线

MH370 航班失踪事件至今仍令人痛心，它不仅牵动世人，也检验着企业的营销底线。2014 年 3 月 8 日一早，马航 MH370 航班失联的消息爆出，迅速成为舆论焦点。当举国上下都为失联同胞揪着心时，A 企业董事长兼 CEO 却在上午 10 点发了一条营销微博:"这年头,说不准呀。飞机也能失踪!已通知行政部订了100份某公司保险,最新航意险200元可保一年飞行,保额1 000万给各大高管,万一飞机失踪了,总算对家人有个保障,总不能因为飞机会失踪就不出差了!"并且配了该保险公司的广告页面。这条微博在公众的一片震惊、担忧和祈祷氛围中显得格外扎眼,也很快引来微博上铺天盖地的对其智商、道德、节操的指责、声讨。后来虽短时间内删除了微博,但无疑已对两公司的品牌形象造成了非常严重的负面影响。

有人骂也就意味着有人知道,无底线的"借势营销"大都抱着这样的理念。在这个注意力稀缺的时代,很多企业把无节操秀下限看作短时间吸引眼球的捷径。至于产生的负面口碑,随着公众底线的不断刷新,正面与负面之间的界线似乎也越来越模糊,但获得的曝光度是实实在在的。正因为如此,很多企业不放过一个热点,只要被公众关注的事件就"蹭",不管好事坏事,喜事悲事;也有的企业为了博眼球,借助各种热点事件搞营销创意,不管敏不敏感,公众接不接受;更有企业不满足于现有环境下的热点,自己制造所谓的热点事件,即造谣。总言之,企业不择手段的"借势"最终极易弄巧成拙,把"借势"变成了"自黑",甚至造成难以挽回的社会负面影响。

五、企业"借势营销"的策略建议

按功能来分,可将企业的"借势营销"活动具体分为蓄势、借势、造势三个阶段(如图1所示),"蓄势"确保面临热点积极灵活;"借势"确保利用热点稳健高效;"造势"确保延伸热点获得持续关注,同时,守住"借势营销"底线是根本。

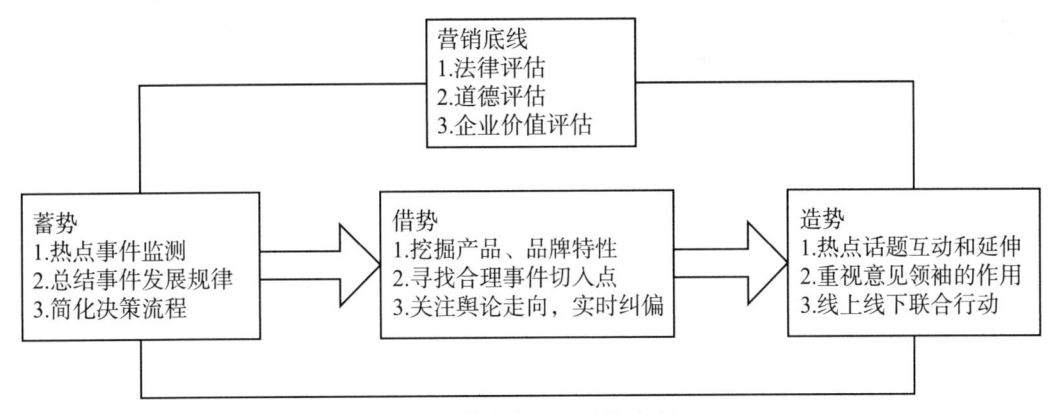

图1 借势营销三阶段流程

(一)蓄势——未雨绸缪

新媒体下的热点事件扩散非常迅速,面对汹涌而来的"势",企业的营销反应速度需要用分钟来衡量,这就需要企业反应迅速的"借势"反应流程。一方面,企业需要提高对热点事件的敏锐度,即进行热点事件监测并预测竞争对手"借势"的反应,做好充分准备,寻找特殊"槽点",避免"炒冷饭"。一方面,企业要对各类重大的、公众关心的、喜闻乐见的和与企业相关的直接或间接、显性或隐性的事件时刻关注;另一方面,企业需要随时留意新闻事件、重大政策、知名人物活动、网络话题动态等,这些信息往往是热点事件的风向标,企业可以据此预测将引发的话题,提前做好相应准备,若对事件的发展难以预测,还应准备多套方案。此外,为了提高对事件的反应速度,企业的"借势营销"活动还应简化决策流程,在保证"快"的前提下,围绕"准"做文章。

(二)"借势"——保持一致

企业一方面要立足企业内涵,深入挖掘产品、品牌特性,找到合适的切入点,将自身定位和消费者的需求喜好相结合,融合产品、品牌定位,给受众留下深刻的印象;另一方面要关注事件所能够拓展、延伸出来的有效信息,进而去寻找能为我所用的热点,使受众对于产品、品牌的认知与事件联想出来的定位保持高度一致。在后续的互动中企业还应注意,公众对于热点事件的讨论是变化不定的,但企业的形象和定位是稳定的,这就企业密切关注所借热点话题的舆论走向,实时纠偏,否则极易造成公众认知偏差。

(三)造势——积极跟进

这里讲的造势并非煽动舆论或造谣,造势指的是以互动的方式利用其他营销手段将"借来的势"保持下去。由于互联网上的公众对热点事件的关注流量大、关注时间短,若企业仅在第一次发声后就没有后续动作,便会浪费大量的注意力资源,很快被公众遗忘。因此,如何延续借来的注意力是关键,企业需要利用新媒体便捷和直接互动功能与已投来注意力的公众积极交流。以微博为例,可利用热点话题把企业互动活动放出,吸引关注并参与,同时通过意见领袖的引导形成下一个新热潮。更有的企业通过监测热点话题传播链条更迅速地与亮点评论展开互动,实现热点话题的互动和延伸。

(四)守势——恪守底线

"借势营销"依赖于社会事件和舆论背景,但这并不意味着任何事件、热点都可以拿来"借势",如果突破了法律和道德底线,不仅会引起公众的反感,还会损害品牌的声誉。互联网环境充斥着虚假、夸张的信息,面对热点事件,企业应保持清醒的头脑,厘清热点事件的性质、热点事件和企业的关联性以及隐藏在热点事件之后的大众情绪,不要盲目因追逐热点,而偏离了社会的主流价值观激起民愤,切忌对一些有关政治、灾难、名人死亡等敏感话题持冷漠的态度,甚至发表极端言论。

六、结语

在信息爆炸的移动互联网时代,信息的特点和传播方式都发生了很多变化,"借势营销"作为一种新兴的营销方式,凭借其投入少、收效快等特点被企业广泛使用。但在实践过程中,由于企业操作不当反而给企业、公众、甚至整个社会带来较大的负面影响。在市场营销活动中,若将"借势营销"作为主要手段,容易失去营销活动的主动权,"借势营销"是企业营销活动的辅助手段或工具,不是偷懒的营销手段。独立思考出来的市场创意、踏踏实实做出来的品牌定位和用户服务,才是提升企业竞争力的根本，在产品和品牌定位不明晰的情况下，一味通过跳梁小丑般的"借势营销"给企业带来的伤害将是毁灭性的。

参考文献

[1] 李任璇. 文化经济思维视角下的借势营销 [J]. 艺术科技，2016 (6).

[2] 刘春平. 高校后勤维修管理制度改革的实践 [J]. 经营管理者，2016 (30)：275—276.

[3] 中国互联网信息中心 (CNNIC). 第 39 次《中国互联网络发展状况统计报告》[R/OL]. 2017.

[4] 李悦. 企业营销新模式——"借势营销"的应用策略浅析 [J]. 当代经济，2017 (24).

[5] 姚长佳，赵亚翔. 企业社交媒体风险管理实施框架的构建 [J]. 财会月刊，2017 (26).

[6] 王东阳. 8 个最新改进策略全面升级社交媒体营销 [J]. 计算机与网络，2017 (19).

[7] 张怡帆. 浅析微时代下网红营销模式——基于对网红营销的思考与解读 [J]. 现代营销（创富信息版），2018 (10).

[8] 胡翼青. 超越作为实体的受众与作为话语的受众——论基于技术视角的受众观的兴起 [J]. 南京师大学报（社会科学版），2018 (5).

[9] 刘钰淇. 自媒体背景下网红经济营销模式的研究 [J]. 价值工程，2018 (28).

[10] 黄斐，郭泰麟. 企业社交媒体营销的实践路径 [J]. 技术经济与管理研究，2018 (2).

[11] 陈晓东，呼晋先，贾宁. 数字化时代企业商业模式创新转型新实践——社交媒体商业化的初探与应用分析 [J]. 中国市场，2018 (9).

"校地合作"深化对策研究

——基于东方学院与海宁校地合作的案例探索

邵建辉　倪玲霖

（浙江财经大学东方学院，浙江 海宁 314408）

摘　要：东方学院与海宁通过多渠道并举携手推进校地合作，经过多年的探索与实践，双方皆取得了显著发展成效，但双方在横向课题合作、挂职单位类别及人才供需衔接三个方面却存在"瓶颈"制约，不利于双方开展深层次的校地合作。由此，文章以制约因素为导向，剖析产生"瓶颈"制约的内在缘由，并探索出突破"瓶颈"，深化校地合作的对策。

关键词：校地合作；"瓶颈"制约；问题导向；路径对策

一、引言

"校地合作"是地方社会经济发展对人才需求这一外部引导力与高等教育办学转型的内驱力共同作用的必然选择[1]。浙江财经大学东方学院于2010年搬迁至浙江省海宁市长安镇，并于2015年获批浙江省首批应用型示范试点高校，为建设成为经管特色鲜明的高水平应用技术型大学，需要深层次融入地方、服务地方，并依托地方推动应用型人才的培养。海宁是浙江省十强县（市）之一，近年来，海宁又积极实施"融杭接沪"战略，主动融入大湾区、齐心共建大花园、全力开辟大通道，加快推进与杭州同城化发展，工业强市的建设以及各大战略的实施也需高校的智库支持。

地方高校与区域经济以各自现有掌握的资源优势，通过一定的形式进行有机组合，各自生成新的资源优势，来达到共同发展的目的[2]。自搬迁入海宁之后，东方学院与海宁进行了多样化的校地合作，深化了东方学院服务地方经济的广度和深度，提升了东方学院应用型人才的培养能力，也推动了海宁经济的创新发展和量质提升。但通过对近几年双方的横向课题合作、挂职单位类别及毕业生留海宁就业等数据分析，可知双方开展深层次的校地合作存在着"瓶颈"制约。本文以制约因素为导向，深刻剖析产生"瓶

---

* 基金项目：浙江财经大学东方学院一般院级课题（2018dfy023）；浙江省自然科学基金青年基金：基于手机信令数据的居民出行机理与空间效应研究（LQ17G010001）；浙江省哲学社科规划一般项目：考虑时变空间效应的居民出行多因素影响机理研究（19NDJC167YB）。

颈"制约的内在缘由，探索出深化校地合作的精准路径，以更好地推动东方学院创建经管特色鲜明的高水平应用技术型大学以及海宁创建工业强市。

二、校地合作现状分析

为实现校地双方共赢发展，东方学院与海宁从合作共建校地平台、强化人才培养以及携手举办校地学术研讨会等渠道构建了多维度的沟通与合作平台，通过多年的探索与实践，双方都取得了显著合作成效。

（一）多管齐下，构建校地合作平台，开展多维合作

东方学院和海宁地方集合各自优质资源，构建了如表1所示的立体化校地合作平台，以平台为纽带和载体，开展校地双方多方面的合作，实现了东方学院的学科建设、课题研究、人才培养与地方发展的相互渗透和对接。

表1 近年东方学院与海宁共建校地平台统计

序列号	合作共建平台名称	成立时间	海宁方单位	东方学院方单位
1	国防教育学院	2017年12月	海宁市国防教育委员会	学生工作部
2	海宁研究院	2017年11月	海宁发展和改革局	东方学院
3	海宁电子商务研究院	2017年11月	海宁商务局	信息分院
4	企业法务学院	2017年11月	海宁市司法局、海宁市经济和信息化局	法政分院
5	海宁风尚学院	2017年11月	海宁中国皮革城	文化传播与设计分院
6	海宁社会工作学院	2017年10月	海宁市民政局	法政分院
7	马克思主义学院	2017年4月	海宁市委宣传部	法政分院
8	经济与信息化研究院	2017年1月	海宁经济与信息化局	东方学院

（二）多措并举，协同应用型人才培养与服务地方

东方学院在人才培养过程中融入地方元素，通过理论学习与社会实践相互融合，实现应用型人才培养与服务地方相协同。如财税分院开展了多次的"百村调查"活动，学生选取海宁不同的村庄和社区进行不限主题的社会调查，让学生在专业知识的指导下投身农村实践，以专业素质去思考解决农村实际问题，引导学生对海宁地方问题的关注，促进学生运用专业知识服务海宁。海宁市长安镇（高新区）25个村（社区）与东方学院还通过结对子的方式选拔优质大学生到基层挂职锻炼。自2017年3月正式启动"双百双进"暨优秀大学生赴长安镇（高新区）基层挂职交流对接工作以来，东方学院学生积极配合参与到长安镇各村（社区）剿灭劣Ⅴ类水、垃圾分类、美丽乡村创建等中心工作，为长安镇各村（社区）基层群众送文化、送科技、送服务，巩固壮大基层思想文化阵地，培育农村社区文化新风尚。

(三) 多方协作，创设校政对话平台，为地方重难点问题把脉开方

为深入了解地方经济和社会发展的重点、热点和难点问题，为地方重难点提供智库支持，东方学院还积极和地方开展各种不同类别的学术研讨会，积极为地方重难点问题"把脉开方"。如法政分院与海宁市司法局每年度会根据学界、司法实务界共同关心的热点、难点问题举办不同主题的司法理论与实务研讨会，以加强法律学术与司法实务的交流对话，现已成功举办8届研讨会，为海宁地方法治的提质进位、科学发展提供了有力的智力支持和理论保障。财税分院与海宁市财政局等单位联手连续举办了三届公共经济与公共管理改革论坛，通过专家学者与实务工作人员的交流讨论，对一些前沿性问题进行思考与诊断，为海宁相关部门在财税体制改革过程中面临的诸多瓶颈与困难提出了许多针对性强且易操作的改进建议。

三、校地合作深化的制约"瓶颈"

经过近几年的探索与实践，东方学院与海宁通过校地合作有效促进了校地双方各自的发展，但从近几年东方学院承接海宁地方的横向课题数、在地方挂职锻炼单位类别以及毕业生留海宁就业情况来看，双方的深化合作依然存在着制约因素。

(一) 针对地方的研究有逐年提升趋势，但承接地方横向课题数却略显不足

表2对2013~2017年东方学院科研成果中每年度横向课题立项、纵向课题立项、院级课题立项以及发表论文数进行了统计分析，从结果可知涉及海宁的横向课题立项数占比在0~31%之间浮动，涉及海宁的院级课题立项数占比在4%~15%之间浮动，涉及海宁的纵向课题立项数占比在9%~39%之间浮动，涉及海宁的发表论文数占比在1%~7%之间浮动，涉及海宁科研成果总数占比在4%~14%之间浮动，虽然涉及海宁院级课题立项数、涉及海宁纵向课题立项数、涉及海宁发表论文数以及涉及海宁科研成果总量占比在近3年中有逐渐提升的趋势，但涉及海宁横向课题数却不能保持逐步增加，处于较大波动状态，横向课题是事业单位或企业委托的课题，是高校扩大对外联系、服务地方经济建设、提高科研水平和知名度的重要途径，从该项数据可以看出东方学院承接地方横向课题数略显不足。

表2 2013~2017年东方学院科研成果统计表

年份	横向课题立项数（个）	涉及海宁横向课题立项数（个）	涉及海宁横向课题立项占比（%）	院级课题立项数（个）	涉及海宁院级课题立项数（个）	涉及海宁院级课题立项占比（%）	纵向课题立项数（个）
2017	16	5	31	20	3	15	44
2016	6	0	0	32	2	6	37
2015	22	3	14	28	1	4	48

续表

年份	横向课题立项数（个）	涉及海宁横向课题立项数（个）	涉及海宁横向课题立项占比（%）	院级课题立项数（个）	涉及海宁院级课题立项数（个）	涉及海宁院级课题立项占比（%）	纵向课题立项数（个）
2014	19	1	5	35	4	11	33
2013	7	2	29	38	2	5	31

年份	涉及海宁纵向课题立项数（个）	涉及海宁纵向课题立项占比（%）	发表论文数（个）	涉及海宁发表论文数（个）	涉及海宁发表论文数占比（%）	涉及海宁科研成果总数（个）	涉及海宁科研成果总数占比（%）
2017	17	39	186	13	7	38	14
2016	11	30	174	3	2	16	6
2015	6	13	187	2	1	12	4
2014	3	9	237	4	2	12	4
2013	4	13	187	4	2	12	5

（二）挂职拓展了高校了解地方的维度，但挂职单位类别有待进一步扩展

为加深东方学院对地方的了解，更好地融入地方和服务地方，东方学院与海宁建立了挂职机制，在增进双方互信了解的同时也为地方提供了人力支持，表3统计了2014～2018年东方学院在海宁地方的挂职情况，从统计结果可知，近4年中，共有10名教师在地方政府单位挂职，但挂职单位都仅限于政府单位，没有覆盖地方企业、行业协会等单位，而地方企业又是支撑地方经济发展的重要元素，因此难以通过现有的挂职单位来全面了解地方的企业及行业发展相关概况。

表3　2014～2018年东方学院教师在海宁挂职统计

挂职单位	人数	挂职时间（年）
海宁团市委	2	2
海宁市发改局	4	4
海宁市社科联	1	1
海宁财政局预算执行局	1	1
长安镇团委	1	1
长安镇妇联	1	1

（三）地方发展需要借力地方高校，但校地人才供需没能有效衔接

表4对2014～2018年东方学院毕业生就业去向进行了统计，从统计数据可知东方学院近五年毕业生就业率平均保持在97%，整体就业率较高，而近五年留海宁就业人数仅占总毕业生人数的2%，非海宁籍留海宁就业人数占总毕业生人数也仅为1%，海宁籍留海宁就业人数占海宁籍毕业生总人数的60%，显然东方学院培养的人才留海宁

就业人数屈指可数,绝大多数毕业生都外流其他地区就业,而海宁在创建工业强市的各环节中以及各战略的实现都需要高校人才作支撑,但从毕业生就业去向可知东方学院的人才输出与海宁地方人才需求没能有效衔接。

表4 2014~2018年东方学院毕业生留海宁就业情况

年份	毕业人数（人）	就业人数（人）	就业率（%）	海宁地区就业人数（人）	海宁籍毕业生人数（人）	海宁籍留海宁就业人数（人）	留海宁就业人数占比（%）	海宁籍留海宁就业人数占比（%）	非海宁籍留海宁就业人数占比（%）
2014	2 151	2 096	97	53	27	22	3	81	1
2015	2 288	2 242	98	69	45	30	3	67	2
2016	2 553	2 476	97	46	45	26	2	58	1
2017	2 487	2 375	95	58	34	22	2	65	2
2018	2 537	2 485	98	52	40	20	2	50	1
总计	12 016	11 674	97	225	164	98	2	60	1

四、校地合作深化的对策

校地合作凸显的制约因素将阻碍校地双方开展深层次的合作,为有效突破"瓶颈"制约,校地双方要以问题为导向,充分挖掘"瓶颈"制约背后的内在原因,探索出有针对性的对策,为双方深层次的合作铺设顺畅的道路。

(一)破解校地课题合作信息孤岛,扩大课题合作的覆盖面

一般而言,鉴于研究型大学的品牌效应,地方在需要委托高校进行课题研究时,通常会优先考虑选择与高水平的研究型大学进行合作,而东方学院作为一所经管类的独立学院,办学定位是经管特色鲜明的高水平应用技术型大学,科研实力还未形成研究型大学的品牌影响力,致使在外的科研影响力处于劣势。再者,东方学院和地方依托多维度的校地研究平台,开展了多样化的课题合作,但课题成果还没能有效向地方推介,使得海宁地方对东方学院科研实力不了解。这两者都严重阻碍了东方学院与地方在横向课题上的深入合作。

高校为地方经济与社会发展服务能力的提高归根到底要看教师的工作水平和投入力度[3]。高质量的课题团队是承接完成横向课题及提高海宁对东方学院科研实力信任度的关键因素,在充分调动学校内部科研力量的基础上,东方学院可以尝试通过柔性引进其他高校或研究机构的科研力量,凝聚合力服务地方,以此增强服务地方的科研实力。此外还要扩大课题成果宣传,东方学院可以每年度将各校地平台承接的代表性课题编辑成册,呈送海宁市地方政府、企事业单位,扩大对外宣传,增加地方对东方学院科研实力的认可度,以获得与地方更多的课题合作契机,逐步打造东方学院自己的社会服务科研品牌。海宁地方政府还可以牵头推进校地课题合作的对接,探索组建一个校地课题对接

平台，如完善海宁"淘科技"中的经管类服务对接，使得地方的经管类服务需求与东方学院的人力智库能够有效对接。

（二）多渠道并进扩大对地方的了解，精准发力服务地方

地方企业与行业协会是东方学院全面了解地方的有效媒介，校企和校协的有效嵌入将有效提升校地双方的互信了解，增进校地双方的合作契机，并提高东方学院服务地方的精准度，东方学院虽然已打通与地方部分企业及行业协会的联系，但双方的对接多聚焦在应用型人才培养方面，在教师的挂职锻炼方面还没有形成长效互动机制，因此东方学院还不能有效通过地方企业或行业协会了解到地方经济发展的重点、热点和难点问题。

东方学院唯有全面深层次了解海宁，才能更好地服务海宁，为使东方学院能够从多个层面了解海宁，校地双方要探索出增进双方互信了解的嵌入机制，如将校企和校协的互动合作推广到挂职锻炼，东方学院也可以邀请地方企业或行业协会来校举办或参加多种类的论坛或讲座宣讲海宁地方企业与行业的发展现状或"瓶颈"等问题，或者组织教师研习地方产业发展规划、政策扶持等，通过这些媒介实时追踪海宁市经济建设和社会发展的重点、热点和难点问题，在深入了解海宁的基础上，开展有针对性的课题研究，才能为地方难点问题精准把脉开方，寻找对策精准服务地方。

（三）构建人才供需信息桥梁，创设留得住人的就业机制

海宁虽然是浙江十大工业强县（市）之一，但浙江省内与其经济实力相当的县市比较多，这些城市在薪资福利、城市配套等方面相对海宁而言也毫不逊色，且东方学院的招生生源主要以浙江省内为主，学校又毗邻省会杭州，海宁在学生就业时也没有有效介入和宣传以吸引学生留海宁就业，多数学生毕业时会选择返乡或去杭州等省内其他城市就业，这就造成了东方学院每年留海宁就业的人数屈指可数，海宁本土培养的人才没有为海宁地方所用。

地方高校作为区域经济服务的人才培养高地，其主要功能之一是为地方经济发展提供人才资源[4]。引导好东方学院学生留海宁就业无疑为海宁发展提供有力人才支撑，为有效实现东方学院培养的人才为海宁地方所用，创设留得住人的就业机制，以实现东方学院人才输出与地方人才需求的无缝对接，一方面，海宁可以组织多类别的企业参观或实训，增进学生对海宁的了解与情感，同时在学生就业时，组织地方用人单位进东方学院开展校园专场招聘会，为学生提供全方位的人才需求信息，并制定出比周边城市更加有竞争力的人才政策以吸引学生留海宁就业。另一方面，东方学院也可以在海宁组织开展多样化的人才推介会，推介东方学院特色专业以及毕业生情况，让地方能够全方位了解东方学院的人才培养与人才输出信息。

五、结语

做好校地合作这篇文章离不开校地双方共同的智慧，校地双方在推动校地合作过程

中，要不断进行路径探索和经验总结，双方要以显露的瓶颈问题为导向，剖析其背后的内在缘由，并携手破除阻碍双方深层次合作的桎梏，深化完善双方对接合作的机制与路径，逐步扩大校地合作的广度与深度，以充分发挥校地合作的双赢效果。

参考文献

[1] 薛玉香. 地方应用型本科院校人才培养的困境与突破——基于校地合作的视角 [J]. 教育理论与实践，2018，38（30）：3—5.

[2] 刘薇. 地方高校管理专业实践教学校地合作模式探析 [J]. 学术探索，2012（9）：129—131.

[3] 单佳平. 高校服务区域经济推进校地合作的探索 [J]. 中国高等教育，2017，12：54—56.

[4] 杨光祥，杨峰，屈建华. 校地合作应用型人才培养模式探索 [J]. 实验室研究与探索，2018，37（2）：271—275.

区域经济与历史文化

海宁市农村集体产权制度改革试点评估

王跃梅[1] 倪玲霖[1] 耿 槟[2] 梁 颖[1] 邵建辉[1]
梁小亮[2] 姜骏骅[3] 唐宇明[3] 于洪月[3]

(1. 浙江财经大学东方学院,浙江 海宁 314408;
2. 浙江财经大学,浙江 杭州 310018;
3. 海宁市发展和改革局,浙江 海宁 314400)

摘 要:为了解海宁市农村集体产权制度改革试点的进展和成效,加强改革试点经验的总结,在深入调研海宁市发展和改革局、海宁市农经局、海洲街道、马桥街道以及海昌街道基础上,本文围绕完善成员身份认定、督促清产核资、探索权能实现、扶持集体经济发展壮大、推进农村集体三资监管等方面总结了海宁市农村集体产权制度改革的做法和成效,同时剖析了海宁市在开展农村集体产权制度改革时有待完善的相关问题,并提出了破解问题桎梏的相关对策建议。

关键词:农村集体产权;成员身份认定;清产核资;权能实现;集体经济;三资监管

一、引言

海宁市于2005年启动股份制改革试点,完成并建立了以产权关系为纽带的股份经济合作社,在此基础上,推进了农村行政事务、自治事务和集体经济组织经营事务"三轨并行"的"政经分离"管理架构和体制机制,在浙江省率先建立农村集体资产资源租赁最低限价制度,出台了《海宁市农村集体产权交易管理办法(试行)》,农村集体产权制度改革基础良好,2017年被列为全国100个农村集体产权制度改革试点单位之一。自2017年9月农业部中央农村工作领导小组办公室正式批复《海宁市农村集体产权制度改革试点方案》以来,在省委和省政府高度重视下,经省、市级相关部门的大力支持和密切配合,海宁市解放思想、大胆探索,围绕"农村供给侧改革",深入开展集体资产清产核资、探索权能有效实现形式、扶持村级集体经济发展壮大、完善成员身份确认管理机制、完善农村集体"三资"监管体系、探索村级组织实施"政经"分离、加强农村集体"三资"管理工作队伍建设等七项农村集体产权制度改革,在不到一年的时间内取得了阶段性的成效。

二、做法和成效

(一) 围绕"确人确权",构建成员身份确认管理机制和清产核资机制

1. 完善村股份经济合作社成员身份确认、管理、备案机制

集体经济成员的资格认定是明晰集体资产归属的基础,海宁市在前期试点基础上,出台《海宁市村级集体经济组织成员资格认定指导意见(试行)》,依据"尊重历史、兼顾现实、程序规范、群众认可"原则,兼顾"依法"和"民主"对成员身份进行认定。一是规范认定程序和方法。在成员资格确定时,坚持"宜宽不宜严、照顾大多数、照顾不同类型人员"的原则,以特定的历史阶段作为时间节点来划分在册人员,分门别类摸清成员底数,登记造册,逐户上门核对签字确认,并张榜公布,接受全体社员监督。二是实行动态跟踪管理。制定《海宁市村级集体经济组织成员登记备案管理办法》,实施集体组织成员信息化登记备案管理。每年进行一次成员资格认定,对变更情况进行建档登记并报镇街审核备案、市农业经济局备案,并及时做好成员管理信息系统中的录入、变更、注销工作,对成员身份管理实行动态跟踪。通过成员资格认定工作,明晰了村级集体组织成员的主人翁地位,为清产核资和"三资"监管工作奠定了基础。

2. 建立集体资产清产核资规范流程和工作机制

清产核资工作是强化农村"三资"监管的工作基础。海宁市先后出台3项配套政策,成立了工作领导小组,规范有序地完成了集体经济资产清产核资工作,全市180个村已经全面完成农村集体清产核资工作,实现了村集体资产资源结构优化、归属清晰。具体从下述四个方面开展清产核资工作:一是建立了标准化的清产核资流程。依据"政府引导、部门指导、村组主体、村民参与"的原则,通过"先试点、再推广、专业力量介入"工作形式,形成了《农村集体资产清产核资实务操作问答》(即《二十八问》)和《农村集体资产清产核资工作流程(十三步工作)》。二是借助社会中介力量,全面介入清产核资工作。为保障清产核资工作结果客观、真实、可靠,海宁市农经局通过公开招标确定专业社会中介机构,按照全市统一方案和标准,落实各村资金清理、资产清查、资源清查、合同清查、填写清产核资明细表等各项工作,将工作落到实处,避免了"走过场"。三是实行多层级考核。市农办牵头制定3大块17条的农村集体资产清产核资工作百分制考核体系,执行村自评—镇(街道)考评—市复评三级考核。其中,市级复评采取实地抽查和资料审阅相结合的方式,每个镇街抽查优秀、良好、合格的村各1个,复评结果采取"孰低原则",即抽查到考核结果为优秀等级的村复评分数低于90分的,则该镇街考评结果为优秀等级的所有村都按市复评结果降为良好等级,以此类推。海宁市按考核结果给予优秀村2万~3万元不等的专项工作经费补助。四是村集体资产实行资源网格化、档案信息化管理。按照"账实、账表、账账、账证、账图五相符"目标,完善了固定资产台账、资产资源租赁台账、在建工程台账等台账制度,明确了档案归档范围、档案材料要求和档案管理要求,实现村集体资产资源上图上册网格化、信息化管

理。通过清产核资工作,明晰了村集体资产资源的价值和权属,保障了村民对集体资产的认知。详见表1。

表1 海宁市集体资产清产核资工作效果①

对象	村集体资产总额 清查前(万元)	村集体资产总额 清查后(万元)	变化(%)	负债总额 清查前(万元)	负债总额 清查后(万元)	变化(%)	所有者权益总额 清查前(万元)	所有者权益总额 清查后(万元)	变化(%)
全市	739 636	785 124	6.15	399 937	327 495	−22.12	319 172	457 628	43.38
桃园村	6 285	6 332	0.75	3 266	2 047	−37.3	3 018	4 284	41.93
张店村	3 453	3 314	−4.02	2 506	1 982	−20.92	947	1 332	40.68
两丰村	1 521	2 093	37.61	730	584	20.00	791	1 509	90.77
茗山村	3 045	3 815	25.29	2 059	1 713	−16.80	985	2 101	113.30
镇西村	1 553	2 080	33.93	1 580	1 111	−29.68	−26	9 683	—

(二)围绕"赋权、活权",积极探索权能有效实现形式

1. 因地制宜,积极探索权能赋予和完善的有效形式

一是股权量化到人到户。在成员资格界定基础上,对股份进行量化,实行"一刀切""生不增、死不减、迁入不增、迁出不减"等一次性配置方法固化股权,由村集体以人(户)为单位颁发股权证予以确认,确保分红与人、权证一致。对以后新增人员,可以在今后一段时间内采取募集扩股的办法,解决其股权问题。个人股(包括现金股或募集股)股权可依法继承,也可经批准在本股份合作经济组织成员内部依法流转。二是着力探索股权"活权"机制。配套出台了《海宁市农村集体资产股权管理办法(试行)》及《关于进一步加强村股份经济合作社股权流转管理意见的通知》2项政策文件,在明确股权的占有、收益、有偿退出、质押、担保、继承等权能基础上,制定权能实现办法,完善了股权有效流转及有偿退出等权能的具体条件和流程。以海洲街道为例,2017年底海洲街道东长股份经济合作社将因五保户消亡后收回,由集体保管的4 500股股权在江南要素交易中心公开进行转让,最终总成交价53 564元,平均溢价率达到11倍,成为全国首例农村集体资产股权进平台交易的成功案例。② 三是积极探索农村"三权+"抵(质)押工作。海宁市出台了《农村"三权"+抵(质押)贷款试点实施方案(拟定待印发)》,探索以赋予农村土地承包经营权、股份经济合作社股权、农村宅基地使用权和农民住房所有权(简称农房不动产权)等权利的抵(质)押融资权能为目标,以农村"三权"评估价值为基础,探索农村"三权"与农户小额信用贷款等产品的组合贷款,解决农户融资需求。同时,为化解承贷机构因面临风险而"不愿贷、贷不多"的难题,海宁市积极探索市镇二级农村"三权+"抵(质)押贷款风险担保基金,力求建立由借款人、银行、保险和政府多方承担的风险防范机制,并将担保基金孳息对直接用

---

① 数据来源于海宁市农经局。
② 数据来源于海宁市海洲街道。

于农业生产农村"三权+"抵（质）押贷款进行贴息，以增强银行放贷的积极性和群众对"三权"抵质押物贷款的认可度。目前，海宁市财政局拟成立3 000万元农村"三权"抵（质）押融资风险补偿与担保专项基金。

2. 公平灵活，建立和完善农村集体产权交易平台制度

自2014年起，海宁市在全国率先全面开展农村集体产权进平台交易工作，建立了市、镇两级农村集体产权交易平台，出台了《海宁市农村集体产权交易管理办法（试行）》等政策文件，成功实现了对农村集体产权交易的全过程平台化管理。一是实现交易平台两级划分。将村级经济组织资产、资源、股权等按照管理权限进行分级管理，按交易金额大小［10万元（含）］分别纳入浙江江南要素交易中心、镇（街道）农村产权交易平台进行交易。二是实现交易全过程信息化管理。依托农村集体"三资"监管系统，实现产权交易申请、审批等流程"无纸化""零跑腿"。交易信息同时在浙江江南要素交易中心网站和海宁市农村产权交易平台网站发布。交易方式形成网上电子竞价、公开书面竞价和公开协商等多种交易形式并存的模式。通过公平、灵活、高效的产权交易制度，实现了农村集体产权的价值体现和规范流转，如许村镇李家村村级存量资产老村委办公楼通过公开竞价，原定4万元/年的招租底价，最终以16.81万元/年成交，溢价率达320%。截至2018年6月，海宁市累计完成农村集体产权交易3 885宗，成交金额突破6亿元。[①]

3. 分类定价，深化农村集体资产资源租赁最低限价制度

租赁最低限价制度是保障农村集体资产资源价值不流失，体现权能有效实现的主要保障之一。海宁市农村集体资产资源租赁最低限价制度有以下特点：

一是科学定价，动态调整。各镇（街道）对各区域集体资产资源出租情况、价格水平等进行充分市场调查，综合考虑区位、新旧等因素，结合当地经济发展水平和趋势，听取村级集体和经营者意见和建议，分类确定集体资产资源租赁最低限价，每三年作一次调整并公布。

二是分区定价、分类定价。产权价格与区位、实物、权益等因素密切相关，为保障村集体组织权益，以镇（街道）为单位，将集体可供租赁的资产资源划分为厂房、门面房、非农建设用地、综合用房等类型进行差别化、精细化定价，形成"一镇（街道）一价、一类一价"的分区域分类型最低限价制度。详见表2、表3。

表2　海宁市各镇（街道）集体资产资源租赁最低限价汇总　单位：元/m²·年

镇、街道	标准厂房 一类	标准厂房 二类	非标准厂房 一类	非标准厂房 二类	三产门面房 一类	三产门面房 二类
许村	120	84	96	60	300	180
周王庙（注1）	96	72	48	0	120	60
斜桥	120		注2		96	84
丁桥	120	96	96	84	240	180

---

① 数据来源于海宁市农经局。

续表

镇、街道		标准厂房		非标准厂房		三产门面房	
		一类	二类	一类	二类	一类	二类
盐官		96	72	72	60	180	144
袁花（含各项税费）		135	100	105	75	240	80
黄湾		110	72	84	60	200	100
海昌		120	84	新房	120	96	240	120
				旧房/简易棚	96	60	180	96
硖石		144	96	新房	120	96	252	144
				旧房/简易棚	84	60	200	96
海洲（注3）	指导价	180	156	156	120	480	360	240
	最低价	144	120	120	90	300	240	174

注1：一类标准厂房底楼层高超过7.5米的上浮50%。
注2：非砖混结构的房屋各村可按相应区域标准最低下浮不超过30%自行掌握。
注3：海州街道由于地理区位优势，对最低限价的规定更为详细，将一类定义为城市规划区内和市级公路两侧200米以内，二类定义为其他区域。在三产门面房的二类中进一步细化为城市规划区内次要道路和市级公路两侧200米以内及其他区域，同时设置了指导价与最低价。

表3　2015~2017年度马桥街道集体资产（资源）租赁最低限价

类别		标准厂房（元/m²·月）				非标准厂房（元/m²·月）		三产门面房（元/m²·月）				综合用房（元/m²·月）		非农建设用地（元/亩·年）	
		底楼		二楼及以上				底楼		二楼（住宿及堆放）					
新旧程度		Ⅰ类	Ⅱ类	Ⅰ类	Ⅱ类	Ⅰ类	Ⅱ类	Ⅰ类	Ⅱ类	Ⅰ类	Ⅱ类	Ⅰ类	Ⅱ类	Ⅰ类	Ⅱ类
<10年		14	12	9	7.5	12	10	55	40	40	10	12	10		
>10年且<20年		12	10	8	6.5	10	8	50	35	35	8	10	8	10 000	7 500
>20年		8	6	6.5	5	6	4	45	30	30	6	8	6		

三是统一备案，强化监管。各镇（街道）制定的农村集体资产资源租赁最低限价原则上统一报市农经局备案，且各镇（街道）负责对各自区域农村集体产权交易工作进行指导，对最低限价的执行情况进行审查，并不定期对所辖村（社区）农村集体产权交易工作进行监督检查，督促严格执行。

（三）围绕"强村富民"，持续推进"两大创新"，扶持村级集体经济发展壮大

海宁以优化城乡资源配置为基本路径，以深化体制机制改革为根本动力，以构建村级经济增长机制和农业增效、农民增收为核心任务，加大富民载体建设，市委出台实施"强村计划"意见，通过合作模式创新和业态创新两大创新，不断壮大村集体经济。

1. "授村以渔"，增强村级集体经济发展政策扶持力度

一是扩大扶持对象，将年经常性收入100万元或经营性收入50万元以下、人口4 500人以上规模较大村，或年经常性收入200万元或经营性收入120万元以下的39个村列为海宁市第七轮"强村计划"重点扶持对象。二是加大政策扶持力度。加大了平台支持力度，市一级统筹安排市级组团（抱团）扶持项目，镇（街道）严把村级经营性物业准入关。强化了扶持资金保障，对发展村级经营性物业项目的村集体给予市财政、镇（街道）两级配套物业补助；鼓励各金融机构大力支持村级集体经济发展，积极探索以村级股份经济合作社资产为抵押的整村贷款，在融资机构、贷款利率、贴息等政策上都给予优惠；镇（街道）以项目扶持资金方式落实村集体经济经常性收入的兜底保障。三是深挖潜力盘活要素。结合"整村清零"、农村土地综合整治，挖掘农村土地潜力，盘活用地指标，优先发展"抱团"项目，保障村级集体经济发展项目用地供给。

2. "变补为投"，创新"三级联动"可持续性"飞地"抱团新模式

海宁市在"飞地"抱团发展思路上，结合本市村级集体经济发展不均衡的现状，在海宁市域范围内对"飞地"抱团发展模式进行了深入探索，创新镇街、抱团村、企业"共享型"投资开发、利益分配机制。在投资上采用市镇两级补助资金、村自筹资金（建设用地指标可作价入资）、企业出资"三级联动"共同开发模式，在利益分配上采用产权归国企、抱团村按比例享有股权和收益可持续性发展模式，真正做到"飞地"抱团返利于民，助推强村富民。如2018年4月开工的海宁市市级"飞地"抱团建设项目，为浙江省目前最大的市级"飞地"抱团建设项目，由6个镇街（度假区）59个村参与抱团和市经济开发区共同投资，项目用地面积175.4亩，建筑面积167 000平方米，每村提供4亩建设用地指标，投资总估算近6亿元，其中1.158亿为"抱团"村自筹，1.888亿为每村提供4亩建设用地指标折价。截至2018年6月，该项目已达成11笔入驻签约，签约总投资超过50亿元，按投资额10%的固定收益分配比例，预计2019年10月起，一般抱团村增收70万元/年，其中重点扶持村增收90万元/年，参与村的59个村级集体经济可增收4 170万元/年。

3. "百花齐放"，实现"产业、资源、区位"多途径发展的村级集体经济业态创新

海宁市为全国经济百强县，工业基础良好，区域特色经济优势明显，皮革、精编、家纺三大产业优势突出，全市农村已全面完成村经济合作社股份制改革工作，各村依托自身产业、资源、区位优势，积极探索多渠道创收。马桥街道先锋村位于海宁市区南侧，距市行政中心2.8公里，海宁大道、新海公路、海昌路贯穿全村，地理位置优越，交通便捷，具有较大的区位优势。该村以村股份经济合作社占大股、村民入股的合作模式，投资3 000余万元开发幸福养老中心，项目占地2 500多平方米，建筑面积9 750平方米，配套开发了超市和社区卫生服务中心等基础设施，初步估算项目实施后每年可为村集体带来约300万的收益，[①] 实现"致富产业"。马桥街道新塘村一直以来发展果蔬、南方梨等特色农作物，全村共有梨园1 000多亩，该村立足自然资源优势，致力于

---

① 数据来源于海宁市先锋村。

"美丽乡村建设",先后开发了梨园、农俗园、青少年法制教育基地、柴草动物园等观光景点,梨园景点通过招商外包形式运营,给村集体增加约 10 万元/年的收入,[①] 实现"资源"致富。海洲街道南郊社区依托其区位优势,着力通过现有村级留用土地、资金、资产入股、合资和合作等方式开发建设经营性物业,实现了集体经济增长方式转变。2009 年南郊社区通过增资扩股自筹资金 1 662 余万元,建造总建筑面积 33 479 平方米的南郊大厦,村集体每年获得 500 余万元稳定租金收入,实现"区位"致富。

(四) 围绕"监管严格、职责明确",强化农村经营管理体系建设

1. 多级联动,构建农村集体"三资"监管体系

构建多级联动全方位监管机制。海宁市结合自身实际,一是创新和完善了农村多层次"三资"监管体系。构建了以资产资源租赁最低限价制度、农村集体资产资源经营合同管理制度、农村集体产权交易制度、开支限额审批制度、利益冲突回避制度等为核心的"三资"管理制度体系,为农村集体"三资"清查登记、流转交易、经营管理、监管提供政策依据。二是建立了"三资"管理多级联动责任制度。海宁市出台《关于建立农村集体"三资"管理"三级责任"体系的实施意见》,明确股份经济合作社、镇人民政府、街道办事处以及市级相关部门在农村集体"三资"规范化的具体职责。三是提升了村级三资监管系统,通过网上审批、"无现金交易"和"村务卡"等实现与金融机构支付互联互通。

创建红黄蓝三级动态预警机制。为了防范财务危机的发生,更好地促进农村集体经济的可持续健康发展。在农村集体"三资"监管系统基础上增设"三资"监管预警模块,对监管系统中的账务处理、出纳管理、经营出租合同和整改情况等四方面十项内容,按照不规范问题的性质和等级,实行"红、黄、蓝"三级预警。详见表4。

表4 海宁市"三资"监管平台"红、黄、蓝"三级预警系统

预警类别	红色预警	黄色预警	蓝色预警
财务处理监管	1. 上传记账凭证扫描入账的数量,图片张数少于录入的附件数量的凭证; 2. 上年末资产负债率(资产负债率=负债总额/资产总额)达到70%	1. 当月 15 日后对上月代理会计是否未及时结账; 2. 上年末资产负债率达到50%	目前已结账但未在次月 15 号之前结账的村(社区)
出纳管理监管	1. 已审核的出纳现金日记账中单笔现金支出(不包括存现业务)5 000 元(含)以上的支出记录; 2. 现金日记账、银行日记账结算日(每月最后一天)没有录入日记账数据(以日记账已审核为标准)的村(社区)	1. 单笔现金 1 000 元(含)以上但不足 5 000 元的支出记录; 2. 账务处理已结账月份,出纳管理的月末库存现金余额 3 000 元(含)以上	已审核的出纳银行日记账中单笔银行存款支出(不包括取现业务)10 000 元(含)以上的支出记录

---

① 数据来源于海宁市新塘村。

续表

预警类别	红色预警	黄色预警	蓝色预警
经营出租合同监管	1. 未关联交易系统合同：签订日期为2017年1月1日之后，新增或到期的经营合同未关联产权交易系统； 2. 已到合同收款日未收取的经营合同	1. 距离合同到期日1个月（含）内的合同或已到期未终止的经营合同； 2. 距合同收款日不足15天的经营合同	距合同收款日不足30天（超过15天）的经营合同
整改情况监管	市级发出监测动态及整改要求	—	—
处理机制	村级说明情况，镇级审核，市级复核，复核后关闭报警	村级说明情况，镇级审核，审核后关闭报警	无需说明，无需审核，无需复核，不关闭

2. 政经分离，探索新型村级组织管理模式

海宁市选择条件成熟的村（社区）为试点，以"产权清晰、权责明确、管理规范、分配有序"为原则，实行"五分开"：一是人员资格分开，区分三类组织班子成员的选举对象；二是组织功能分开，理清党组织、村（居）委会、集体经济组织三类组织各自的管理职能；三是干部管理分开，三类组织领导的任职、考核分开管理；四是议事决策分开，清晰界定三类组织职责和任务，确保各自规范运作；五是账目资产分开，理顺集体资产产权关系。以此实现村（社区）党组织、村（居）委会、集体经济组织三类基层组织各归其位、各司其职，避免权能交叉、职责混乱。如马桥街道实施"政经分离"后，新设立居民委员会账户，明确居委会收支范围，进行独立核算，保障集体经济收入专款专用，保障集体和股民利益不受侵害。

3. 精编克难，加强市、镇、村三级农村集体"三资"管理队伍建设

在机构编制不充裕的情况下，海宁市初步形成了市、镇、村三级农村集体"三资"管理队伍，并且明确了各级管理职责。市级层面由市农经局经济发展科负责全市农村"三资"监管行政职能。镇（街道）级层面因机构改革原因，原农经站也与财政所合署办公，现通过专设农经岗位＋"双肩挑"形式落实人员。村级层面鼓励各村（社区）设专职村集体资产管理工作人员。目前海宁市市级机关专职负责"三资"管理人员为6人，各镇（街道）25人（其中专职人员6名），组成了一支高效运作的管理队伍，做到三级监管每级有人，层层递进，基本满足了海宁市农村集体产权制度改革工作需求。

海宁市试点通过近一年时间（2017年9月至2018年7月）取得了明显的阶段性成效。

1. 改革摸清了集体经济组织家底，增强了村民对集体资产的认知

通过改革，对全市集体经济组织家底进行了清查，盘活了集体资产，优化了资源配置效率，保障了集体经济组织成员的利益，为农村集体经济组织的发展腾出了空间，实现了"归属清晰、权能完整、保护严格"的改革目标。截至2018年6月底，全市180个村已全面完成农村集体资产清产核资工作。经统计，海宁市村集体资产总额785 123.6万元，较清查前增加了6.15%，负债总额较清查前减少了7 244.23万元，

降幅达 22.12%，村集体所有者权益总额 457 628.43 万元，增幅达到 43.38%。① 通过清产核资，村集体成员知晓了村集体的经营性、非经营性和资源性的具体数额，以及村集体资产负债或分红的主要来源，增强了村干部和村民之间的信任；通过正常程序核销一些不良资产、虚资产，进一步优化了资产组成结构，有利于村集体盘活资产，搞活经济。如先锋村通过清产核资，核销了被经编园区征用的道路、桥梁等资产，肃清了村集体成员对本村资产的疑问，增强了村民对干部的信任。

2. 改革赋予了农民对集体资产的有效权能，切实增加了农民财产性收入

通过改革，深化了全市股份合作制改革，明确了农村集体经济组织成员身份，明晰了农村集体资产的产权关系，保障了村级集体资产的产权主体和成员的主人翁地位。如通过股权确权，截至 2017 年 12 月，海州街道 9 个股份经济合作社累计向股东按股分红总额 8 298.22 万元。② 通过改革，健全的权能"活权"制度，赋予了农民对集体资产更多更有效的权能。截至 2018 年 6 月底，海宁市累计完成农村集体产权交易 3 885 宗，成交金额突破 6 亿元。通过改革，规范权能交易管理，保证了村级集体资产交易的公平公正，提高了村集体资产保值增值能力。截至 2018 年 7 月底，马桥街道产权交易共 37 宗，16 宗进市江南要素平台，合同成交总价 623 万元，公开协商增长率 10.06%，公开竞价溢价率 50.29%，21 宗进镇平台，合同成交价 112 万元，公开协商增长率 10.64%，公开竞价溢价率 12.14%。③

3. 改革壮大了村级集体经济，实现了强村富民

通过改革，探索多合作模式以及多业态农村集体经济壮大路径，实现了农村三产协调发展。同时，进一步壮大农村各类新型合作经济组织实力，增强村级运转功能，按照"宜工则工、宜商则商、宜农则农、宜游则游"的原则，围绕当地主导产业和特色产业优化，实行差异化"共同富裕"。各村级集体突破镇域、村域限制，通过参与跨区域兴建的组团（抱团）项目，积极探索休闲观光农业、农家乐休闲旅游等乡村旅游项目以及其他新兴产业，发展壮大村级集体经济，实现村集体成员共享改革红利。以"飞地"抱团方式为例，2018 年海宁市共谋划市级、镇级村村"飞地"抱团项目 12 个，项目用地 830 多亩，参与村达到 163 个，参与程度达到 90% 以上。④ 2016 年先锋村通过村股份经济合作社占大股，911 户村民入股的合作开发模式投资 1 600 万元建立失地农民创业园项目，截至 2017 年 12 月底创业园增收 180 万元，2017 年底农户分红 80 万元，达到了农村集体产权制度改革助推农村可持续发展的目的。⑤

---

① 资料来源由海宁市农经局。
② 数据来源于海宁市海洲街道。
③⑤ 数据来源于海宁市马桥街道。
④ 数据来源于海宁市农经局。

三、需要深化完善的问题

（一）农村"三权"活权、确权、赋权有待探索

农村集体产权制度改革的核心是权能的有效实现，海宁市探索了股权、农村土地承包经营权、农村宅基地使用权和农民住房所有权等权能的多种实现形式，但因现有法律限制，还存在股权流转范围受限价值不能充分体现、宅基地使用权抵（质）押后处分难、土地承包经营权流转难等问题。特别在土地承包经营权流转后风险管控的问题上，从活权上来说，土地承包经营权流转没有限制，但一旦出现风险后，因地块分散导致流转处置有困难。同时承包土地第二轮的期限是到2028年底，现在开展土地流转，只有10年的时间，流转受让方（承包大户）在这么短的时间内，是否投入资金开展基础设施建设，流转合同到期后的权益如何保护，这些问题都没有上位法和政策的支撑，需要进一步加以完善。

（二）强村计划、业态创新配套政策有待完善

目前海宁市大部分村级集体经济收入以经营性物业的租金为主，租期三年一轮，期满重新招投标确定租金或者以上一期租金为基础上浮10%，这一模式存在经营形式单一、起租容易续租难、招租对象局限性较大等问题，因此，集体产权租赁最低限价机制还需进一步完善。此外，海宁市"飞地"抱团项目由市政府主导，村集体参与面广、参与积极性强，其组织形式一般为多村入股成立一家新的公司，由新公司进行项目的运作和管理。由于现行税收政策限制，该种模式将导致项目虽实为农村集体经济组织参与，却不能享受农村集体经济组织本有的税收减免政策，由此减少了村集体经济组织收益。因此，强村计划及业态创新的配套政策需进一步深化研究。

（三）农村集体"三资监管"力量有待加强

《农业部中央农村工作领导小组办公室关于批复农村集体产权制度改革试点方案的函》指出要加强市、镇、村三级农村集体"三资"管理队伍建设，镇（街道）专设农村集体"三资"管理机构，确保按"以1万～3万农村人口配2名，3万农村人口以上配不少于3名"的要求配备专职农经工作人员，根据要求，海宁市12个镇（街道）至少应设置24名专职农经人员，目前缺口达18名。此外，村（社区）专职资产管理员和代理会计配备数量也不足，存在职能不清、多头管理兼职现象。

四、基本判断和相关建议

（一）基本判断

总的来看，海宁农村集体产权制度改革试点始终贯穿"农村供给侧改革"这"一条

主线",通过农村集体资产清产核资和"三资"监管体系,厘清了农村资产情况,为农村集体资产供给结构调整以及集体资产的保值增值奠定了基础,提供了动力;通过合作模式和业态"两个创新",多渠道实现了村集体经济创收;建立了农村集体产权交易平台制度及农村集体资产资源租赁最低限价制度等"两个制度",创建了成员身份确定、管理、备案机制,集体资产清产核资工作机制,多级联动全方监管机制和红黄蓝三级动态预警机制等"四套机制",充分调动了供给者的积极性;将改革成效与考核指标相挂钩,充分发挥村、街镇和市级政府的积极性,切实推动了"六个转变",即推动了村集体资产管理向归属清晰、标准规范转变;推动了村集体资产监管向严格监管、动态追踪转变;推动了成员身份向界定清晰、实时更新转变;推动了村民权能向有效实现、流转顺畅转变;推动了村集体向资产保值增值、强村富民转变;推动了政府管理向积极有为、强化服务转变。海宁改革试点总体在现行法律法规框架内进行,方案规范完善,实施科学严谨,成效较为卓著,社会认可度高,在全省具有较强的践行代表意义,其主要做法和经验可复制、可推广。

（二）改进建议

针对海宁市农村集体产权制度改革工作中的成效和存在的问题,提出以下改进建议:

1. 建议国家层面修改上位法,为"三权"活权提供法律依据

针对土地承包经营权流转难、农村"三权＋"抵（质）押工作中贷款方风险大、抵押物难处置、股权流转不完全竞争等问题,建议国家层面尽快修改《土地管理法》等上位法,并出台相关政策支撑。

2. 建议地方出台配套政策,促进村集体经济发展壮大的途径创新

针对海宁市"强村计划"中"抱团发展"问题,出台专项税收减免政策,探索以公司名义命名的抱团项目纳入税收返还范围,下调或减免报团项目所得税,扶持报团项目的发展,减少农村集体经济组织负担。进一步完善财政引导、多元化投入共同扶持集体经济发展机制。完善金融机构对农村集体经济组织的融资、担保等政策,健全风险防范分担机制,规范收益分配机制。

现行的集体资产资源租赁最低限价制度有效保障了农村集体经济组织利益,但高价中标的交易机制也带来一些弊端,建议在交易最低限价制度基础上,进一步探索平台交易成交价模式,防止中标价格过高导致中标者盈利困难引发后期租金矛盾,保证村集体经济的可持续发展。

3. 建议新一轮机构改革中,配足"三资"监管力量

农村"三资"管理任务重、责任大,目前人员配备很难满足改革需求,建议在新一轮机构改革中切实考虑海宁市农村集体产权制度改革的工作需求,配齐配强农村"三资"经管队伍。

海宁市发展壮大村级集体经济情况调查

徐文浩

（海宁市农业经济局，浙江 海宁 314400）

摘　要：本文从调查海宁市村级集体经济现状和市委市政府发展壮大村级集体经济的扶持政策着手，分析了扶持政策对村级集体经济发展的重要促进作用。针对村级集体经济发展遇到的问题，提出了通过制定好扶持政策，解决好村级集体经济的发展模式、资源整合、资产管理等提升对策。文章重点推荐了发展"飞地"抱团项目、壮大村级经营性物业的发展模式。

关键词：村级集体经济；扶持政策；"飞地"抱团项目

一、引言

村级集体经济是巩固农村基层政权的基石，是农村基层组织发挥战斗堡垒作用、促进农村经济社会全面发展和加快社会主义新农村建设的重要物质基础。海宁市把发展壮大村级集体经济作为第一要务来抓，自2000年开始，以三年为一轮，每轮明确发展壮大村级集体经济目标，出台相应的村级集体经济扶持政策，不断促进村级集体经济发展壮大。但在发展过程中也遇到不少新情况、新问题、新困难，需要寻求相应的对策。

二、村级集体经济发展现状

海宁市下辖4个街道、8个镇，区域面积约700平方公里，现有农户13.73万户，农业人口53.48万人。2016年，全市182个村（农村社区）股份经济合作社共实现村级集体经济总收入48 352万元，村（社）均265.67万元，其中经常性收入总计29 805万元，村（社）均163.76万元，分别比上年增长了12.86%和2.24%。182个村（社）中173个年度总收入达到了100万元以上，占总数的95.05%（其中500万元以上20个，最高的1个已突破千万元，达1 098万元）；尚有9个村（社）在100万元以下（其中50万元以下1个，为人口仅有166人的农村社区）。2016年底，全市村级集体总资产690 188万元，村均3 792万元。2016年，全市村级集体实现年度收益总计1.73亿元，村（社）均109.84万元，比上年增长15.55%，共有20个股份经济合作社向股东实施分红，分发红利总额2 006.19万元。

村级集体经济收入来源情况：2016年总收入48 352万元，其中：经营收入20 377万元，占42.14%，发包及上交收入1 424万元，占2.95%，投资收益收入3 281万元，占6.79%，上级补助收入20 137万元，占41.65%，其他收入3 133万元，占6.48%。经营收入和上级补助收入成为村级集体经济二项主要收入，合计占比达83.79%。上级补助收入主要包括村干部报酬补助、大学生村官和组长补助、耕地保护补助、垃圾集中收集和河道长效保洁补助，以及党建、宣教、征兵、双结对等各条线的工作经费补助等，体现了扶持村级集体经济发展的输血特征。经营收入主要是标准厂房、商业用房等村集体房屋的租赁费收入，体现了村级经营性物业发展后村级集体经济自身的造血特征。

集体经济收入的支出情况：2016年总支出28 360万元，其中：经营支出4 796万元，占16.91%，管理费用18 098万元，占63.82%（其中村干部报酬8 129万元，报刊费105万元，办公费1 029万元，三项合计9 263万元，占总管理费用51.18%），农业发展支出2 780万元，占9.80%，其他支出2 686万元，占9.47%。村级管理职能增强，管理费用在总支出中占比最大，除村干部报酬和正常办公外，近一半的管理费用用于长效保洁等新农村的社会性管理。

三、扶持发展村级集体经济的做法

2015年海宁市委市政府印发了《鼓励村（农村社区）发展经营性物业壮大集体经济的实施意见》，出台第六轮扶持发展村级集体经济政策。明确总体目标：发挥镇级统筹作用，以镇带村，以村惠民，多形式壮大村级集体经济。重点扶持村级新增经营性物业创收。到2017年，力争全市村级新增（建造或购买）经营性物业100万平方米以上，重点帮扶110个扶持村（以经常性收入为主要指标，低于70万元的52个村为重点扶持村，大于70万元、低于100万元的58个村为一般扶持村），重点扶持村100%得到转化。具体扶持政策：以重点扶持村最高144万元、一般扶持村最高72万元为限额，市财政按重点扶持村每平方米360元、一般扶持村每平方米180元的标准，对扶持村新增经营性物业不高于4 000平方米进行补助。购置经营性物业的分别按购置费30%和15%进行补助，实行建购合控。镇（街）补助1∶1配套。同时还明确了其他扶持配套政策，包括：村经营性物业融资利息80%部分由市、镇按6∶4比例承担，贴息最长不超过5年，每村最高不超过25万元；村级经营性物业建造项目规费实行减免；扶持村发展现代农业或公共基础设施（一事一议项目除外）比其他村上浮20%，重点扶持村农村生活污水治理市财政补助总比例为55%；扶持村利用村级物业发展光伏发电除电量补贴外给予每度1元的直接投资补助等。在用地管理上，重点扶持村可享受2亩建设用地指标，并安排建设用地周转指标用于发展村级经营性物业项目，村级经营性物业项目的用地竞价摘牌溢价部分扣除省以上规费后返还镇（街道）。

第六轮扶持政策，一是扶持范围扩大。前几轮都是选定20～30个集体经济特别薄弱的村进行扶持，扶持村比率不足20%。第六轮扶持村共110个，扶持村比率达60%。

二是扶持力度加大。第一轮和第二轮，市财政每年安排的扶持专项资金在100万元左右，后几轮扶持力度逐步加大，第六轮市财政每年安排的扶持专项资金超3 000万元，镇财政1∶1配套，第六轮总扶持资金超2亿元。三是扶持方式改变。起初以定补输血为主，逐步转变，现已取消了定补政策，以造血为主，实施了村级经营性物业建设项目补助政策，重点鼓励村村组团抱团，发展标准厂房和商业用房等异地物业，开辟扩大村集体经济经营收入的主渠道、大渠道。

四、扶持政策取得的效果

第六轮村级经营性物业项目共已下达建设任务五批134个项目，计划总投资20多亿元，建筑面积120多万平方米。其中：组团（抱团）项目25个，计划总投资约12亿元，建筑面积约66万平方米，项目用地约628亩。预计到2017年12月底，全市村级经营性物业项目累计启动面积达100万平方米。截至2017年10月底，第六轮下达建设任务的村级经营性物业项目，累计已启动项目98个，建筑面积约93.02万平方米，其中：已完工项目41个，建筑面积37.17万平方米。25个抱团项目中，已启动项目18个，建筑面积约51万平方米，其中：已完工项目10个，建筑面积26.94万平方米。完工项目已逐步产生效益，如：黄湾镇7个村抱团建设的2个标准厂房项目已完工并出租，年租金400多万元；马桥街道8个村抱团建设的两创中心项目，已入驻企业12家，11 000多平方米，年租金也达400万元；斜桥镇9个村组团的两创项目、硖石街道村村抱团的仓储项目、马桥街道先锋村的村民合建失土农民创业园项目都已进入出租招标阶段，部分已签订租赁合同。

经营收入增长后，重点扶持村得到转化。2016年，全市经常性收入100万元以上村（社区）97个，占总数的53.3%（其中500万元以上13个）；经常性收入70万～100万元村（社区）53个；经常性收入50万～70万元村（社区）29个；还有3个村（社区）经常性收入为30万～50万元，其中2个为人数很少的袁花镇的原2个水产村，经常性收入人均数已超1 400多元，另一个为盐官景区盐官村，涉及整村拆迁。除上述3个特殊情况村外，2017年全市将实现经常性收入70万元以下村全面转化。全市2015年度经常性收入50万元以下的16个村，列入嘉兴市2016～2018年经济薄弱村转化跟踪对象，转化工作在2016年已基本提前完成。

五、扶持发展村级集体经济遇到的问题

（一）扶持范围问题

海宁市的村级集体经济扶持对象达到总村（社）60%，剩下的40%为经济实力较强的富村。富村在发展村级经营性物业上投资大、起点高，建设力度远超经济薄弱村，但建设发展过程中也会碰到各种各样难题，所以有了对财政公平性的要求，富村也要享

受财政扶持政策的呼声逐渐增大。

(二) 发展不平衡

全市 2016 年度经常性收入 70 万元以下的 32 个村，其中 1 个镇占了 14 个村，各镇（街道）村级集体经济发展状况不平衡，经济相对薄弱的村集中在少数几个镇。

(三) 要素制约明显

村级经营性物业项目受到土地、资金等要素制约明显。在用地规划上，对于有限的一些好地块，用于发展村级经济还是用于重点招商项目会发生冲突；在用地指标上，指标价值越来越高，使用也越来越紧张，第六轮政策明确的安排给重点扶持村的用地指标一时也难于落实到项目中；在项目融资上，由于银行贷款指标额度收紧，村级集体经济融资困难，在贷款方式、手续办理上，各村也会碰到不同的难题。

(四) 发展模式制约

一部分村只瞄着就地发展，目光停留在自己一亩三分地上，这与目前"低小散"腾退相矛盾，已不适应发展形势。镇（街道）一级具有一种普遍的意识，本地的资金、资源要在本地投资使用，为本地经济发展服务，这种意识制约了村级集体经济跨区域的发展模式。

(五) 资产核算滞后

目前，海宁市村村抱团发展村级集体经济，实施组团（抱团）村级经营性物业项目的情况已经普遍，许多项目成立股份公司后由公司出面建设管理，但村级集体经济的财务核算，从顶层设计上限定了其在村范围内投资经营，所以，村级集体经济的资产核算滞后于新的经济发展状况。例如：村合作社投资到项目公司的资金，因村财务核算没有对外投资科目，核算成借款，给资产管理带来不利。

六、扶持发展村级集体经济的对策

(一) 制定好扶持政策

海宁市第六轮扶持发展村级集体经济政策 2017 年到期，制定好第七轮扶持政策对下一步全市村级集体经济的发展至关重要。海宁市要根据省委省政府和嘉兴市的要求，把发展壮大村级集体经济作为第一要务，制定好政策，全面实施强村计划。在扶持范围上，要安排更多的财力，既突出重点，又顾及面上，考虑整体发展。在扶持措施上，要考虑多管齐下，多措施、多途径促进村级集体经济。

(二) 明确好发展模式

要根据新的发展形势和趋势，打破固有的发展模式，学习借鉴兄弟县市好的发展模式。目前通过发展"飞地"抱团项目来壮大村级经营性物业，建好村级集体经济收入来源的主渠道，不失为一种好的模式。一是当前为"退散进集"的战略机遇期，"飞地"抱团既可以解决集体经济发展受土地要素制约的问题，又能有效处置存量集体建设用地，清退"低小散"，做好"三改一拆""美丽乡村"、无违建等工作。二是村级集体物业资产向集约化、高标准、高收益转化，收入渠道稳固，能有效促进村级集体经济的发展，加快强村计划的实施。

（三）整合好资源要素

海宁属经济发达地区，由于区位优势明显，土地资源和用地指标紧缺，资源竞争激烈，要根据省委省政府文件精神，优先安排村级集体经济物业建设发展项目的用地，包括规划用地和用地指标。对村级存量集体建设用地，要通过土地综合整治办法整合资源，产生的增减挂钩建设用地周转指标用地指标专项用于村级经营性物业项目。在资金要素上，要强化金融扶持。鼓励各金融机构大力支持村级集体经济发展，积极扩大贷款投放规模。对纳入财政扶持并符合贷款准入条件的村级集体经营性项目、以村为主体开展的土地整治项目等，及时提供足额的信贷支持。积极探索开展以村级股份经济合作社资产为抵押的整村贷款，贷款利率给予基准利率，解决村级集体经济发展贷款难问题。

（四）加强好资产管理

深化村集体产权制度改革，鼓励有条件的村级集体经济组织探索资产项目化经营，与其他经济主体或集体成员发展混合所有制经济，不断丰富集体经济实现形式。规范农村产权交易管理，将集体资产交易全面纳入农村产权交易中心，进一步加强农村产权交易体系建设，完善产权交易信息平台，强化产权交易监督管理，盘活农村集体存量资产，最大限度地发挥集体资产的经营效益。加强农村集体"三资"监管，重点对村务决策、村务公开、"三资"管理、村工程项目、惠农政策措施落实、耕地保护和土地流转等实施监督，从严从紧控制村级非生产性开支，有效实施审核、审计监督，提升集体资产效能。在资产核算上，根据现实情况，从顶层改革，改变思路，改进科目，强化集体资产对外投资行为等方面的管理。

财政补贴、税收优惠与上市公司财务绩效[*]

——基于海宁上市公司的实证研究

蔡 丞

(浙江财经大学东方学院财税分院,浙江 海宁 314408)

摘 要: 税收优惠、财政补贴的政策效应评价既反映了政府宏观政策的精准性与有效性,也为基层部门的微观调控提供了参考。本文运用海宁市2009~2016年上市公司面板数据,实证检验了税收优惠、财政补贴对企业的影响。结果表明:二者的作用差异显著,高新技术企业税收优惠会加大企业的研发投入水平,提升收入;税收返还与奖励,会显著提高企业的投资价值;财政补贴大幅刺激了企业的固定资产投资。因此,海宁市相关部门应重视高新技术企业的培育,引导企业增加研发投入,相对谨慎地开展税收返还与奖励,短期内运用财政补贴拉动企业扩大投资,企业应注意创新投入与成本收益的现金流平衡。

关键词: 海宁市;财政补贴;税收优惠;上市公司绩效

一、引言

税收优惠、财政补贴是调控经济的重要手段,近年来党中央、国务院高度重视减税降负工作,出台了一系列政策措施,对优化营商环境、促进经济高质量发展起到了非常重要的作用。2018年9月,国家税务总局发布了《关于进一步落实好简政减税降负措施更好服务经济社会发展有关工作的通知》,要求落实好各项简政减税降负措施,更好地营造稳定公平透明、可预期的税收营商环境,为市场主体添活力。站在企业的视角,税收是一项重要的成本,直接影响企业的经营绩效,企业为了享受税收优惠政策从而采取的经营决策就是政府宏观调控的微观结果。考察税收对企业财务绩效的影响,为减税政策的实际效果提供了数据支撑,也为更进一步落实好减税政策提供了政策依据。

---

[*] 基金项目:海宁财政学会、国际税收研究会课题:"税收优惠助力企业发展——基于海宁上市公司的实证研究"。

鉴于上市公司财务数据公开及可获得性，本文重点考察了海宁市上市公司的财政补贴、税收优惠对企业财务绩效的影响。

二、海宁市上市公司及优惠政策现状

截至 2017 年末，嘉兴市共有上市公司 35 家，分布在海宁、桐乡、嘉善等市（区）县，其中海宁的上市公司数量最多 9 家，行业类别主要是制造业 8 家、租赁和商务服务业 1 家。详见表 1 和表 2。

表 1　嘉兴市上市公司地区统计

地域	频率	百分比（%）
海宁市	9	25.7
海盐县	2	5.7
嘉善县	5	14.3
南湖区	5	14.3
平湖市	5	14.3
桐乡市	7	20
秀洲区	2	5.7
合计	35	100

表 2　海宁市上市企业行业统计

行业类别	频率	百分比（%）
电气机械和器材制造业	2	22.2
纺织服装、服饰业	1	11.1
纺织业	1	11.1
化学纤维制造业	1	11.1
化学原料和化学制品制造业	2	22.2
计算机、通信和其他电子设备制造业	1	11.1
商务服务业	1	11.1
合计	9	100

根据同花顺、国泰安上市公司数据库统计，2008~2017 年海宁市上市公司获得的财政补贴、税收优惠项目共计 259 项次，总计金额 6.5 亿元，并且每一年的优惠项目次数及金额呈逐年递增的态势。如图 1、图 2 所示。

图1 各年份优惠项目频次

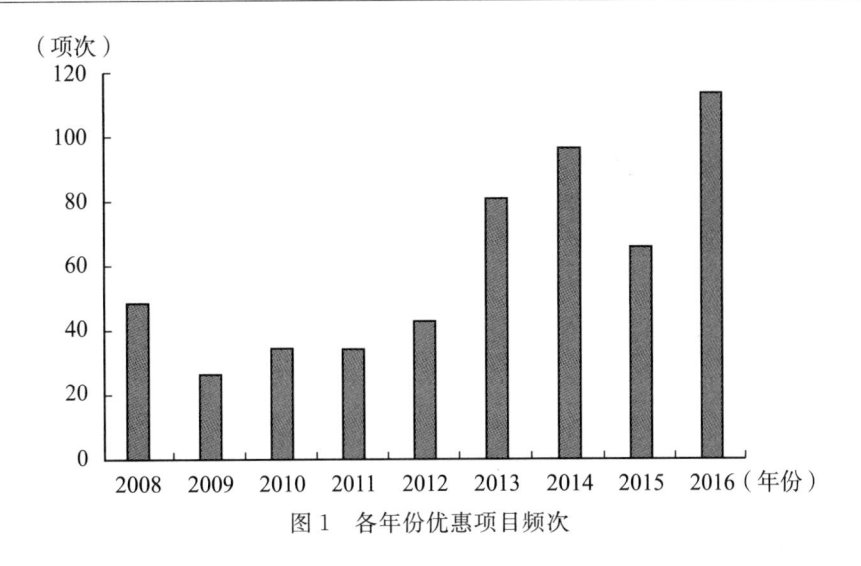

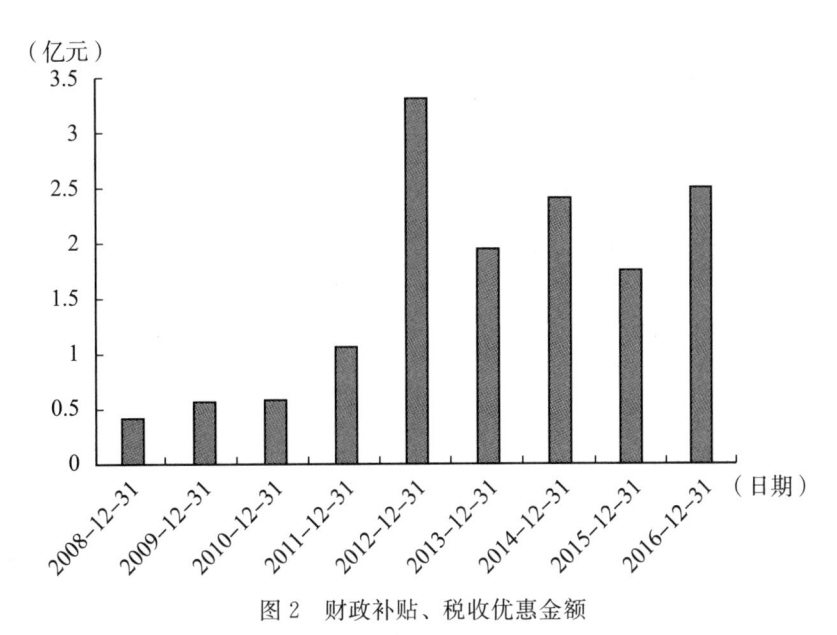

图2 财政补贴、税收优惠金额

三、税收优惠、财政补贴对海宁上市公司财务绩效影响的实证检验

(一) 数据来源及样本选择

本文数据来源于同花顺及国泰安CSMAR上市公司财务报告数据库,选取2017年12月31日前在我国沪深证券交易市场上市的海宁市上公司为对象,其中企业基本信息来自同花顺金融数据终端,其他财务数据来源于国泰安数据库。在具体选择样本时,对企业及年度数据进行了筛选,由于2016年度会计科目进行了调整,2017年度部分数据不完整或不可比,所以本研究时间区间为2009~2016年。为了满足其中研究确定了9家上市公司作为样本。由于税收优惠、财政补贴数据只有年报中有,因此采用了年度数

据，又由于企业享受税收优惠、财政补贴需要满足特定的条件，所以个别年份会出现缺失值，缺失值较多的指标没有纳入。

（二）变量定义及描述性统计

参照相关数据库中对财务分析指标的分类，本文从研发投入、比率水平、经营能力、盈利情况、现金流情况、盈利能力、发展能力6个维度分别考察税收优惠、财政补贴对上市公司财务绩效的影响，运用SPSS20进行了描述性统计。详见表3、表4。

表3 变量定义

类别		变量名	变量名代号	变量描述
被解释变量	研发投入	研发强度	Y	研发投入占营业收入比例
	比率水平	固定资产比率		固定资产净额/资产合计
		净利润综合收益占比		净利润/综合收益总额
		账面市值比		资产总计/市值
	经营能力	固定资产与收入比		固定资产/营业收入
		固定资产周转率		营业收入/固定资产平均净额
		股东权益周转率		营业收入/平均股东权益
	现金流	营业利润现金净含量		经营活动产生的现金流量净额/营业利润
		股权自由现金流		（净利润+非现金支出）-营运资本追加-资本性支出-债务本金偿还+新发行债务
		营运指数		经营活动产生的现金流量净额/（净利润-投资收益-公允价值变动收益-营业外收入+营业外支出+固定资产折旧、油气资产折耗、生产性生物资产折旧+无形资产摊销+长期待摊费用摊销+递延所得税资产减少+递延所得税负债增加）
		现金适合比率		经营活动产生的现金流量净额/（购建固定资产、无形资产和其他长期资产支付的现金+分配股利、利润或偿付利息支付的现金+存货净额本期变动额）
		企业自由现金流		（净利润+利息费用+非现金支出）-营运资本追加-资本性支出
	盈利能力	息税折旧摊销前收入		净利润+所得税费用+财务费用+固定资产折旧、油气资产折耗、生产性生物资产折旧+无形资产摊销+长期待摊费用摊销
		长期资本收益		（利润总额+财务费用）/长期资本额
		营业利润率		营业利润/营业收入
		总营业成本率		营业总成本/营业总收入
		销售期间费用		（销售费用+管理费用+财务费用）/营业收入

续表

类别	变量名	变量名代号	变量描述
被解释变量 发展能力	管理费用增长率	Y	(管理费用本年本期金额－管理费用上年同期金额)/管理费用上年同期金额
	应计项目		(流动资产合计－流动负债合计＋应交税费＋应付利息)本期值和上年同期值变动金额－(现金及现金等价物净增加额＋固定资产折旧、油气资产折耗、生产性生物资产折旧＋无形资产摊销＋长期待摊费用摊销)
	固定资产增长率		(固定资产净额本期期末值－固定资产净额本期期初值)/固定资产净额本期期初值
	净利润增长率		(净利润本年本期金额－净利润上年同期金额)/净利润上年同期金额
解释变量	财政补贴	subsidy	财政补贴/总资产
	税收激励	taxicnt	(税收返还＋税收奖励)/总资产
	高新技术企业税收优惠	hightechtax	企业是否享受高新技术企业税收优惠
控制变量	企业规模	size	企业总资产的自然对数
	资本密集度	capint	固定资产/总资产
	现金持有水平	cash	现金及现金等价物期末余额/总资产
	员工人数	employee	员工数
	企业年限	age	企业年限

表4 描述性统计

变量	样本量	均值	标准差	最小值	最大值
研发强度	24	4.37	1.12	2.22	7.18
固定资产比率	40	0.28	0.15	0.03	0.50
净利润综合收益占比	40	0.05	5.44	－32.50	5.77
账面市值比	39	0.56	0.24	0.21	1.31
固定资产与收入比	40	0.61	0.30	0.13	1.22
固定资产周转率	40	2.35	1.67	0.87	7.07
股东权益周转率	40	0.80	0.31	0.30	1.63
营业利润现金净含量	40	2.30	9.05	－9.19	56.28
股权自由现金流	39	－6.86E+08	8.80E+08	－3.00E+09	7.03E+08
营运指数	40	2.04	6.74	－2.53	42.72
现金适合比率	40	0.95	2.07	－4.64	9.06
企业自由现金流	39	－9.03E+07	4.61E+08	－1.80E+09	6.80E+08
息税折旧摊销前收入	40	3.20E+08	3.83E+08	－1.49E+08	1.51E+09
长期资本收益	40	0.10	0.10	－0.18	0.38
营业利润率	40	0.12	0.17	－0.36	0.50

续表

变量	样本量	均值	标准差	最小值	最大值
总营业成本率	40	0.91	0.17	0.52	1.40
销售期间费用	40	0.15	0.07	0.05	0.38
管理费用增长率	39	0.16	0.26	−0.53	1.00
应计项目	39	−1.04E+08	4.71E+08	−1.45E+09	1.03E+09
固定资产增长率	40	0.12	0.28	−0.39	0.97
净利润增长率	39	−0.66	4.60	−23.74	4.66
财政补贴	40	0.01	0.02	0.00	0.15
税收激励	26	0.70	1.14	0.08	5.89
高新技术企业税收优惠	40	0.80	0.41	0.00	1.00
企业规模	40	21.60	0.73	19.89	23.30
资本密集度	40	2.65	1.11	1.12	6.05
现金持有水平	40	0.12	0.07	0.02	0.41
员工人数	40	1 464.57	1 130.81	361.00	4 486.00
企业年限	40	7 496.20	927.61	6 335.00	9 097.00

（三）模型设定

为了考察税收优惠、财政补贴对企业财务绩效的实际影响，参考杜军、王皓妍（2013）及柳光强（2016）的研究，将计量模型设定如下：

$$Y_{it} = \beta_0 + \beta_1 subsidy_{it} + \beta_2 taxinct_{it} + \beta_3 hightechtax_{it} + \beta_4 size_{it} + \beta_5 capint_{it} + \beta_6 cash_{it} + \beta_7 employee_{it} + \beta_8 age_{it} + \mu_i + \mu_t + \varepsilon_{it}$$

模型中，Y代表考察的特定财务指标，subsidy代表财政补贴，taxinct代表税收激励，hightechtax代表高新技术企业税收优惠，[①] size代表企业规模，capint代表资产密集度，cash代表现金持有水平，employee代表员工人数，age代表企业年限，其中i表示企业个体，t表示年份，μ_i代表行业固定效应，μ_t代表年份固定效应，ε_{it}代表随机干扰项。

四、实证结果

研究运用Stata15进行了计量分析，在对模型进行估计时，首先进行了hausman检

[①] 由于海宁市9家企业中8家为上市公司，所以除了研发投入模型采用了嘉兴市的上市企业作为样本能够估计出高新技术企业税收优惠的结果外，其他采用海宁市企业作为样本的模型中该变量因为共线性问题而无法估计，因而被略去。

验，结果显示大部分情况应选用固定效应模型，[①] 为了避免不可观测的因素对估计结果的干扰，参照柳光强（2016）的研究，模型控制了企业规模、资本密集度、现金持有水平、公司年限等变量。为了使估计结果更加稳健，模型进一步将标准误聚类到行业层面，在控制了时间、行业固定效应后，模型获得了更高的解释力度。

（一）研发投入

由于海宁市9家上市公司中，除了海宁皮城以外全部都为高新技术企业，因此无法直接估计相比非高新技术企业，高新技术企业所得税优惠对企业研发投入的相对影响。因此，研究把样本范围扩大到嘉兴市上市企业。

结果显示，高新技术企业所得税优惠对企业的研发强度有显著的提升作用，与非高新技术企业相比，研发强度平均提升了1.19%，高新技术企业的研发投入占营业收入比例比非高新技术企业高1.19%。企业更加重视研发投入，是否会带来更高的资产占比，以及对企业经营绩效是否有提升，需要对其他指标做进一步考察。需要说明的是，由于样本的行业过于集中（按大类绝大部分为制造业，按明细门类行业则过于分散，每个行业只有1~2家企业），所以无法进一步分析不同行业之间的政策差异。详见表5。

表5 税收优惠、财政补贴对研发投入的影响

模型	(1)	(2)
变量	Fixed Effects	Random Effects
subsidy	−6.261 (4.944)	−5.982 (4.600)
taxicnt	−0.178 (0.113)	−0.183* (0.105)
hightechtax	0.892 (0.791)	1.190** (0.514)
size	−1.622* (0.919)	−1.314*** (0.443)
capint	0.641 (0.392)	0.390 (0.260)
cash	−1.069 (2.308)	−1.847 (1.649)
employee	0.000733 (0.000541)	0.000352* (0.000204)
age		0.000171 (0.000365)

[①] 如果图表中未报告随机效应（random effects）模型结果，则hausman检验的结果P值在0.05的置信水平下拒绝随机效应模型的原假设，因此研究中采用且只报告固定效应（fixed effects）模型结果。

续表

模型	(1)	(2)
变量	Fixed Effects	Random Effects
Constant	35.51* (19.33)	28.66*** (8.826)
Hausman chi2（7）	\multicolumn{2}{c	}{2.01}
Hausman Prob＞chi2	\multicolumn{2}{c	}{0.9593}
Observations	41	41
Overall R-squared	0.360	0.4114
industry FE	NO	NO
Year FE	NO	NO
Within R-squared	0.3601	0.3356

注：（1）括号内为稳健标准误；（2）***、**、*分别表示1%、5%、10%的显著。

（二）比率结构

研究采用固定效应模型考察了税收优惠、财政补贴对非流动资产比率、固定资产比率、净利润综合收益占比的作用，结果显示不同的优惠政策对企业影响不尽相同，财政补贴会显著提高企业的固定资产比率、降低非流动资产比率，税收优惠会显著提高企业的净利润综合收益占比，何旭（2014）等人的研究指出，净利润占综合收益的比例越高，净利润对企业价值的反应能力越强。说明财政补贴会加大企业对固定资产的投入，起到刺激企业投资的作用。

值得注意的是，税收优惠会显著提高企业的投资价值，即账面价值比。已有大量的研究发现，账面市值比对股票收益具有显著的影响。法玛和弗伦奇（Fama & French，1992）提出了账面市值比效应（BM效应），二人研究了1963~1990年所有在NYSE、AMEX、NASDAQ上市的股票，发现BM值最高的组合月均收益率超过BM值最低的组合达1.53%，即高账面市值比的公司股票收益率更高，部分的学者指出在中国的股票市场也存在BM效应，因而账面价值比成为投资者做出投资决策的重要参考指标之一。详见表6。

表6 税收优惠、财政补贴对比率水平的影响

模型	(1)	(2)	(3)
变量	固定资产比率 Fixed Effects	净利润综合收益占比 Fixed Effects	账面市值比 Fixed Effects
subsidy	1.443** (0.564)	−31.48 (50.91)	1.531 (7.736)
taxicnt	0.000213 (0.0150)	4.150** (1.353)	0.384* (0.206)
size	−0.267* (0.122)	25.95** (10.99)	−3.290* (1.670)

续表

模型	(1)	(2)	(3)
变量	固定资产比率 Fixed Effects	净利润综合收益占比 Fixed Effects	账面市值比 Fixed Effects
capint	−0.0696** (0.0247)	−3.727 (2.233)	1.986*** (0.339)
cash	0.457 (0.289)	−17.03 (26.07)	6.991 (3.961)
employee	8.97e−05*** (1.66e−05)	−0.000172 (0.00150)	0.000692** (0.000227)
age	−5.52e−05 (5.08e−05)	0.0114** (0.00459)	−0.000484 (0.000697)
Constant	6.417** (2.903)	−635.0** (262.1)	71.86* (39.83)
Observations	25	25	
R−squared	0.898	0.720	25
industry FE	YES	YES	0.950
Year FE	YES	YES	YES
ll	45.37	−67.21	YES
F	13.52	2.389	−20.10
rmse	0.0594	5.365	12.11
mss	0.341	812.5	0.815
rss	0.0388	316.6	137.6
tss_within	0.373	797.8	7.311
tss	0.380	1 129	63.64
df_m	7	7	144.9
num_singletons	1	1	7
drop_singletons	1	1	1
ic	2	2	1
df_a_nested	0	0	2
df_a_redundant	1	1	0
df_a_initial	8	8	1
df_a	7	7	8
N_hdfe_extended	2	2	7
N_hdfe	2	2	2
df_r	11	11	2
rank	7	7	11
report_constant	1	1	7
sumweights	25	25	1

续表

模型	(1)	(2)	(3)
变量	固定资产比率 Fixed Effects	净利润综合收益占比 Fixed Effects	账面市值比 Fixed Effects
r2_a_within	0.830	0.351	25
r2_a	0.777	0.388	0.812
r2_within	0.896	0.603	0.890
r2	0.898	0.720	0.885
ll_0	17.09	−78.76	0.950

Standard errors in parentheses

*** $p<0.01$, ** $p<0.05$, * $p<0.1$

注：括号内为稳健标准误。

（三）经营能力

财政补贴会显著提高企业的经营能力。结合上文，财政补贴带动了企业的固定资产投资，进而提高固定资产占收入的比重3.63%，降低了固定资产的周转率。然而从总体上看，财政补贴对企业的经营管理能力是有显著的提升作用的，股东权益周转率有显著的提升。即财政补贴会显著地提升企业的营运能力，对于企业的盈利状况有何影响，则有待进一步考察。详见表7。

表7 税收优惠、财政补贴对经营能力的影响

模型	(1)	(2)	(3)
变量	固定资产与收入比 Fixed Effects	固定资产周转率 Fixed Effects	股东权益周转率C Fixed Effects
subsidy	3.634***	−10.49**	3.083**
	−1.107	−4.458	−1.242
taxicnt	−0.0107	0.084	0.029
	−0.0294	−0.118	−0.033
size	−0.553**	1.405	0.0485
	−0.239	−0.962	−0.268
capint	0.052	−0.071	−0.348***
	−0.0486	−0.196	−0.0545
cash	1.601**	−3.912	−0.184
	−0.567	−2.283	−0.636
employee	0.000228***	−0.000510***	1.56E−05
	−3.25E−05	−0.000131	−3.65E−05
age	−3.47E−05	0.000176	−2.24E−06
	−9.98E−05	−0.000402	−0.000112

续表

模型	(1)	(2)	(3)
变量	固定资产与收入比 Fixed Effects	固定资产周转率 Fixed Effects	股东权益周转率C Fixed Effects
Constant	12.11*	－28.31	0.568
	－5.701	－22.96	－6.397
Observations	25	25	25
R－squared	0.907	0.778	0.935
industry FE	YES	YES	YES
Year FE	YES	YES	YES
ll	28.5	－6.328	25.62
F	13.09	4.466	16.86
rmse	0.117	0.47	0.131
mss	1.463	8.49	2.722
rss	0.15	2.428	0.189
tss_within	1.398	9.33	2.212
tss	1.613	10.92	2.91
df_m	7	7	7
num_singletons	1	1	1
drop_singletons	1	1	1
ic	2	2	2
df_a_nested	0	0	0
df_a_redundant	1	1	1
df_a_initial	8	8	8
df_a	7	7	7
N_hdfe_extended	2	2	2
N_hdfe	2	2	2
df_r	11	11	11
rank	7	7	7
report_constant	1	1	1
sumweights	25	25	25
r2_a_within	0.825	0.574	0.861
r2_a	0.797	0.515	0.859
r2_within	0.893	0.74	0.915
r2	0.907	0.778	0.935
ll_0	0.576	－23.15	－5.162

Standard errors in parentheses

*** $p<0.01$, ** $p<0.05$, * $p<0.1$

（四）现金流

现金流指标的估计结果显示，财政补贴、税收优惠与企业的现金流宽裕程度呈现负相关。即财政补贴与企业的营业利润现金净含量、股权自由现金流、营运指数、企业自由现金流，税收优惠与现金适合比率呈负相关。钟凯等（2017）基于"投资—现金流"敏感性模型研究指出，创新企业的现金流敏感性比非创新企业更高。张王晓峰、赵文静（2017）的研究指出，财政补贴的滞后性是导致企业现金流风险增加的重要因素。由于海宁市的上市公司绝大部分是高新技术企业，企业在创新过程中需要消耗大量的现金，虽然获得了财政补贴，但是不足以弥补企业的现金缺口。详见表8。

表 8　税收优惠、财政补贴对现金流的影响

模型	（1）	（2）	（3）	（4）	（5）
变量	营业利润现金净含量 Fixed Effects	股权自由现金流 Fixed Effects	营运指数 Fixed Effects	现金适合比率 Fixed Effects	企业自由现金流 Fixed Effects
subsidy	−235.6** (99.86)	−1.182e+10* (6.560e+09)	−178.3** (67.17)	−1.798 (7.688)	−8.284e+09** (3.245e+09)
taxicnt	0.762 (2.653)	−2.120e+08 (1.743e+08)	0.653 (1.785)	−0.983*** (0.204)	−1.355e+08 (8.623e+07)
size	57.70** (21.56)	−7.456e+08 (1.416e+09)	42.88** (14.50)	−0.475 (1.660)	8.507e+08 (7.006e+08)
capint	−10.74** (4.380)	2.334e+07 (2.877e+08)	−7.345** (2.946)	0.0880 (0.337)	−3.924e+08** (1.423e+08)
cash	−92.94* (51.14)	−6.680e+09* (3.359e+09)	−78.60** (34.40)	−0.782 (3.937)	−5.804e+09*** (1.662e+09)
employee	−0.00520 (0.00293)	−140 503 (192 724)	−0.00335 (0.00197)	−0.000371 (0.000226)	−161 055 (95 351)
age	0.0295*** (0.00900)	107 038 (591 029)	0.0216*** (0.00605)	−0.000289 (0.000693)	443 117 (292 413)
Constant	−1 411** (514.1)	1.566e+10 (3.378e+10)	−1 047** (345.9)	14.05 (39.58)	−1.962e+10 (1.671e+10)
Observations	25	25	25	25	25
R−squared	0.612	0.755	0.679	0.806	0.745
industry FE	YES	YES	YES	YES	YES
Year FE	YES	YES	YES	YES	YES
ll	−84.05	−534.1	−74.14	−19.95	−516.5
F	1.938	3.566	2.283	4.958	3.488
rmse	10.52	6.910e+08	7.079	0.810	3.420e+08
mss	1 921	1.620e+19	1 166	30.04	3.750e+18
rss	1 218	5.260e+18	551.3	7.221	1.290e+18

续表

模型 变量	(1) 营业利润现金 净含量 Fixed Effects	(2) 股权自由 现金流 Fixed Effects	(3) 营运指数 Fixed Effects	(4) 现金适合比率 Fixed Effects	(5) 企业自由 现金流 Fixed Effects
tss_within	2 720	1.720e+19	1 352	30.00	4.140e+18
tss	3 140	2.140e+19	1 717	37.26	5.040e+18
df_m	7	7	7	7	7
num_singletons	1	1	1	1	1
drop_singletons	1	1	1	1	1
ic	2	2	2	2	2
df_a_nested	0	0	0	0	0
df_a_redundant	1	1	1	1	1
df_a_initial	8	8	8	8	8
df_a	7	7	7	7	7
N_hdfe_extended	2	2	2	2	2
N_hdfe	2	2	2	2	2
df_r	11	11	11	11	11
rank	7	7	7	7	7
report_constant	1	1	1	1	1
sumweights	25	25	25	25	25
r2_a_within	0.267	0.500	0.333	0.606	0.492
r2_a	0.153	0.465	0.300	0.577	0.443
r2_within	0.552	0.694	0.592	0.759	0.689
r2	0.612	0.755	0.679	0.806	0.745
ll_0	−94.09	−548.9	−85.36	−37.75	−531.1

Standard errors in parentheses

*** $p<0.01$, ** $p<0.05$, * $p<0.1$

注：括号内为稳健标准误。

（五）盈利情况

从盈利情况来看，财政补贴会显著地提高企业的收入及长期盈利能力，但是由于企业营业成本、费用增长过快，导致短期的营业利润率下降。从模型结果来看，财政补贴与企业的息税折旧摊销前收入、长期资本收益、营业成本及销售期间费用率正相关，与企业的营业利润率负相关。详见表9。

表 9 税收优惠、财政补贴对盈利情况的影响

模型	(1)	(3)	(4)	(5)	(6)
变量	息税折旧摊销前收入 Fixed Effects	长期资本收益率 Fixed Effects	营业利润率 Fixed Effects	总营业成本率 Fixed Effects	销售期间费用率 Fixed Effects
subsidy	8.365e+08* (4.291e+08)	0.735* (0.355)	−1.527** (0.534)	1.369* (0.634)	1.235*** (0.250)
taxicnt	1.043e+07 (1.140e+07)	0.00766 (0.00942)	0.00134 (0.0142)	−0.000219 (0.0169)	0.00511 (0.00665)
size	1.664e+08* (9.263e+07)	0.0316 (0.0766)	−0.0344 (0.115)	0.0218 (0.137)	−0.0204 (0.0540)
capint	−5.056e+07** (1.882e+07)	−0.0230 (0.0156)	0.0427* (0.0234)	−0.00450 (0.0278)	0.0193 (0.0110)
cash	−3.685e+07 (2.197e+08)	−0.0544 (0.182)	−0.101 (0.274)	−0.270 (0.325)	−0.271* (0.128)
employee	−36 170** (12 606)	−3.37e−05*** (1.04e−05)	−6.02e−05*** (1.57e−05)	5.50e−05** (1.86e−05)	3.53e−05*** (7.35e−06)
age	−29 449 (38 658)	−1.29e−05 (3.20e−05)	−6.50e−05 (4.82e−05)	4.34e−05 (5.72e−05)	2.12e−05 (2.26e−05)
Constant	−3.004e+09 (2.209e+09)	−0.414 (1.826)	1.315 (2.752)	0.0990 (3.267)	0.336 (1.289)
Observations	25	25	25	25	25
R−squared	0.901	0.755	0.874	0.756	0.928
industry FE	YES	YES	YES	YES	YES
Year FE	YES	YES	YES	YES	YES
ll	−465.9	56.96	46.71	42.42	65.67
F	12.72	3.801	8.403	3.887	15.71
rmse	4.520e+07	0.0374	0.0563	0.0669	0.0264
mss	2.050e+17	0.0474	0.242	0.152	0.0984
rss	2.250e+16	0.0154	0.0349	0.0492	0.00765
tss_within	2.050e+17	0.0525	0.221	0.171	0.0842
tss	2.270e+17	0.0628	0.277	0.202	0.106
df_m	7	7	7	7	7
num_singletons	1	1	1	1	1
drop_singletons	1	1	1	1	1
ic	2	2	2	2	2
df_a_nested	0	0	0	0	0
df_a_redundant	1	1	1	1	1
df_a_initial	8	8	8	8	8
df_a	7	7	7	7	7

续表

模型	(1)	(3)	(4)	(5)	(6)
变量	息税折旧摊销前收入 Fixed Effects	长期资本收益率 Fixed Effects	营业利润率 Fixed Effects	总营业成本率 Fixed Effects	销售期间费用率 Fixed Effects
N_hdfe_extended	2	2	2	2	2
N_hdfe	2	2	2	2	2
df_r	11	11	11	11	11
rank	7	7	7	7	7
report_constant	1	1	1	1	1
sumweights	25	25	25	25	25
r2_a_within	0.820	0.521	0.742	0.529	0.851
r2_a	0.784	0.466	0.725	0.468	0.843
r2_within	0.890	0.708	0.842	0.712	0.909
r2	0.901	0.755	0.874	0.756	0.928
ll_0	−493.5	41.59	23.61	26.85	35.70

Standard errors in parentheses

*** $p<0.01$，** $p<0.05$，* $p<0.1$

注：括号内为稳健标准。

（六）发展能力

从发展能力来看，财政补贴、税收优惠会显著地提升企业的发展能力。财政补贴、税收优惠会显著地提升企业的管理费用增长率，财政补贴还会提高企业的固定资产增长率、应计项目以及净利润的增长率。财政补贴会对企业固定资产投资增长率有大幅的刺激作用，有效地刺激了企业的固定资产投资。详见表10。

表10 税收优惠、财政补贴对发展能力的影响

模型	(1)	(2)	(3)	(4)
变量	管理费用增长率 Fixed Effects	应计项目 Fixed Effects	固定资产增长率 Fixed Effects	净利润增长率 Fixed Effects
subsidy	4.905* (2.528)	6.410e+09** (2.308e+09)	7.428*** (1.461)	28.06* (15.24)
taxicnt	0.134* (0.0672)	8.514e+07 (6.131e+07)	0.0390 (0.0388)	−0.614 (0.405)
size	0.292 (0.546)	−5.187e+08 (4.981e+08)	−0.0479 (0.315)	−11.14*** (3.290)
capint	0.0752 (0.111)	2.634e+08** (1.012e+08)	0.136* (0.0641)	1.432* (0.668)
cash	−0.444 (1.295)	2.418e+09* (1.182e+09)	0.263 (0.748)	14.62* (7.805)

续表

模型	(1)	(2)	(3)	(4)
变量	管理费用增长率 Fixed Effects	应计项目 Fixed Effects	固定资产增长率 Fixed Effects	净利润增长率 Fixed Effects
employee	−3.21e−05 (7.43e−05)	44 716 (67 793)	5.75e−06 (4.29e−05)	0.00115** (0.000448)
age	−3.78e−05 (0.000228)	−288 538 (207 902)	−0.000150 (0.000132)	−0.00435*** (0.00137)
Constant	−6.068 (13.02)	1.213e+10 (1.188e+10)	1.757 (7.522)	265.0*** (78.47)
Observations	25	25	25	25
R−squared	0.655	0.679	0.850	0.629
industry FE	YES	YES	YES	YES
Year FE	YES	YES	YES	YES
ll	7.855	−507.9	21.56	−37.06
F	1.192	2.340	4.932	1.790
rmse	0.266	2.430e+08	0.154	1.606
mss	1.482	1.380e+18	1.480	48.13
rss	0.781	6.500e+17	0.261	28.38
tss_within	1.373	1.620e+18	1.079	60.70
tss	2.263	2.030e+18	1.741	76.51
df_m	7	7	7	7
num_singletons	1	1	1	1
drop_singletons	1	1	1	1
ic	2	2	2	2
df_a_nested	0	0	0	0
df_a_redundant	1	1	1	1
df_a_initial	8	8	8	8
df_a	7	7	7	7
N_hdfe_extended	2	2	2	2
N_hdfe	2	2	2	2
df_r	11	11	11	11
rank	7	7	7	7
report_constant	1	1	1	1
sumweights	25	25	25	25
r2_a_within	0.0696	0.343	0.605	0.235
r2_a	0.247	0.300	0.673	0.191
r2_within	0.431	0.598	0.758	0.533
r2	0.655	0.679	0.850	0.629

续表

模型	(1)	(2)	(3)	(4)
变量	管理费用增长率 Fixed Effects	应计项目 Fixed Effects	固定资产增长率 Fixed Effects	净利润增长率 Fixed Effects
ll_0	0.798	−519.3	3.810	−46.56

Standard errors in parentheses

*** $p<0.01$，** $p<0.05$，* $p<0.1$

注：括号内为稳健标准。

综合上述结果，不难发现：高新技术企业税收优惠会加大企业的研发投入，财政补贴大幅增加了企业的固定资产投资，提升固定资产在总资产中的比重，由于产品的技术含量更高，因而资产的周转率更高，提高了企业收入。但是大量的投资活动也消耗了企业的现金流，使企业的现金流紧张，在投资增加的同时，费用也随之快速增长，导致企业的盈利水平会暂时受影响。虽然在现金流水平上有一定紧张，但是企业的净利润增长率不断攀升，体现出较好地发展前景。税收返还与奖励会显著提高企业的投资价值，相比于高新技术企业优惠与财政补贴，税收返还与奖励的企业数量及金额相对较小，但能提高企业的净利润综合收益占比，反映出企业盈利质量更优，并且从账面价值比上看，具有更高的投资价值。

五、结束语

基于海宁市 2009～2016 年上市公司面板数据，本文检验了税收优惠、财政补贴对企业的影响。高新技术企业所得税优惠是激励企业研发投入、提升企业经营绩效与盈利水平的重要政策手段，有效发挥了推动海宁市上市企业转型升级的作用，海宁市财政税务部门应继续重视高新技术企业的培育；税收返还与奖励的效应不如财政补贴明显，主要反映在企业的投资价值上，为了维护公平的市场竞争环境，税务部门在实际操作中可相对谨慎；财政补贴会刺激企业加大固定资产投入，增加企业的营业收入，因而对短期内扩大投资，为企业提供支持发挥作用，但是补贴存在一定滞后效应，无法全部缓解企业短期内的利润及现金流压力，企业在加大研发投入的同时，应注意创新投入与成本收益的现金流平衡。

参考文献

[1] Castellacci F., C. M. Lie. Do the effects of R&D tax credits vary across industries? A meta-regression analysis [J]. Research Policy, 2015, 44 (4): 819−832.

[2] Hall B., J. Van Reenen. How effective are fiscal incentives for R&D? A review of the evidence [J]. Research Policy, 2000, 29 (4): 449−469.

[3] 柳光强. 税收优惠、财政补贴政策的激励效应分析——基于信息不对称理论视

角的实证研究 [J]. 管理世界, 2016 (10): 62—71.

[4] 杜军, 王皓妍. 税收优惠政策促进高新技术企业发展的实证研究——以江苏省常州市为例 [J]. 税务研究, 2013 (3): 64—68.

[5] 唐书林, 肖振红, 苑婧婷. 上市企业的自主创新驱动困境: 是免费补贴还是税收递延? [J]. 管理工程学报, 2018 (2): 95—106.

[6] 张帆, 张友斗. 竞争性领域财政补贴、税收优惠政策对企业经营绩效的影响 [J]. 财贸研究, 2018 (3): 80—89.

[7] 李坤, 陈海声. 我国不同地区企业研发费用税前加计扣除政策实施效果对比——基于创业板公司的经验证据 [J]. 科技管理研究, 2017 (9): 21—28.

[8] 杨得前, 刘仁济. 税式支出、财政补贴的转型升级激励效应——来自大中型工业企业的经验证据 [J]. 税务研究, 2017 (7): 87—93.

[9] 陈冬, 孔墨奇, 王红建. 投我以桃, 报之以李: 经济周期与国企避税 [J]. 管理世界, 2016 (5): 46—63.

[10] 蔡宏标, 饶品贵. 机构投资者、税收征管与企业避税 [J]. 会计研究, 2015 (10): 59—65.

[11] 周海涛, 张振刚. 政府研发资助方式对企业创新投入与创新绩效的影响研究 [J]. 管理学报, 2015 (12): 1797—1804.

[12] 李彩霞. 企业所得税成本、非税成本与财务绩效——来自沪深两市A股上市公司的经验证据 [J]. 财会月刊, 2014 (12): 3—7.

[13] 蒋小平, 叶子荣. 税收结构与中小企业发展——基于中国省际面板数据的实证分析 [J]. 财经问题研究, 2013 (2): 123—129.

[14] 吴祖光, 万迪昉, 吴卫华. 税收对企业研发投入的影响: 挤出效应与避税激励——来自中国创业板上市公司的经验证据 [J]. 研究与发展管理, 2013 (5): 1—11.

[15] 梁彤缨, 冯莉, 陈修德. 税式支出、财政补贴对研发投入的影响研究 [J]. 软科学, 2012 (5): 32—35.

[16] 汤颖梅, 黄明峰, 李福来. 金融市场发展、两税合并与企业资本结构——基于双重差分模型的实证分析 [J]. 经济经纬, 2012 (3): 151—155.

[17] 方重, 梅玉华. 税式支出对企业研发激励效应的实证研究 [J]. 税务研究, 2011 (8): 86—89.

[18] 宋雷娟, 储敏伟. 税率降低与企业固定资产投资的DID实证分析——来自上市公司的经验证据 [J]. 财经理论与实践, 2010 (3): 97—102.

[19] 彭江波, 郭琪. "两税合一"对企业融资结构选择的效应分析——以山东省为例 [J]. 上海金融, 2008 (12): 13—17.

去"繁文缛节",变"精益求精"

——浙江国自流程再造视角的应收账款优化研究

戴钰慧　章　华　张晓慧　柳一鑫

（浙江财经大学东方学院，浙江 海宁 314408）

摘　要：在当前国内外宏观经济调控的环境压力下，应收账款数额的高低成为企业"生死存亡"的关键因素。本文对浙江国自机器人技术有限公司（以下简称"浙江国自"）的应收账款流程进行优化，说明了BPR在企业各活动中起着至关重要的作用。以发展成熟的业务流程再造理论为指导思想，充分研究国内外应收账款管理经验等，将业务流程再造理论运用于应收账款管理中，构建有效的应收账款业务流程体系，从源头上化解应收账款给公司带来的风险。将业务流程再造运用于应收账款管理，拓宽了业务流程再造的运用范围，具有理论意义。实践意义则是有效改善了企业的应收款账管理。

关键词：业务流程再造；应收账款优化；案例研究

一、引言

随着社会经济与技术的不断发展，自20世纪90年代以来，企业经营环境变化迅速，技术进步飞跃，企业竞争全球化，企业面临挑战日益严峻。而西方国家经济的长期低增长，市场竞争日益激烈，国内企业面临着更加严峻的挑战。哈默和钱皮提出：在新的企业运行空间条件下，改造原来的工作流程，以使企业更适应未来的生存发展空间。这一全新的思想震动了管理学界，一时间"企业再造""流程再造"成为大家谈论的热门话题。

在当前国内外宏观经济下行压力环境下，企业普遍存在降库存的压力，为了提高企业的市场竞争力，纷纷采用赊销的方式增加销售量赢取市场，提高市场份额，因此信用销售成为企业最重要的营销手段之一。香颂资本执行董事沈萌在接受《证券日报》记者采访时表示，上市公司应收账款过高存在一个很大的风险，若应收账款对方财务状况较差或信用较差，就有可能从应收账款变成呆坏账，从而影响上市公司的过往业绩。本研究就如何改变传统的应收账款管理方式进行探讨，创新运用现代管理会计理念，将发展完善业务流程再造理论运用于应收账款管理中，并且上升到指导的高度，具有重要的理论意义和实践意义。

二、文献综述

（一）业务流程再造的国内外研究动态

哈默、钱皮（1993）首次提出了业务流程再造（Business Process Reengineering，BPR）的概念，并将其定义为：对企业流程进行根本性再思考和彻底性再设计，以获得企业在成本、质量、服务和速度等衡量企业绩效指标上取得显著的进展。哈默（2005）提出运营创新是方法，世界级公司之所以成功的关键之一是运营创新，即创造并实施全新的工作方式以形成竞争优势；流程是工具，再设计是方法，突破性的绩效提升来源于以端到端为基础的再设计工作；信息技术是催化剂等。

流程再造理论在1994年左右进入中国。CIMS专家、清华大学的陈瑀教授在1994年全国工业工程年会上首先介绍流程再造的概念。王璞（2005）总结了企业在现有的经济技术条件下实施业务流程再造可以采用的方法，对业务流程在国内的应用起到了很好的推动作用。黄艾舟、梅绍祖（2002）提出了新的流程管理概念，将流程管理定义为：一种以规范化的构造端到端的卓越业务流程为中心，以持续的提高组织业务绩效为目的的系统化方法。

综上所述，国内外的专家学者对于业务流程再造方面的研究已十分成熟，说明了流程再造理论的成熟性与准确性。为众多学者参考与学习业务流程再造方面的知识提供信息。

（二）应收账款流程优化管理的国内外研究综述

目前，国内外对流程再造的研究已经比较成熟，有针对财务管理和应付账款方面的，但是对于企业应付账款方面的流程再造的研究还是极少的，而且目前国内企业还没有把应收账款管理提升到流程化管理层面上。国内许多企业只重视应收账款这一方面的管理，在管理人才上下功夫却得不到很好的改善，将流程优化管理放置前方已是刻不容缓。

王蕾（2009）通过建立信息共享平台、实现报告自动化、重新界定流程活动、去除迟付金流程中的无效活动等具体方法成功建立新的应收账款管理流程。陈卫华（2013）针对其在应收账款内部控制方面存在的内部缺陷进行了详细的研究和分析，通过业务流程再造，并得出基于流程再造的企业应收账款管理对于加强A公司在运营过程中的风险控制是有效可行的。

理论界对应收账款的风险控制及管理已有诸多研究，然而对于应收账款的流程优化管理却从未涉及。本文创新性地试图以流程再造的管理方法对企业应收账款管理进行优化，收到明显效果，体现本研究独到研究视角。

（三）文献评述

总之，以上出现的文献资料都为本文的写作提供了众多有价值的参考内容，指引了正确的写作方向与思路。其中，王蕾（2009）借鉴了SCM管理中的时间价值分析方法，对原流程的每一步进行详细分析，从中找出具体问题。从整体出发、改造细节，运用时间价值分析法对公司流程中出现的一系列无效活动进行分析，得出结论，这对浙江国自进行应收账款流程的优化提供启示。另外，何颖（2015）将应收账款流程分公司部门进行流程改造，各部门参与改造，最终以最快的速度将改造好的流程应用到实际中，为本研究提供了流程再造方式的借鉴。

三、浙江国自应收账款流程现状及问题分析

（一）公司简介

浙江国自机器人技术有限公司成立于2011年，其前身系中控研究院机器人事业部。浙江国自依托工业自动化国家工程研究中心、工业控制技术国家重点实验室和浙江大学智能系统与控制研究所的雄厚技术背景，专注于智能机器人的研发与推广。作为"十二五"规划发展的重点扶植产业，智能机器人正在形成巨大战略性产业。

浙江国自研发生产了大批优质产品，深受国家电网有限公司、南方电网有限公司、杭州巨星科技股份有限公司、浙江杭叉集团股份有限公司、杭州娃哈哈集团有限公司、中策橡胶集团有限公司等大批高端客户的喜爱。继成功研发并运营上海世博会的37台海宝智能服务机器人、福建电力局的智能电力巡检机器人之后，浙江国自的机器人产品已覆盖与机器人相关的工业、服务、军事、科教以及研究等领域。

（二）改造的背景及公司应收账款的现状

1. 公司应收账款的现状

鉴于浙江国自的客户多为国家电网、大型物流企业提供机器人项目规划、机器人及售后调试等全程化服务，一般完成一个完整的项目订单需要超过一个会计年度，付款方式往往根据合同的约定，逐步定期按比例支付，企业在合同生效或发票发出期间确认营业收入，企业应收账款占营业收入比重普遍偏高，企业存在资金周转不畅、呆坏账等经营风险。通过调查，对浙江国自机器人公司近年来的营业收入和应收账款数额进行分析。

（1）按年划分，统计营业收入和应收账款数额。详见表1、图1。

表1 2014～2017年浙江国自机器人有限公司应收账款现状

年份	营业收入（千万元）	同比增长（%）	应收账款（千万元）	同比增长（%）	应收账款在营业收入中占比（%）
2014	36.5	—	3.46	—	9.5
2015	45.3	24.1	4.71	36.1	10.4
2016	50.6	11.6	5.81	23.3	11.5
2017	63.6	25.6	7.69	32.3	12.1

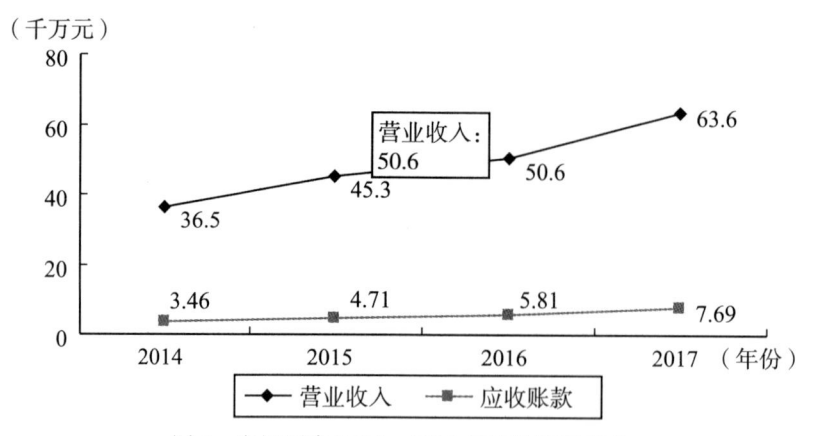

图1 浙江国自2014～2017年应收账款趋势

由表1数据显示，2014～2017年公司营业收入由36.5千万元增至63.6千万元，同比增长74.24%。应收账款由3.46千万元增至7.69千万元，同比增长122.25%。近年来国家政策的大力扶持，技术更新迭代，机器人行业发展迅猛。由图1可以看出，浙江国自2014年以来经营业绩蒸蒸日上，营业收入节节攀升。在营业收入攀升的同时，应收账款金额逐年扩增，且增幅远高于营业收入增长幅度。

（2）按月细化，统计营业收入和应收账款数额。详见表2、图2。

表2 2017年6～9月浙江国自机器人有限公司应收账款现状

月份	营业收入（千万元）	应收账款（千万元）	应收账款在营业收入中的占比（%）
6月	4.5	0.49	11
7月	4.9	0.52	10.7
8月	5.2	0.62	12
9月	4.8	0.67	14

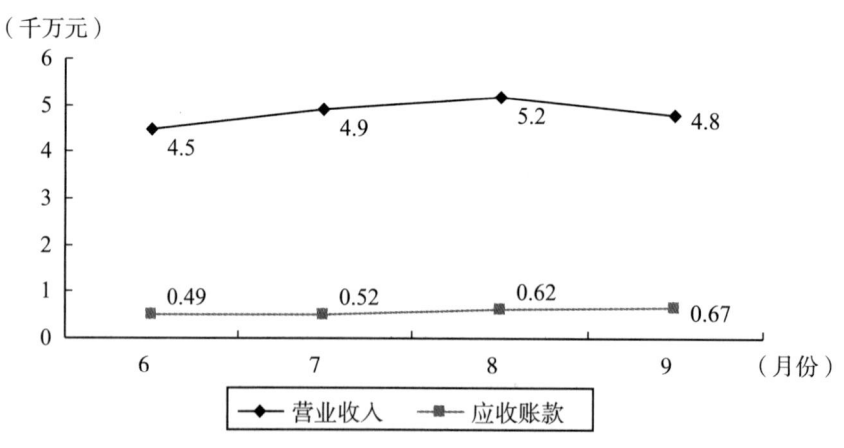

图2 浙江国自2017年6～9月应收账款趋势

由表2和图2数据显示，2017年6～9月，应收账款金额逐月攀升，从0.49千万元升至0.67千万元，应收账款占营业收入的比重逐月增加。9月应收账款在营业收入的占比高达14%。

（三）浙江国自应收账款流程

1. 现有应收账款的业务流程及分析

浙江国自在开展销售业务活动前会进行前期工作的准备。销售人员与客户需要进行客户跟踪三个月以上，同时通过国家企业信用系统查询该公司的信用度、了解同行对其的评定、有无纠纷、公司年报等方式进行初步评定，但公司在此方面没有明确指标。图3是小组绘制的浙江国自原有应收账款流管理程图。

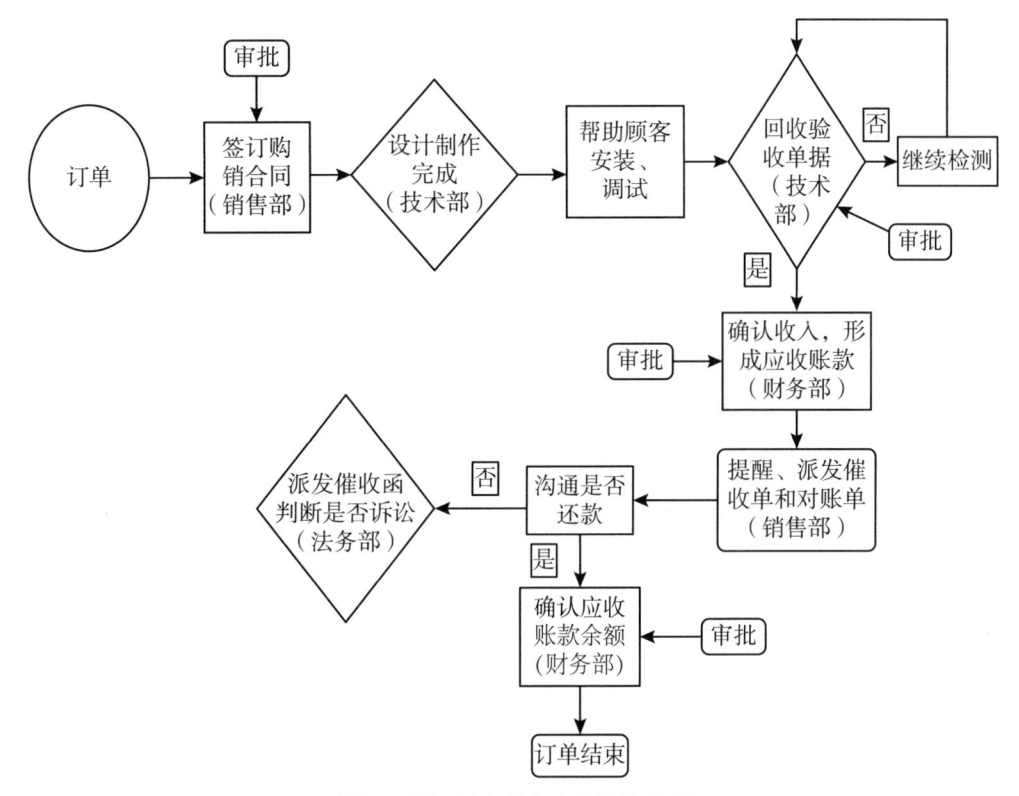

图3 浙江国自现有应收账款流程

从流程图中我们可以看出，整个应收账款流程后期催款活动无人问津。销售部更重视业绩，对于尾款的催收工作不到位；技术部不参与催收应收账款的工作；法务部对应收账款催收工作没有具体的机制，需要获得有效的信息材料方可进行诉讼，时间长，程序复杂，对于应收账款的回收效率不高，出现坏账的可能性增加。流程图中反映出了审批次数多的现象，每次审批都需经过部门经理和总经理的批阅，耗时大，效率低。说明该流程存在诸多问题，影响应收账款回收管理，不是最优流程。

2. 应收账款流程的诊断

通过对浙江国自应收账款流程调查，我们利用鱼骨分析技术，把上述的流程分析工作做一个总结，清晰地表示出管理流程出现的问题和它潜在原因之间的关系，如图4所示。

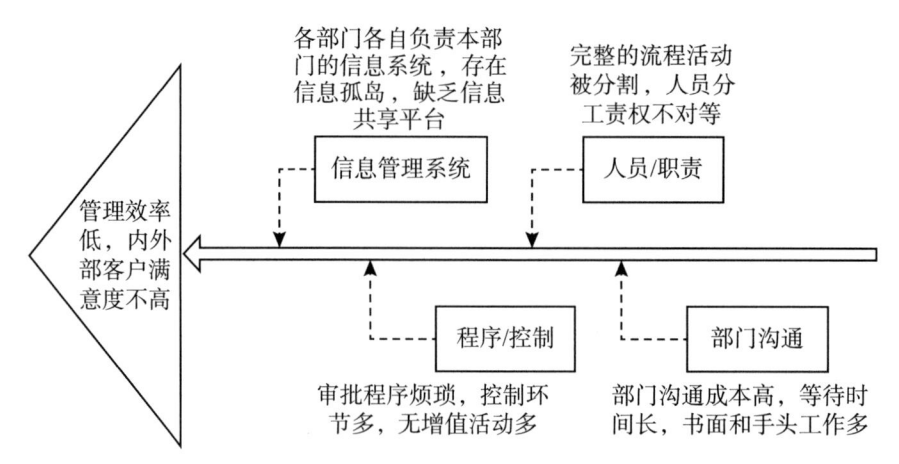

图 4　应收账款流程出现问题与原因的鱼骨分析

从鱼骨分析图中可以看出，浙江国自目前经营的最主要问题是管理效率低，内外部客户满意度不高。分析其中成因可归纳为：信息管理系统、人员/职责、程序/控制和部门沟通。为此，笔者将针对诊断结果进行分析，优化浙江国自应收账款流程再造。

四、浙江国自应收账款流程再造

（一）应收账款流程再造的具体过程

在对浙江国自进行深入调研之后，就其居高不下的应收账款、现有应收账款的流程分析及诊断结果提出流程再造的想法，构建新的应收账款业务流程。

1. 提出对销售部客户信用档案重建的改造意见

首先，在收款过程中与客户沟通是必要环节。如果无法保证贷款收取工作的顺利开展，那就很难保证下次业务的成功。同时，还表明销售部自身对于客户信用档案建立不合理，销售人员对于客户信用判断的准确度决定了项目收款活动的难易程度。因此，小组同销售部与其他部门一同就客户信用档案的建立进行制定。

根据新、老客户采用不同的考评项目，新客户评级满分为 60 分，老客户评级满分为 100 分。具体客户信用档案建立指标见表 3。

表 3　客户信用档案指标

信用级别	新客户信用评分	老客户信用评分	信用期
A	>55 分	>90 分	60～90 天
B	50～55 分	80～90 分	60 天
C	45～50 分	70～80 分	30～60 天
D	40～45 分	60～70 分	30 天
E	<40 分	<60 分	0

通过信用级别的设定，也决定了与客户签订合同时采用的付款方式，信用级别为 A 的客户可以采用分期付款的方式进行尾款的支付，同时信用期较长；而级别为 B 的客户，则需先一次性付清，不存在分期的说法，信用期为零。

2. 提出对财务部催收机制进行再造的意见

财务部经理表明浙江国自的催收时间与界限不明确，员工在实行时经常出现遗漏、出错失误现象。因此，提出了重建催收机制的想法。根据客户的信用档案与欠款情况，发出三级催款信，建立的催款机制如下（信用期为 60 天）。具体实施如图 5 所示。

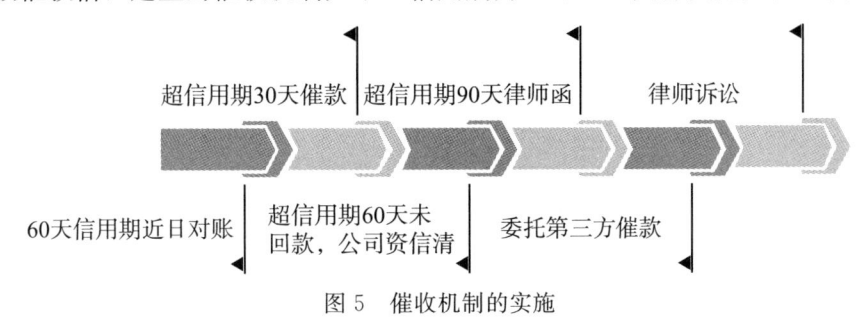

图 5 催收机制的实施

3. 提出对技术部技术创新的再造意见

技术部针对应收账款流程在技术上进行了创新，他们提出在机器人的设计与制作过程中对其编写代码锁。从技术上来讲，公司实施加密的操作比较容易实现。公司需在签订合同前与客户说明，客户需在合同约定的时间付款，如果不按期限付款则锁住整个设备，无法运行。即靠技术手段"逼迫"客户支付货款。

4. 提出对法务部聘请第三方机构催收的意见

法务部表示，由于浙江国自在法务部派发催收函时会将客户的信用清零，客户可能会出现更加不愿配合的态度。这时需要更有专业性的第三方机构，以"外人"的身份参与催收账款的活动。委托第三方机构通过他们的专业知识加强对债务人的催收压力，以达到回收账款的目的。

5. 提出实行应收账款流程自动化的意见

从现有应收账款流程图中可以看出，流程中出现审批环节的次数多，且每次需经过部门经理与总经理的批阅，影响工作的顺利开展。这时就需要有一个健全的信息管理系统，经理通过输入密码，使用自己的权限进行审批，有效地解决空间与时间上的问题。最终，我们汇总了各部门的反映情况和大家的商讨，再造出了新的应收账款流程图，如图 6 所示。

浙江国自再造后的应收账款流程解决了之前流程中的缺点，对所有环节设定了相应的责任人，若应收账款无法收回或某一单应收款超过一定时间未收回，HR 牵头举行公司管理层会议，公司副总经理介入调查，对相应的责任人进行处罚。同时，对该项目的账款再次招标，将该订单的具体情况进行说明并提供额外奖励，在全公司业务员工范围内进行招投标，取得应收账款成功回收，获得奖励。再造后的流程图解决后期账款的无人负责的问题，通过采用外部第三方和内部第三方的方法对无法回收、逾期的账款进行回收工作，实现了责任联动。同时，技术部用一周时间设计了几套代码锁，保证机器人能在制作过程中设置加密功能，根据客户的付款进度来控制解密的工作。

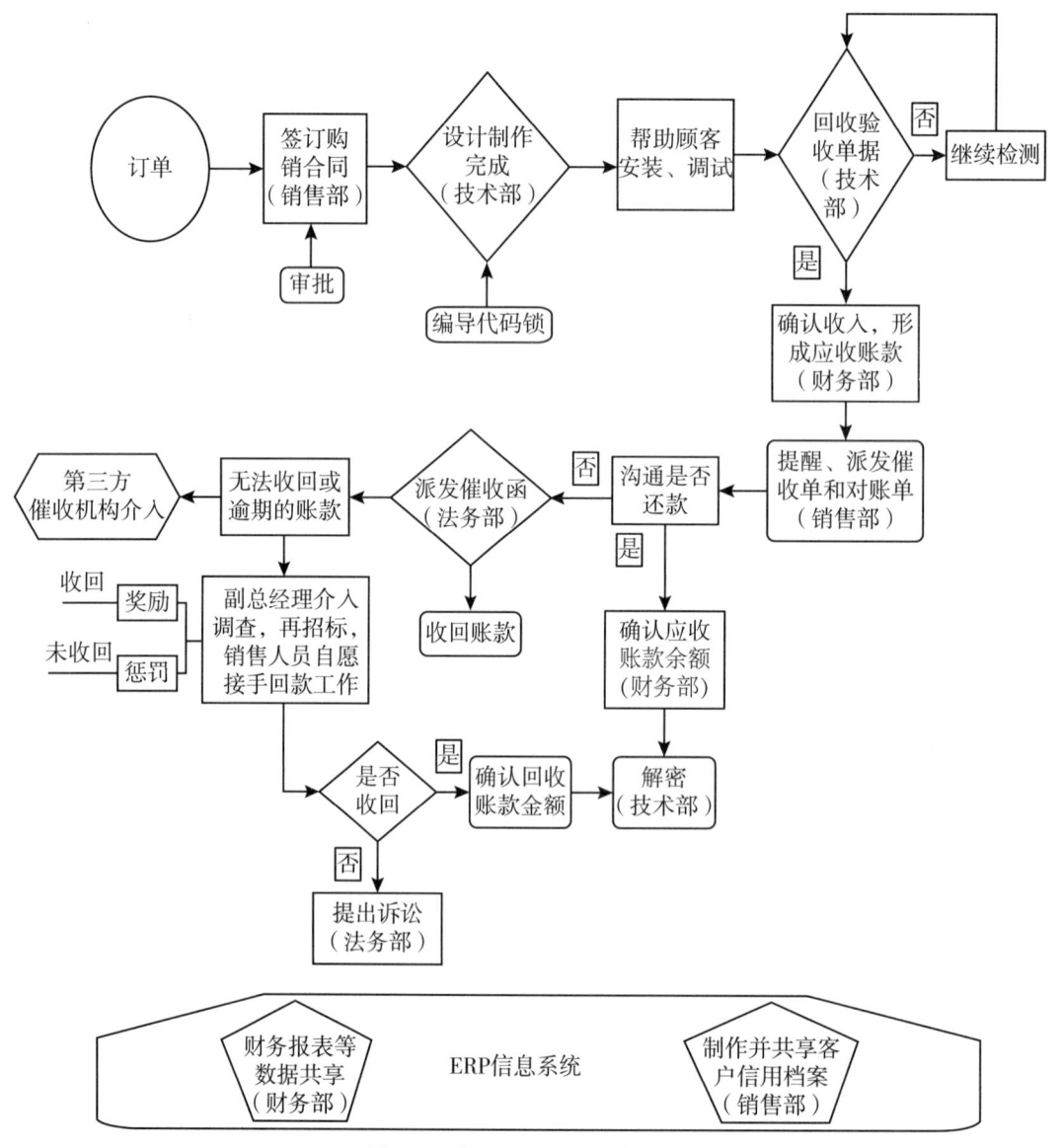

图6 国自再造后应收账款流程

（二）再造后的结果及影响

通过应收账款管理流程的梳理和体系构建，浙江国自狠抓重点，高层介入异常项目，对具体经办业务员给予额外物质及精神激励制度，并且在各部门构建以企业关键业绩指标（KPI指标)① 作为工资标准，一年来，取得了显著的效果。详见表4、图7。

---

① 通过对组织内部流程的输入端、输出端的关键参数进行设置、取样、计算、分析，衡量流程绩效的一种目标式量化管理指标，是企业绩效管理的基础。

表4 2018年6～9月浙江国自应收账款现状

月份	营业收入（千万元）	应收账款（千万元）	应收账款在营业收入中的占比（%）
6	5.9	0.41	7.1
7	6.2	0.39	6.3
8	6.1	0.36	6
9	5.7	0.29	5.2

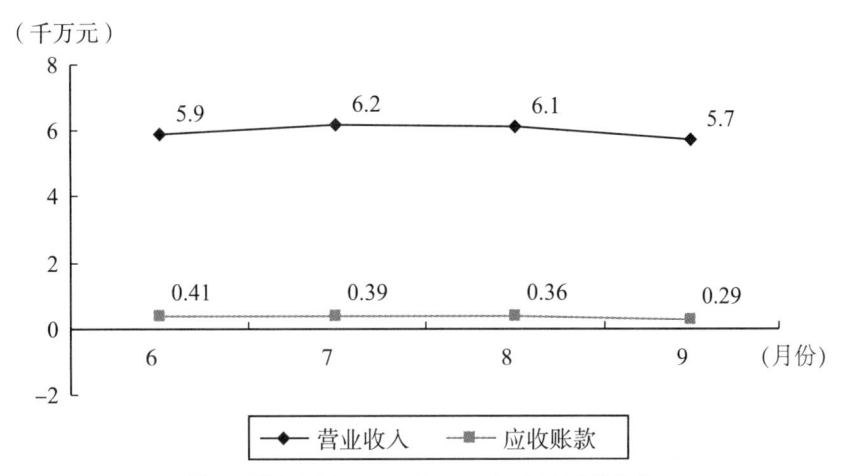

图7 浙江国自2018年6～9月应收账款趋势

通过表4和图7数据显示，经过流程改造后浙江国自应收账款金额及比重下降趋势明显。公司业务进一步扩大，营业收入保持迅猛增长，但应收账款已从0.41千万元降至0.29千万元，虽同比前一年度同月呈正增长，但应收账款占营业收入比重从7.1%下降至5.2%，降幅近30%，说明流程再造对于应收账款管理效果明显。

此外，如表5所示，应收账款流程再造后的浙江国自营业收入较之前增长明显，与之鲜明对比的是应收账款金额非增反降，2018年9月较上一年度同月降低了56.7%。如图8所示，在2018年6～9月，浙江国自在营业收入较2016年和2017年、2018年同期都呈逐步增长的情况下，同期的应收账款余额呈现先增加后减少的折现变化，由此说明，自2018年浙江国自进行应收账款管理流程改造后，相关业务流程优化合理，权责明确，效果明显，利于公司的良性发展，改造成果显著。

表5 2018年6～9月公司营业收入及应收账款与2016年、2017年同月份的数据对比

月份	2016年收入（千万元）	收入增长率（%） 2017年	收入增长率（%） 2018年	2016年应收账款（千万元）	应收账款增长率（%） 2017年	应收账款增长率（%） 2018年
6	4.1	9.80	31.10	0.38	28.90	-16.30
7	4.3	14.00	25.50	0.45	15.60	-25
8	3.9	35.90	17.30	0.44	40.10	41.90
9	4.2	14.30	18.80	0.29	28.80	-56.70

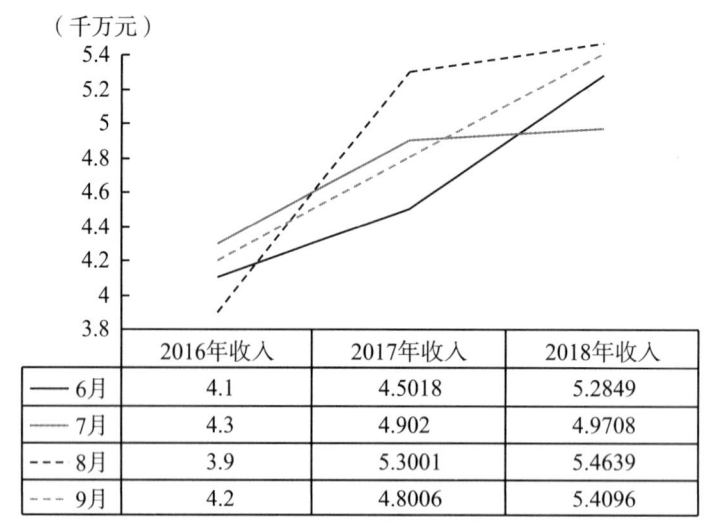

	2016年收入	2017年收入	2018年收入
6月	4.1	4.5018	5.2849
7月	4.3	4.902	4.9708
8月	3.9	5.3001	5.4639
9月	4.2	4.8006	5.4096

图 8　2016～2018 年同月份收入对比折线

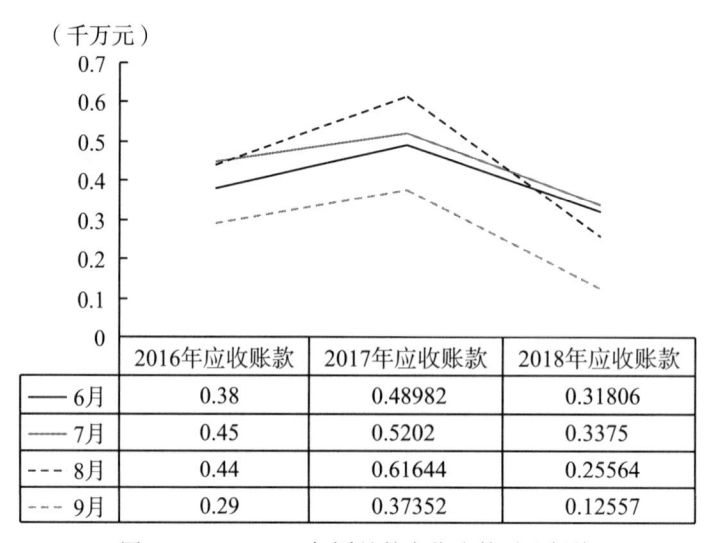

	2016年应收账款	2017年应收账款	2018年应收账款
6月	0.38	0.48982	0.31806
7月	0.45	0.5202	0.3375
8月	0.44	0.61644	0.25564
9月	0.29	0.37352	0.12557

图 9　2016～2018 年同月份应收账款对比折线

五、总结与展望

在当前社会经济环境下，应收账款的管理和控制效果直接影响企业的"生死存亡"，决定着企业是否良性发展，有效地控制应收账款数额不仅利于企业减少运营中存在的资金风险，还能提升企业在行业中的竞争力。

本文立足于浙江国自应收账款现状，通过实际与理论结合，分析该公司应收账款管理流程存在的问题及成因，构建一套为浙江国自应收账款管理"量身定做"的再造流程。现有案例研究只涉及浙江国自的应收账款业务流程再造，对如何改善应收账款的管理也略有所及，但关于应收账款的风险预防等方面研究欠缺。

最后，希望国内企业增加应收账款管理意识，优化企业账款管理方式，建立完善的管理机制，完善规范应收账款管理流程。

参考文献

[1] 陈卫华.基于流程再造的企业应收账款风险控制研究[D].上海：华东理工大学，2014.

[2] 陈雯君.分析企业财务管理中资金时间价值管理方法[J].财会学习，2018(2)：81.

[3] 凤羽翚、李严锋、叶琼伟.业务流程管理[M].北京：清华大学出版社，2009.

[4] 何颖.应收账款流程再造应用研究——以T公司为例[J].财会通讯，2015(26)：90—93.

[5] 黄艾舟，梅绍祖.超越BPR——流程管理的管理思想研究[J].科学技术管理，2002，23(12).

[6] 蒋书良.ZW公司应收账款管理研究[D].成都：成都电子科技大学，2009.

[7] 李聪.基于ERP的博威动力设备有限公司会计业务流程优化研究[D].哈尔滨：哈尔滨工业大学，2014.

[8] 李国良.流程制胜——业务流程优化与再造[M].北京：中国发展出版社，2010.

[9] 李小霞.我国企业应收账款管理研究[D].北京：北京交通大学，2010.

[10] 刘崇欣.论ERP与企业流程再造[J].企业技术开发，2008，27(1)：106—108.

[11] 宁小博.从业务流程视角分析企业应收账款管理[J].商业会计，2012(10)：95—96.

[12] 史悦君.应收账款的优化管理[J].中国管理信息化，2017，20(2)：32—34.

[13] 王蕾.ABC（中国）公司应收账款的业务流程优化[D].成都：成都电子科技大学，2009.

[14] 夏芳.上市公司应收账款居高不下，总额3.72万亿远超净利润[EB/OL].[2016—11—02].http：//finance.ce.cn/rolling/201611/02/t20161102_17422700.shtml.

[15] 杨隽萍.基于流程视角的应收账款管理体系构建[J].税务与经济，2006(4)：53—57.

[16] 袁秀兰.当前企业应收账款管理的现状与对策[J].会计之友，2005(5)：23—24.

[17] 詹姆斯·哈林顿.业务流程改进[M].北京：企业管理出版社，2002.

[18] Libing Shu. Study on Business Process Knowledge Creation and Optimization in Modern Manufacturing Enterprises [J]. Journal of Procedia Computer Science，2013，1202—1208.

[19] Mahmoud AbdEllatif. Overcoming business process reengineering obstacles using ontology-based knowledge map methodology [J]. Journal of Future Computing and Informat-

ics,2017.

[20] Mohsen Attaran. Exploring the relationship between information technology and business process reengineering [J]. Information & Management, 2004, 41 (5): 585 – 596.

[21] Solvita Bērziša. Research on Risk Management of Flexibility Information Systems [J]. Scientific Journal of Riga Technical University, 2009.

是"雄狮沉睡"还是"凤凰涅槃"

——杭州万事利丝绸集团转型升级研究

王文朋　戴钰慧　何泞苹　童子奇

（浙江财经大学东方学院，浙江 海宁 314408）

摘　要：2013 年 9 月，为促进各国经济繁荣和区域合作，国家主席习近平提出的"一带一路"倡议，重启陆上丝绸之路，丝绸行业面临新的春天。2018 年 11 月 7 日，第五届"世界互联网大会"在浙江乌镇召开，充分体现互联网时代的深入发展，如何应对"互联网＋"浪潮的席卷而来，是如今传统丝绸企业发展直面的重要命题。本文以杭州万事利丝绸集团（以下简称"万事利"）为传统丝绸企业转型升级的研究案例，通过访谈调研，分析总结企业转型发展前面对的问题，对其在"一带一路"及 O2O（Online To Offline，线上到线下）商业模式背景下，企业从经营战略、组织结构、产品定位、技术创新、营销模式和企业文化等六方面转型发展进行研究与分析，从而进行经验总结与行业推广建议。

关键词：一带一路；O2O；转型升级；万事利

一、引言

国家主席习近平在 2013 年 9 月和 10 月提出"一带一路"倡议，该倡议意在重启古代丝绸之路，丝绸之路国际博览会也进一步加强"一带一路"的交流。新时期的"一带一路"构想给予中国新丝绸之路丰富的内涵，体现了中国全球战略的创新。近年来，O2O 商业模式兴起，该模式将线上线下相结合，加强物流与信息流和商流的联系，大大扩展销售渠道。

中国的茧丝绸业涵盖了农业（种桑、养蚕）、工业（缫丝、加工）、商业以及外贸等各个领域。正因如此，它对群众就业问题、拉动内需和出口创汇以及繁荣社会主义市场经济具有重要的作用。尽管政策条件为丝绸业带来新的机遇，但是当前我国的丝绸产业发展还面临着一系列的问题。2013～2016 年，我国丝绸制成品出口呈下降趋势，在 2016 年我国丝绸企业有较大的亏损。中西部地区以及部分东部地区的蚕丝产业多以单纯的种桑、养蚕和初级加工为主，农村普遍存在单户种桑养蚕，茧丝绸企业的生产设备落后，先进技术设备仍掌握在发达国家手中，加工成本大。过半的传统丝绸企业采取代加工策略赚取低廉加工费，导致品牌营销能力较弱，缺少知名品牌。雄狮般的传统丝绸企业不能沉睡，企业亟待转型升级。

本文基于O2O商务模式和"一带一路"政策背景上，探讨传统丝绸企业现状问题。通过万事利转型发展成功案例，通过万事利克服发展问题的具体举措，实现"传统无名"到"知名品牌"的转变。本文总结为转型发展六大方向，对丝绸行业传统企业的转型升级及困境发展提供借鉴参考，为实现传统行业的"雄狮沉睡"到"凤凰涅槃"，提供绵薄借鉴之力。

二、企业转型升级文献综述

面对当前"一带一路"倡议和O2O商业模式背景，传统丝绸企业正处于转型升级的重要阶段，对于传统企业转型升级成为企业管理研究的焦点。总体来看，国外发达国家对于这方面的研究开展较早，研究内容也相对较丰富。

关于企业转型升级的概念，乔伊斯和蒂姆（Joyce & Tim，1995）认为企业转型是企业思考方式的转变。这种转型主要体现在企业的战略方向、心智模式、观念开拓、信息交换、沟通、学习方式及技术改进、过程改进与市场调研等方面[1]。乔纳森（Jonathan D. Day，2000）认为，企业转型是认知思维的飞跃，也表现在组织战略、结构、权利等方面的格局全方位、多层次的变化[2]。王启中（Qi zhong WANG，2012）在《Upgrading for Enterprises from OEM to OBM》中提出企业转型升级应该探索个性化的路径，需要根据企业自有特点，基于技术提升和品牌建设两个方向循序渐进，从简单代工业务到经营自有品牌。徐晓晴认为，企业转型和企业升级含义不同，企业升级指所有过去达不到但对该企业经营有利的事，例如技术进步、营销渠道拓展、新产品研发、产品附加值提高和人员素质提高等；企业转型则是指由于环境变化，企业不得不通过改变品牌或技术来改变自身在价值链上所处位置或所覆盖的位置，以期优化利润结构，保持企业的竞争力。

关于企业转型升级的模式和路径研究成果相对丰富。普遍学者认为企业要想保持竞争力就必须不断提高自身应对市场的应变能力。企业转型升级是其更具盈利能力的过程，对于一个企业来说，升级能够使其获得技术以及市场，给予其更多的市场或者在市场竞争中占据更好的竞争地位。研究制造业的学者认为，通过要素吸收和转化路径的升级、制造模式和产品类型的转换以及市场的调整，实现制造业自身在质量、数量和结构上的均衡发展，使之在新竞争环境下具备保持和创新竞争优势的能力。

企业从代工（original equipment manufacture，OEM）到委托加工设计（original brand manufacture，OBM），逐步实现了品牌自主经营的转型升级目标，企业战略实现质的飞跃，契合了本文对丝绸企业升级定义，目前在行业中也有转型成功企业，该发展过程普遍受到专家的认同。

三、杭州万事利转型升级措施

（一）杭州万事利概况

万事利集团有限公司成立于1975年，是一家主营丝绸文化创意产品，辅以资产经营、生物科技、资本管理的现代化资本企业。

在2005年万事利以两种方式进行改革，根据四种产品进行文化产品的创造与资产模式的转变。首先，公司的结构根据丝绸服装、丝绸文化产品、丝绸工艺品和丝绸装饰进行调整；其次，公司应该从重资产模式转型到轻资产模式，将生产外包，同时专注于设计和研发。继2008年北京奥运会后，万事利参与2010年上海世博会及各大国际盛会，开启高端品牌的宣传。2013年，万事利完成了对法国老牌丝绸企业马克—罗茜（MARC ROZIER）的收购，在行业内独家首创"中国好丝绸"B2C（business to customer，商对客）微信营销平台，提前进入移动电子商务领域。2014年，响应国家"一带一路"政策，进一步拓展国内外市场。万事利集团，走出了一条别样的"传统丝绸产业＋文化创意＋高科技＝丝绸新兴产业"的转型升级之路，华丽转身为传统民营企业的典范。

（二）万事利转型前面临的发展问题

在万事利实现由代工（OEM）向委托加工设计（ODM）过渡，最后经营自主品牌的转型升级之路，以及实施品牌战略转型之前，与绝大多数传统丝绸企业一样，万事利面临四个主要问题：

1. 品牌建立欠佳，品牌的附加值不高

蓬勃发展的化纤面料，以低价开始逐步取代娇贵的丝绸面料。丝绸行业经营状况急转直下，80%靠出口外销为主的丝绸企业纷纷倒闭，杭州的丝绸企业更是从3 000多家锐减到30多家。且万事利等大多数传统型工业生产丝绸企业转型前为国际大品牌代加工丝绸，质量中上乘，却只能收取中低端的加工费。

2. 传统宣传渠道效应弱，销售模式不能与时俱进

传统宣传渠道形式单一，随着互联网等新媒体宣传形式的兴起，传统宣传市场份额与影响日益降低。网络购物的流行、借助各种模式的电商平台、线上销售成为主流模式，线下注重产品体验，实现了线上线下产品无缝衔接。

3. 技术落后，高端人才欠缺

在很长一段时间，中国丝绸产业因为工艺技术落后，品牌意识淡薄，长期停留在粗放生产阶段而沦为西方品牌的原料商和代工厂。一个严峻的事实是：中国生产了全球90%的蚕茧、70%的生丝、45%以上的坯绸，但丝绸工业总产值甚至不及法国的一个零头。

4. 组织结构跟不上企业发展

万事利采用直线职能式组织结构，该种模式为企业初期的高度集权发挥了重要作用。但随着公司的发展，直线职能式出现主要负责人负荷加重，影响决策速度和质量，且各部门负责人权力不对等，导致人员配置缺乏科学性、管理制度缺乏系统性等影响公司发展。

（三）万事利转型升级具体措施

万事利从传统型丝绸企业成功转型，在众多传统丝绸企业中脱颖而出，由"产品制

造"到"品牌塑造"的转变，不仅在营销层面有着卓越的创新力和决策力，在经营战略、产品定位、技术创新等方面同样有着不错的创造力和执行力。根据实施效果的系统分析，万事利在2011~2015年，由于实施品牌战略转型与"互联网＋"模式的融合创新，投入3 650万元的实施费用，获得了4 392万元的保守估算收益，成为如今广为传颂的丝绸品牌。

1. 经营战略方向的转型

万事利的多元化经营使得万事利在极有利的条件下迅速抢占市场，建立"文化丝绸"品牌，成为最初的开拓者。以文化创意丝绸为主业，辅以资产经营、生物科技、金融管理、房地产市场多元化经营，运用"中国特色现代企业管理模式"的现代企业集团，打出万事利自身品牌成效显著。

万事利集团在品牌推广宣传方面不遗余力，所研发的丝绸礼品和国内及世界多个知名企业合作。近几年，从2013年11月收购法国马克—罗茜（MARC ROZIER）到在G20上的大放异彩，再到挖掘爱马仕丝绸控股集团CEO巴黎特，这都是万事利从"文化创造"走向"品牌打造"必不可少的品牌塑造之路。

2. 万事利产品定位方向的转型

万事利赋予品牌附加值，即中国丝绸文化。万事利将礼品分成三大类：政务礼品、商务礼品和社交礼品，对应的顾客群分别为政府、企事业单位和个人。

挖掘中国符号，用文化政务礼品吸引国外友人。让人耳目一新，同时拥有收藏价值。万事利逐渐从低端的丝绸代加工商转型成独立自主具有文化加持的品牌。从北京奥运会到"一带一路"国际合作高峰论坛，万事利每一次都把丝绸文化特征作为出发点，以国礼、纪念品形式亮相，引起国内外不少关注。

开启商务礼品，把握客户文化。万事利除提供一些基于中国文化的基础丝绸文化礼品（如丝绸版名著、名画、丝巾）外，另外根据每一个企事业单位客户自身的特点，将客户独特生动的文化或所想表达的情意加入到丝绸产品之中作为客户个性化的礼品。

结合文化，回归大众。万事利的"祈福彩"，画面洋溢爱意和祝福，同时与丝绸原有功能的结合，使得万事利不仅仅是一个商品品牌，更是代表着家庭与祝福，万事利的文化产品渗透进老百姓的生活。

3. 万事利营销模式方向的转型

万事利作为一家典型的传统丝绸企业，曾采用单一的营销模式，成本高、效率低。万事利通过运用新的营销模式，线上搭建丝绸专业电子商务平台，线下重新开启产品实体体验馆，实行产品线上线下同步营销，实现品牌竞争力提高和宣传渠道扩展，一个崭新的万事利出现在大众面前。

2013年11月，在中华丝绸文化论坛活动现场，万事利集团重磅推出的"中国好丝绸"手机移动电商平台正式发布。自2014年起，万事利线下结合网络宣传以线下店＋展示馆的模式对外展示销售，2015年7月，万事利丝绸生活馆正式上线，运用B2C营销平台提供"体验＋分享"服务，上线首日店铺顾客数量就突破8 000大关。2016年开启O2O线上平台，万事利与金蝶平台合作进行线上销售优质丝绸，开启网上预售模式，即消费者先预定,品牌收集购买数据后再销售,实现线上销售结构柔软性。金蝶连接100云服务平台,该产品快速实现线上线下无缝对接,解决目前传统企业虽触网却无法适应互联网交易节奏的难题。同时与中石油达成合作,依托线上商城展示,线下零售丝绸车载产品。

4. 万事利技术创新方向的转型

工艺技术决定丝绸制品的质量。在技术上,万事利为摆脱技术落后的困扰,开始技术创新之路。开发羊绒触感的丝绸面料、自主研发丝绸双面印花技术、色彩管理系统、与浙大教授合作开发小分子蚕丝技术等,让万事利在产品层面、行业技术、跨界上都遥遥领先。

万事利拥有领先的生产技术,运用IART技术,解决丝绸产品普遍存在透色不均匀的问题,使复杂的图案精细呈现在面料上。这一技术,目前万事利和全球最大奢侈品集团LVMH已达成战略合作;运用色彩管理系统,用精准数字化替代人工经验调色,实现RGB颜色标准与打印CMYK模式的无障碍转换,确保了色差的精确度到达95%。

5. 万事利组织结构方向的转型

随着企业发展,万事利组织结构也应随着外部环境和内部发展战略的变化而调整相应的组织结构,结合传统丝绸企业发展现状,取原组织结构之精华,不断升华为更适合传统企业发展的事业部组织结构。事业部结构如图1所示。

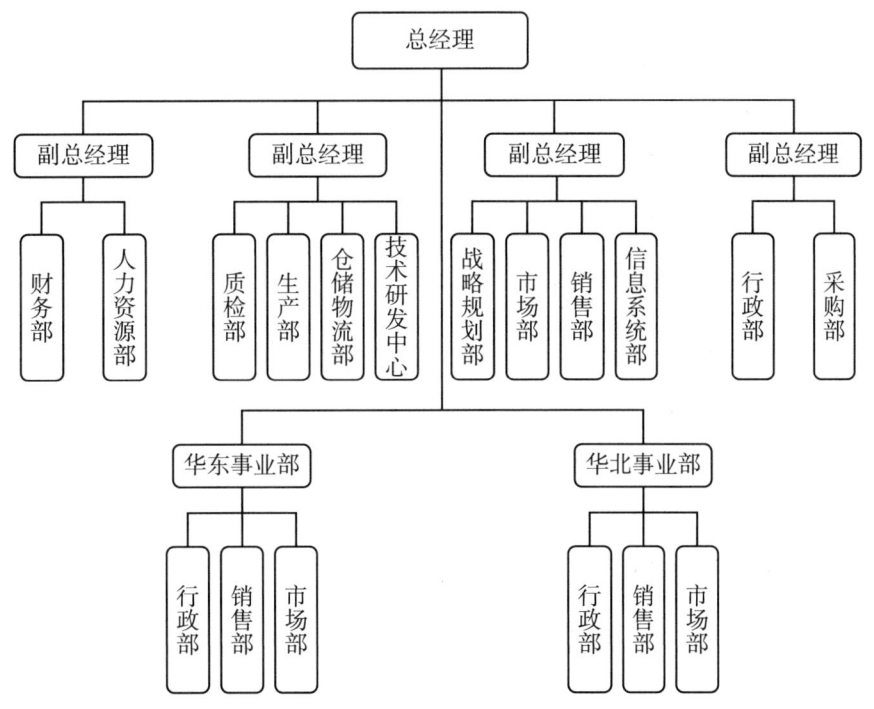

图1 事业部结构

事业部组织结构与直线职能式结构相比主要体现了以下优势:

实现了集权和分权的统一,将企业管理层的部分权力下放;优化下级部门,增设战略规划部和信息系统部统筹设计公司的战略发展;明确各部门职责,将较为重要的事物相对独立，塑造了对市场反应迅速的组织结构，能够对市场变化做出快速有效的反应及决策；提升了公司的整体竞争力，各事业部门除合作关系外存在竞争关系，通过竞争各部门之间的单元价值得到提升。

除此之外，万事利重点调整财务系统，在财务方面问题深入分析并解决；推行《跟踪检查制度》，动态跟踪各业务数据情况。为快速分析财务情况从而有效控制成本，万事利着手信息化建设，利用财务软件进行多维度辅助核算，通过大数据加强各组织层数据共享能力。

6. 万事利企业文化方向的转型

企业想要做大做强，品牌宣传等这些对外的建设还远远不够，还需加强企业内部建设。万事利在企业环境中宣传文化与创新精神。万事利自2013年企业文化建设全面开展，成功树立了"万事以人为本，事利以和为重，利以社会为责"的文化理念，进一步推动了企业更快的发展，使企业文化建设有了明确的目标和方向。同时发展制度、精神文化，以优化组织结构、健全绩效管理制度、建立奖惩机制来创造一种和谐文明规范的文化，引导员工树立正确的价值观。积极鼓励企业员工敬业创业，在丝绸行业角逐激烈的今天，创新精神不失为企业永葆活力的源泉。

四、杭州万事利转型升级经验总结

万事利找出自身存在的问题，在经营战略、组织结构、产品定位、技术创新、营销模式和企业文化等六方面进行全方位的战略转型，成功转型为"知名品牌"，实现凤凰涅槃，创造出更大效益。本文通过对其进行访谈调查研究，基于O2O商业模式与"一带一路"倡议，从以下六个方面总结了具体的传统丝绸企业转型升级建议措施。

（一）打造多元化经营战略

结合"O2O＋技术"，利用线上线下相结合的模式，开启线下体验新模式，为线上拓宽销售渠道，同时拓展产品业务。开展国际战略，在"一带一路"引导下，通过电商丝绸之路打入国外市场，打造高端化异国风情产品。开拓经营产业多元化，增加固定资本，减少市场风险。

（二）灵动调整组织战略，增强信息传递效率

在信息时代影响下，将大数据合理纳入到企业的日常管理活动中，加快信息系统建设。传统企业需及时做出内部调整，其要求企业在大数据时代下清晰组织结构，使组织结构向立体化的事业部转变，增加组织柔软化。

（三）加强创新和文化建设，注重品牌的塑造

依据企业主要消费群体的喜好，围绕"丝绸"在各个领域研发丝绸衍生产品，将品牌渗透到不同的客户群体。深化"老字号"自身的底蕴，同时借助中国文化和历史，为

品牌创建一个"灵魂"。

(四) 研发技术，实现创新

第一，提高制丝创新工艺，优化产品生产技术。积极开发引进高效率设备，增强自身实力。第二，加强O2O商业模式平台的投入，建立企业内部信息系统，将用户订单与企业ERP无缝联结，利用智能机器减少人工支出。

(五) 开放"人头马"营销战略，以服务来衬托产品

服务人员应对产品的功能、质量、特色等了如指掌。丝绸是与文化密切相关的行业，文化营销能够给予丝绸行业以丰富的个性化内涵，即满足人的精神需求。该种营销方式具有个性化、社会性、生动性、公益性等特色，即企业要有自己的特色，充分挖掘社会文化资源并回归社会，对社会公众有益，同时要注意营销技术要灵活、创新、易传播。

(六) 大力建设企业文化，塑造企业灵魂

企业可根据自身情况选择性优化文化，动态适应战略转型。开展一系列文化活动，调整企业整体风貌，力争从员工行动中体现企业价值观；优化组织结构，健全绩效管理制度，建立奖惩机制；将创新创业精神渗透到企业人思维之中，从而带动整个企业从生产到销售具有"新"特征。

五、研究总结及展望

丝绸是非物质文化遗产，重振丝绸荣光是企业社会责任感的体现。在当前国家进行产业结构优化升级和发展互联网经济的关键时刻，如何借助"互联网＋"的管理创新模式，让传统的丝绸制造型企业向文化品牌创造型企业转型，企业必须要解决当下存在的问题，在六个方向实施战略改革。本文以转型成功的企业案例来进一步理解传统丝绸企业落后的原因和本质，熟知企业提升之道，六大方向战略为企业转型升级提供理论参考和现实指导作用，帮助我国其他丝绸企业在激烈竞争环境中快速发展，实现我国丝绸业转型升级，共同推动丝绸产业的更好发展。今后，将继续研究企业在丝绸文化层面的转型升级措施，针对品牌塑造和产品推广进行深入探讨。

参考文献

[1] B. Barbara, H. Philippe. Toward a Definition of Corporate Transformation [J]. Sloan management review, 1994, 35 (3): 101—106.

[2] Joyce Wycoff. Transformation Thinking [M]. Berkley Trade, 1995.

[3] 平萍."一带一路"框架协议下浙江省纺织服装外贸企业转型升级战略研究 [J]. 江苏商论, 2018 (10): 67—69.

[4] 刘晓明,蒋建平,朱东锋.以团体标准推动产业转型升级的路径及实践[J].中国战略新兴产业,2018(44):83.

[5] 蒙丹.经济新常态下我国制造业转型升级影响因素研究——基于贵州省制造业问卷调查的结构方程验证[J].调研世界,2018(11):20—27.

[6] 李伯虎,柴旭东,张霖,林廷宇.智慧云制造:工业云的智造模式和手段[J].中国工业评论,2016(Z1):58—66.

[7] 马翔."互联网+"战略背景下企业转型升级模式研究[J].北京印刷学院学报,2018,26(7):86—92.

[8] 赵娜娜.基于C2B模式下网络个性化定制服装营销模式探究[D].天津:天津工业大学,2017.

[9] 毛婷."一带一路"战略下跨境电商带动中小企业转型路径研究[J].现代经济信息,2018(5):329—330.

[10] 姚丹.中美贸易战对我国跨境电商企业的影响及应对措施[J/OL].现代营销(下旬刊),2018(11):20—21[2018—11—30].http://kns.cnki.net/kcms/detail/22.1256.f.20181109.0948.026.html.

明清时期海宁碑刻文献初探

蔡敏敏

（浙江财经大学东方学院文化传播与设计分院，浙江 海宁 314408）

摘　要：明清时期的海宁碑刻文献以丰富的内容反映了当时社会生活的各个方面，具有特殊的历史文化价值。通过分类梳理与文本细读，结合碑刻研究中的传统分类方法，可以大致将其中较有代表性的作品分为墓志类碑刻、纪事类碑刻、建筑类碑刻三大类。具体而言，墓志类碑刻为我们展现了勤于纺织、恪守妇德的女性形象和皓首穷经、精于治学的男性形象；纪事类碑刻为我们了解海宁的自然灾害史与文学交游史提供了渠道；建筑类碑刻则以寺庙类和书院类碑刻为代表体现了富有地域特色的乡土文化空间的营造。

关键词：海宁；明清；碑刻文献

一、引言

明清时期的海宁碑刻文献主要包括实物和纸质两种留存方式，以纸质形式留存的多见于地方志中。海宁碑刻文献内容赅博宏富，涉及社会生活的方方面面。从资料价值角度来看，碑刻材料都是第一手资料，其当时人记当时事、当地人记当地事的基本特点，决定了这些记述的真实性与可信性。碑刻内容皆围绕海宁当地之人与事，尤其是城镇的土木修建，寺庙、学校的创建与维修，道路、桥梁的修建，以及海宁的潮汐灾害和海塘建设，还有地方民众的生活习俗、家族世系、村规民约等，多为史书所不载，因而具有特殊的历史文化价值。

明代学者徐师曾在《文体明辨》中对碑刻的内容曾作如此分类："故有山川之碑，有城池之碑，有宫室之碑，有桥道之碑，有坛井之碑，有神庙之碑，有家庙之碑，有古迹之碑，有风土之碑，有灾祥之碑，有功德之碑，有墓道之碑，有寺观之碑，有托物之碑。"[①] 毛远明先生在《碑刻文献学通论》中则把碑刻分为记事赞颂、哀诔纪念、祠庙寺观、诗歌散文、图文、应用文、石经、题名题记以及其他几种特殊碑刻等九大类。[②] 结合前人的研究成果，根据明清时期海宁碑刻文献的主要内容，可以大致将其中较有代表性的作品分为墓志类碑刻、纪事类碑刻、建筑类碑刻三大类。其中，墓志类碑刻又以女性墓志铭和学人墓志铭最富特色，纪事类碑刻则可分治潮类碑刻和游记类碑刻，建筑

---

① 徐师曾. 文体明辨 [M]. 山东：齐鲁书社，1997：53.
② 毛远明. 碑刻文献学通论 [M]. 北京：中华书局，2009：172.

类碑刻则以寺庙类和书院类碑刻较为突出。以下试分述之。

二、墓志类碑刻

墓志类碑刻在海宁明清碑刻文献中占比较大，尤为值得注意的是里面出现了不少女性墓志铭，如明正统三年《逸民曹景晖妻姚氏墓志铭》、正统六年《故郭孺人俞氏墓志铭》、正统九年《千乘孺人邬氏墓志铭》、景泰元年《褚孺人墓志铭》、嘉靖十七年《诰封太淑人祝母褚氏墓志铭》等等。

从内容上看，这些墓志铭塑造了极为典型的勤于纺织、恪守妇德的海宁女性形象。据《逸民曹景晖妻姚氏墓志铭》记载：姚氏"谦卑逊顺，勤治丝茧织纴之事""凡三十一年，能使内外之人无怨言。"① 同样，《千乘孺人邬氏墓志铭》记载邬氏"奉承愈谨，略无间言，又以纺绩组纴为业。其奉舅姑也，孝以谨；相夫子也，义以顺；教子孙也，爱以公；御家邦也，温以厉。"②《褚孺人墓志铭》则称其"性资聪慧，蕴德温柔，孝义兼全。孺人克相夫子，以尽妇道。克勤克俭，殚思极虑，昼夜纺绩，成内助之功。"③ 以上碑文不约而同地提到了"勤治丝茧织纴之事""以纺绩组纴为业"及"昼夜纺绩"，可见勤于纺织是当时家庭女性的共同特点。这从侧面反映出当时海宁的蚕丝纺织业生产较为发达，从相关史志的记载中也可以印证这一点。如《修川小志》岁时篇云："四月为蚕月，育蚕之家，各闭户，亲邻不轻入，官府暂为停讼，谓之放蚕忙。"④ 农历四月被称为"蚕月"，是养蚕人家最为繁忙的时间，所有社会活动都必须以养蚕为中心，甚至连官府都因此而停讼放假，可见对于蚕事的重视。此外《西水志略》中也有关于清明风俗的记载："清明前，往天竺进香，连夜鼓棹，止三日而返。清明后，村妇往硖石烧香，孙祖望芝眉有诗云：'要卜今年蚕事好，还须默祷马头娘。'"⑤ 清明进香的风俗，体现了对于蚕事的重视和对蚕神马头娘的崇拜与信仰，也是当时海宁乡镇蚕桑丝织业发达的一个例证。除了勤于纺织之外，这些女性碑主几乎千人一面，谦卑顺从，相夫教子，都是非常符合封建伦理纲常的女德模范。墓志铭中，往往花大量笔墨描写这些女性在处理与夫君、舅姑、子女之间的关系时是如何恪尽妇责，使上慈下孝，内外和睦；而且，经常以充分展示子女的状况来说明作为母亲的功绩，如嘉靖十七年《诰封太淑人祝母褚氏墓志铭》载："子男二：长即继皋，次继夔。女一，婿即尚宝司少卿项锡。孙男四：世恩，邑庠生，世耕、世惠、世读。孙女五：一适海宁卫指挥严守约，一适平湖孙守，一适邑庠生许闻远；其二未行。曾孙男一，以庠。曾孙女二。"⑥ 由此说明，一方

---

① 海宁市档案局，海宁市史志办公室.海宁历代碑记［M］.杭州：浙江古籍出版社，2016：100.
② 海宁市档案局，海宁市史志办公室.海宁历代碑记［M］.杭州：浙江古籍出版社，2016：103.
③ 海宁市档案局，海宁市史志办公室.海宁历代碑记［M］.杭州：浙江古籍出版社，2016：108.
④ 《海宁珍稀史料文献丛书》编委会.海宁小志集成（点校本）［M］.北京：方志出版社，2015：43.
⑤ 《海宁珍稀史料文献丛书》编委会.海宁小志集成（点校本）［M］.北京：方志出版社，2015：277.
⑥ 海宁市档案局，海宁市史志办公室.海宁历代碑记［M］.杭州：浙江古籍出版社，2016：135.

面女性碑主的出现意味着女性也拥有了和男性一样被记录的权利；另一方面，这些碑刻的内容也说明女性并没有改变从属和依附的地位，她们的价值仍然体现在对丈夫、子女及家庭的贡献上。

与此相对，墓志类碑刻中还塑造了皓首穷经、精于治学的男性形象，尤以明清时期海宁学术名人的墓志铭为代表，具有非常强的学术价值，如黄宗羲撰《陈乾初先生墓志铭》值得关注。黄宗羲与陈确同拜刘宗周门下，陈确生前二人曾经就学术观点的不同展开论辩。黄宗羲曾有《与陈乾初论学书》，一方面评价乾初之学"皆发其自得之言，绝无依傍，绝无瞻顾，可谓理学中之别传矣"，[1] 另一方面也对其中观点不同之处提出了批评。而陈确的《与黄太冲书》，则坚持己见，对黄宗羲的观点加以驳斥。直到后来陈确去世，黄宗羲撰其墓志铭，前后历经四稿，首稿只略述其生平事迹，几乎不涉及陈确之学问。事隔几年之后，黄宗羲研读陈确遗稿，对陈确的学术思想有了更深的理解，因此三次修改《陈乾初先生墓志铭》，其中更大量征引陈确著作中的内容。从文中可以看出，黄宗羲对陈确学术思想的理解从表面趋于深化，而对其思想成就的评价更从批评转为肯定与赞赏，这也从一个侧面反映了黄宗羲晚年学术思想的转变。在陈确文集刊行于世之前，其人其学大都有赖黄宗羲撰写的墓志铭而为世人所知，因此具有非同一般的学术价值。值得一提的是，陈确的治学精神惠泽后世，成为海宁陈氏家族文化绵延的重要标志。陈氏家族后代陈鳣，藏书极富，且精于经学，有《经籍跋文》《论语古训》《礼记参订》等经学著作，阮元在《定香亭笔谈》卷二中曾评价他是"浙西诸生中经学最深者也"。吴骞《陈仲鱼〈诗人考〉序》云："乾初先生以理学硕儒传蕺山刘子之业，所著若《学谱》《大学辨》《丧实论》《葬论》诸书，皆有裨于实学，实仲鱼六世祖行也。"[2] 而陈鳣对先人著作亦十分珍视。《拜经楼藏书题跋记》中记载，《大学辨》一书曾为陈确嗣孙东宇所藏，不肯出以示人，"愚谷主人因属陈子河庄（陈鳣号河庄）婉转恳请，始许借录。"[3] 因此《大学辨》一书能传存于世，陈鳣功不可没。

无独有偶，黄宗羲亦曾撰《朱康流先生墓志铭》，对朱氏的论著及学术成就详加分析与评价，其文有云："漳海（黄道周）之学如武库，无所不备，而尤邃于《易》历……其时，及门者遍天下，随其质之所近，止啼落草，至于《易》历，诸子无复著坐之处，相与探天根月窟者，则康流先生一人而已。"[4] 将朱康流视为黄道周易学的唯一传人，可见黄宗羲对朱康流的经学成就的重视与肯定。在《张元岵先生墓志铭》中又称"海昌有穷经之士二人，曰朱康流、张元岵，短檐破屋，皆拼数十年之力，晓风夜雨，沉冥其中"，[5] 将朱康流与张元岵二人视为海宁经学之代表人物，对二人的学术成就详

---

[1] 黄宗羲著、陈乃乾编. 黄梨洲文集 [M]. 北京：中华书局，1959：442.
[2] 吴骞.《愚谷文存》卷一，《续修四库全书》第1454册.
[3] 吴寿旸. 拜经楼藏书题跋记 [M]. 上海：上海古籍出版社，2007：24.
[4] 海宁市档案局，海宁市史志办公室. 海宁历代碑记 [M]. 杭州：浙江古籍出版社，2016：280.
[5] 海宁市档案局，海宁市史志办公室. 海宁历代碑记 [M]. 杭州：浙江古籍出版社，2016：291.

加描述，成为后人了解其人其学的重要途径。

三、纪事类碑刻

无论在墓志类碑刻还是建筑类碑刻中，其实都涉及了纪事。为有所区别，这里提到的纪事类碑刻，是指单纯地记录某事件的碑刻，意在存真，碑文质朴真实，不加夸饰。根据内容的不同，纪事类碑刻又可以分为治潮类碑刻和游记类碑刻，这两类碑刻分别为我们了解海宁的自然灾害尤其是潮灾的治理与当时文人的文学交游情况提供了渠道。

海宁潮乃海宁特有的人文自然奇观，而潮患也是海宁历史上屡次出现的自然灾害。明成化十三年张宁撰《重筑障海塘记》记录了成化年间的巨大潮灾及治理的详细过程。碑文先述受灾之重，"成化十三年二月，海宁县潮水横滥，冲圮堤塘，逼荡城邑，转盼曳趾顷，一决数仞，祠庙庐舍器物，沦陷略尽"。后详述筑塘治潮过程，"命杭、湖、嘉兴官属，因地顺民，采石于临平、安吉诸山"。"初用汉楗绲法，不就，乃斫木为大柜，编竹为长络，引而下之，泛滥稍定"。"岁八月，塘成，适沙涂雍障其外，公因增高培厚，覆实捣虚，使腹抗背负，屹成巨防，而海复故道矣"。文末阐明撰碑文的缘由，"文章非纪实不足以传信，请详述本末，凡有事者皆刻之碑阴，一以张今日之功，一以示后世之法。"① 张今日之功、示后世之法，反映了纪事类碑刻共同的作用，即记录史实，以鉴后人。

与此类似的，崇祯四年陈祖训撰《重修海塘记》则记录了更为惊心动魄的潮灾："潮从东方来北阙，直上折入钱塘江。迩年沙涨，以千顷之涛，束而内之三里之口，扼咽不达，转而喷薄。戊辰秋，狂飓乘之，怒波撼天，弥城笼屋，滨海亿万姓，从树杪浮木觅生活。"后经当时少府刘元瀚为首的主事者们齐心协力，重修海塘堤防，使得"宁邑亿万生命，衽席安之矣。"② 这一工程前后耗时八月，"计费七千余金，工费自司道府协详抚、盐、按三台主之"，历经艰难险阻而人定胜天的气魄，令人动容。

纪事类碑刻中还有一类以游览见闻为记录内容的文体，即游记类碑刻。此类碑刻大多记载海宁的山川胜迹之美，其中尤以清代诗人朱嘉徵的系列游记为代表。朱嘉徵，字岷左，海宁人，著述颇丰。诗学汉魏，多乐府，有《止溪文钞》及诗集钞。年轻时曾与朱一是、范骧等结"十二子社"。朱嘉徵与当时海宁的陆嘉淑、陆弘定兄弟及查容等人一起倡导结社作诗，对后辈影响深远。至查慎行兄弟遂自成机杼，被后人称为海宁诗派。陈勋曾论清初诗派："海宁诗派自陆辛斋（即陆嘉淑）、朱岷左父子、查韬荒（即查容）为国初眉目，至初白（即查招标）、查浦（即查嗣）兄弟以五七字冠冕一时。"③ 可

---

① 海宁市档案局，海宁市史志办公室. 海宁历代碑记 [M]. 杭州：浙江古籍出版社，2016：115.
② 海宁市档案局，海宁市史志办公室. 海宁历代碑记 [M]. 杭州：浙江古籍出版社，2016：227.
③ 袁永冰. 栈道诗钞 [M]. 西安：陕西人民出版社，2010：106.

见，朱嘉徵被视为海宁诗派的代表诗人之一。

朱嘉徵曾先后撰《东山记》《西山记》《南山记》《梅隐记》等，不仅是对当时海宁山川名迹的忠实记录，更颇具文学色彩。如《南山记》一篇，叙与二客同游南山，先从路首"俯瞰迤北纤流如带者"，后"东行，度石桥东折而北，访葛仙翁丹井"，又"北上山椒，坡路稍衍，为走马塘，相传吴越王习兵平山，走马于此"。继而"寻上礼塔院，登危石，骋望于海。云峰千迭，从海面浮来……更折而北，寻览碧云，洞壑之胜，无与比数。从此，石势益怒，回接不断。趋赴赤壁之下，几有观止之叹，而胜情未止也。……复左转为小桃源，石径崎危百折，入者迷不识道。出石澜滩，有酒佣一家，盖不知今是何世者也，与武陵中人无异。"① 几可谓一步一景，读来引人入胜。令人惋惜的是，碑文中所记种种景观如今已湮没无闻，但如果能以文中记录为基础，对相关景点进行重建与开发，相信能够对目前海宁文化旅游业的发展起到一定的促进作用。

四、建筑类碑刻

建筑类碑刻在明清海宁碑刻文献中所占数量不少，建筑类型也多种多样，如寺庙、祠堂、桥梁、堤坝、书院等。这些碑刻往往会如实记录某建筑的始建缘由、修缮经过、主事人员及施工情况等等，对于了解相关建筑的修建历史具有珍贵的史料价值。其中，尤以寺庙和书院最具代表性，体现了富有海宁地方特色的乡土文化空间的营造。

海宁明清时期的建筑类碑刻，比较重要的作者是明代学者沈友儒，沈友儒乃明代进士，是海宁沈氏家族的代表人物。据统计，沈友儒共创作建筑类碑刻11篇，其中以寺庙类碑刻居多，既明确记载了这些寺庙的来历及修缮施工情况，更对其价值有充分认识。如隆庆四年沈友儒撰《重修惠力寺大殿记》，首先简略回顾了海宁惠力寺从东晋至明代的兴废过程，后详细撰述隆庆四年寺僧慧铭从"发精进心，徒跣天竺，稽首如来"，到终成"轮奂具美，实相聿新"的伟绩，并极力赞美了惠力寺"屡坏旋兴，废薨杰构，势薄霄汉，与山川相雄长，慈云法雨，弥久不衰"②的功德。同时，碑刻文献虽为记录史实的应用文体，亦可见撰者文字之美。如万历十二年沈友儒撰《重修南山元帝殿记》中的《迎送神词》："神之来兮导元旗，风凄凄兮万骑随。入新宫兮其乐怡怡，登宸庭兮俯览轩榱。击鼓渊渊兮迭奏笙簴，酒醴苾芬兮牲牷豚肥，荐蒿凄怆兮享此多仪。神之旋兮驭云舆，雷电奔腾兮朱雀前驱。锡福穰穰兮惠我寰区，烽烟屏息兮四境无虞。岛夷悉臣兮极恬熄于海隅，庆一统之文明兮壮万世之皇图"③。对楚辞体的融汇化用可谓得心应手，足可见其文采之盛。

---

① 海宁市档案局，海宁市史志办公室．海宁历代碑记[M]．杭州：浙江古籍出版社，2016：269．

② 海宁市档案局，海宁市史志办公室．海宁历代碑记[M]．杭州：浙江古籍出版社，2016：154．

③ 海宁市档案局，海宁市史志办公室．海宁历代碑记[M]．杭州：浙江古籍出版社，2016：164．

除了寺庙类碑刻之外,建筑类碑刻中另外一个颇具海宁地方特色的门类是书院类碑刻,其中有些书院遗迹尚存,碑刻文献的存在为我们了解这些古迹所承载的文化遗产提供了渠道。清道光二十五年孙元培曾撰《重修仰山书院碑记》,详述仰山书院之创始由来以及兴废过程:"时嘉庆七年(公元1802年),仪征相国阮公镇抚吾浙,颁额曰'仰山',寓高山仰止之意,亦以登书院之楼,可以望见皋亭一角,故云。厥后资用不给,课艺几废,且甬道门阑为工甚巨,事将中辍。赖王、李二州牧、吴太史敬义主持风教,或捐产、或劝助,兼得陈君惟德、陆君颐、许君桂、邹君履墀、汪君澄之筹之甚力,而书院之讲舍以全。……自书院之建也,迄今将四十年,主讲席者皆通经宏硕之儒,镇之士缀巍科、登膴仕者接踵而起……后之人守不易之规,绵绵延延,以及于无穷,则不特科名勿替,于以端士习、正人心、厚风俗,其所益为何如哉!"① 仰山书院初建之时,由于建造费用问题几乎中道而辍,后有赖于仁人志士各渠道捐助得以完成。仰山书院如今遗迹尚在,它在培养人才方面取得了巨大的成就,而且在"端士习、正人心、厚风俗"这样的社会效益上亦发挥了极大的作用,可以说是海宁长安镇优秀文化传统的承载者与标志之一。除此之外,顺治十二年张安茂撰写的《重修海宁县学宫碑记》、康熙十六年许三礼撰写的《重修黄冈书院碑记》等皆可见海宁兴学之风与人文之盛。

从以上论述我们可以看出,传统的海宁乡镇建筑具有相当深厚的文化积淀,这些富有地方特色的物质与非物质文化遗产,塑造了具有典型意义的乡土文化空间,也成为今日海宁文化底蕴的历史渊源。

五、结语

海宁碑刻文献所承载的碑石文化是海宁传统文化中弥足珍贵的瑰宝,经过岁月的沧桑和历史风雨的砥砺磨洗,仍能传承至近现代,绵绵不绝,艺术生命力久远。它不仅为海宁历史文化研究提供原始资料,更集书法、雕刻、文学等艺术为一体,具有很高的观赏与研究价值。从研究现状来看,目前学界已有部分关于海宁碑刻文献的研究成果,②但仍有进一步探讨的空间。限于篇幅,上文仅以海宁碑刻文献中较有代表性的墓志类碑刻、纪事类碑刻以及建筑类碑刻进行了初步探讨,如能进一步将海宁碑石文化与海宁的潮文化、名人文化相结合,使得碑刻文献研究成为新的学术生长点,相信能够为促进海宁地方文化弘扬、旅游文化资源发掘、古建筑保护等各项事业的发展提供丰富的史料来源和历史底蕴。

---

① 海宁市档案局,海宁市史志办公室. 海宁历代碑记[M]. 杭州:浙江古籍出版社,2016:410.

② 如郁震宏《海宁碑刻读后二则》,主要采用碑史互证的研究方法对《邹某生圹铭》与《宋故宗姬赵氏墓碣》进行了考证,见《海宁文博》2018年6月总第七十期,第39~41页。此外,张毅强《从一则旧文看碑刻与方志的存史互补》一文,从碑刻文献与方志在存史功能的互相弥补这一角度对《白刺史祠碑刻》进行了探讨,见《海宁史志》2013年第2期,第48~51页。

参考文献

[1] 徐师曾. 文体明辨 [M]. 山东：齐鲁书社，1997.

[2] 毛远明. 碑刻文献学通论 [M]. 北京：中华书局，2009.

[3] 海宁市档案局，海宁市史志办公室. 海宁历代碑记 [M]. 杭州：浙江古籍出版社，2016.

[4] 黄宗羲著，陈乃乾编. 黄梨洲文集 [M]. 北京：中华书局，1959.

[5] 袁永冰编. 栈道诗钞 [M]. 西安：陕西人民出版社，2010.

从"二重证据法"到"多重证据法"

——兼论新时期训诂学研究方法

高 扬

（浙江财经大学东方学院文化传播与设计分院，浙江 海宁 310048）

摘 要：王国维先生提出的"二重证据法"，作为一种方法论上的创新，其价值不言而喻，尽管有对这种方法论的质疑，但是如果从材料的原始性等角度来判断，这个研究方法无疑是先进的。在训诂学领域，对"二重证据法"的使用，让训诂研究面貌有了重大改观，而于此基础上重视民俗和百科材料的"多重证据法"也逐渐成为训诂学研究的必要方法。

关键词：王国维；二重证据法；训诂学；多重证据法

海宁籍国学大师王国维先生学术生涯兴趣点几经变化，从早年的沉于西哲到后来的致力于教育理论探索，发展到徜徉于文学戏曲，最后投入古典文献、古文字等研究之中。其毕生研究内容涵盖中外，纵贯古今。

静安先生在古代文献研究中，亦有着方法论上的突破，其意义是划时代的，引领着后来学者前行、求索。

一、王国维"二重证据法"的提出

王国维先生对于治学方法论上的贡献无疑就是他所提倡的"二重证据法"。在其《古史新证》中，他指出："吾辈生于今日，幸于纸上之材料外，更得地下之新材料，由此种材料，我辈固得据以补正纸上之材料，亦得证明古书之某部分全为实录，即百家不雅驯之言，亦不无表示一面之事实。此二重证据法，惟在今日始得为之。虽古书之未得证明者，不能加以否定；而其已得证明者，不能不加以肯定，可断言也。"[①]

既重视传世文献书面记载，同时又参考出土的地下材料，是谓"二重证据"。用原始性材料，即新出土的甲骨文、金文、竹简等，来佐证典籍文字记载内容的方法，是对传统文史学科以古籍推演古籍，甚至是崇古不疑的一种革命性突破。

这种研究方法虽然在之前也有如赵明诚等学者提出，但并未成为体系，静安先生将

---

① 王国维. 古史新证——王国维最后的讲义 [M]. 北京：清华大学出版社，1994.

其作了较为精辟的总结，使之上升成为古史学界乃至古代汉语、古代文献等多个领域的学术方法论。陈寅恪曾在《〈王静安先生遗书〉序》中将其概括为"一曰取地下之实物与纸上之遗文互相释证……二曰取异族之故书与吾国之旧籍互相补正……三曰取外来之观念，以固有之材料互相参证"。此外，傅斯年、陈垣、郭沫若等文史学家都对其有所继承发展。

而在中国传统语言学界，随着19世纪末20世纪初卜辞大出，甲、金之学激活了彼时似乎已经在传世材料上陷入困境的训诂学术。"以地下证地上"迅速成为了常见的重要训诂方法之一。杨树达、陈梦家等先辈都常运用出土的甲骨文金文研究语言问题。以杨树达先生为例，先生在《积微居小学述林》中常常使用出土卜辞与传世文献相互比对，留下了《释辱》等不少传世名篇，因此杨树达对静安先生的方法论也持肯定态度："王静安著《释物篇》，据殷卜辞勿牛之文及《诗》三十维物《毛传》异毛色三十牛之训，定'物'字当训为杂色牛，其说确不可易矣。余读《淮南子》，有足证明静安之说者。"① 今古文字学家裘锡圭先生也曾言："古文字资料作为语言研究的对象，确实存在一些缺点……但是另一方面古文字资料显然有比传世古书优越的地方"，② 裘先生认为这种优越主要体现在三个方面：古文字资料年代绝大部分比较明确；古文字资料比屡经传抄刊刻的古书错误少；古文字资料可以弥补古书中商、西周、春秋作品贫乏的不足。

毋庸置疑，"二重证据法"是一种哲学高度的总结，让古代典籍研究不再沉陷于传世文献的匮乏末路和流传谬误泥沼，其价值不言而喻。

二、"二重证据法"在训诂学的认识与使用

"二重证据法"除了在古史研究领域发挥了巨大作用，也深刻影响着同为古典文献研究的训诂学，训诂学作为中国传统语义阐释的学术，一直存在着"本本主义"，甚至到了古人之言一字不易的极端，"二重证据法"则是一个运用实证突破传世文献迷信的利器。

（一）对王氏"二重证据法"的探讨

事物是不断发展的，王国维先生的"二重证据法"也并非是一个绝对无人质疑的真理。其中一个矛盾聚集点就在于，这里的"二重"究竟是哪二重？以及这二重究竟能不能算成是真正的二重？就王先生的文集来看，引用的第一重文献，传世古籍书证，是没有什么问题的，可以说是研究古代历史、文学、语言的不二法门。而第二重证据，即出土的甲骨文金文文字记载，是否可以看成是严格意义上的另一种证据，则要有所考量。

有一种观点认为，王先生的第二重证据和第一重证据并没有什么本质的区别，"既是文字记载，就与古籍记载实际属于同一性质，不过更加可信而已。如果从图书馆、档

---

① 杨树达. 积微居小学述林全编[M]. 上海：上海古籍出版社，2007：97.
② 裘锡圭. 谈谈古文字资料对古汉语研究的重要性[J]. 中国语文，1979（6）.

案馆的角落发现可靠的文件,在史料性质上与地下出土的甲骨的文字记载一样,这是很明白的道理"[1]。也就是说,作为不同载体的文字记录,在某种意义上是不可以视为另外一重证据的。

笔者认为,这种观点有失偏颇。

首先,这种观点是绕开了载体,从内容的角度对不同类的文献进行统一,认为只要是可信的,就不应该再加以大类别的区分,这其实是模糊了材料载体区别和时间区别。出土文献是一种近乎"原生态"的文献,是没有经过后世修改演绎的文献,可信度非常高,而传世文献往往是通过各种传播、考证得来,或许也"可靠",但是这毕竟属于对原始材料的再加工,并不能断言其是否真的真实可靠,何况还会存在一些研究后殊途同归的材料。尤其是在训诂领域,这种模糊材料时间性质的认知是有问题的,在清代训诂学达到了顶峰,涌现了不少大家,他们对经典进行了广泛深入训释研究,成果众多,但是现在来看,其中不少对汉儒的否定其实是错误的,这也就说明了语言的时代性在这一学术领域还是非常重要的,越是靠近研究对象年代的材料可信度越高。而甲骨文竹简等文献的出土,用更为原始的材料,又进一步证明了清儒汉儒的说法也都存在问题。因此,从材料的是否原始性上来看,王国维先生的"二重证据"是没有问题的,材料是应该分为原始和衍生两种,出土与否只是这个划分的外在表现而已。

其次,就出土证据本身来说,文字和器物有不少是一体的,考古发掘中,自身有文字的器物,如鼎钟之类可以较为精确地定位器物年代性质。那么在把这个器物作为证据用于古史和训诂研究时,是否要人为割裂呢?显然答案是否定的。在大量出土器物中,选择最有帮助的含文字器物来作为研究证据是没有任何问题的。因此,在对证据进行分类时候,不应该将文字和器物割裂视为文字一种、器物一种,而是应该按照时间,依据原始性与否来进行区分。

(二)"二重证据法"在训诂学领域的使用

训诂学一直都有着"形训"的传统,即通过文字形体研究词义。早在东汉时期,许慎便在其不朽著作《说文解字》中运用了先分析字形,再通过字形解释词义的诠释方式,只不过参考的字形是小篆。后世的"右文说"甚至把汉字的声旁和词义联系在了一起。1899年始,甲骨文等地下文献大量涌现,"形训"的方法得到了更为丰富有效的材料支持,王国维先生在其学术生涯中后期,便充分利用了这些材料,做出了不少语言考释成果,进而服务于古史研究,如其《观堂集林》中,卷一首文《生霸死霸考》,除了传统的词汇义训方法外,王先生还引用了静敦、冗彝等金文文献证据,用原始的时代性的证据佐证了自己的观点。

在当代训诂学领域,形训,尤其是借助出土甲骨文金文进行形训已经成为了训诂的必要方法,不论是语义语法还是音韵,都不能游离其外。

---

[1] 乔志忠.王国维"二重证据法"蕴义与影响的再审视[J].南开大学学报(哲学社会科学版),2010(4).

古之经学家，尤好为文增义，特别是在不了解语义源头的情况下，根据字形乃至义理来自加揣测，甚至一些大家也不能幸免，《说文解字》尽管被视为语源学不朽之作，但是因其时代局限和材料缺乏，其中谬误也随处可见，而出土文献作为原始材料，则能很好地加以纠正。比如《说文》中对"白"的解释："白，西方色也。阴用事，物色白。从入合二。二，阴数。"这种解释典型的是一种文化阐释，并未对"白"的词义和语源做出分析。

后世对于"白"的本义也是争讼不休：徐复等学者"是皂之上体白，正象米粒。即白字也"，认为"白"为米粒瓜果核仁义；商承祚"殆象天将晓日欲出，故从日而锐其顶，以喻其光色之白也"；郭沫若"余谓此实拇指之象形"，认为"白"通"伯"为"长"义；陆宗达、王宁解释《说文·白部》"白"下"从入合二"："'入'象征日光照进，'二'象征空间，因此'从入合二'是用日光布满空间的情状以喻白色的"。可谓各抒己见，皆有所据。

而如果参考甲骨文等出土材料，把甲骨文金文小篆的"白"字形体加以对比分析，再参考传世文献记载，则可发现当从商承祚等人的"日光"本义说，为"日光"解。考之字形，甲骨文中出现的"白"与之后金文、简帛文已经后来的小篆隶书形体变化并不大，如：甲骨文◇（乙8688，牛距骨刻辞），金文◇（公贸鼎），◇（睡地虎秦简文字），都形似古文"日"◻上端尖锐凸起，一直到许慎《说文》所录的小篆◇亦无大的变化，均为"日"有突起，形似出于日的阳光直射。

从传世文献看，对于日月以及光线的描写，其颜色多为白，宋玉《九辩》："白日晼晚其将入兮，明月销铄而减毁。"《楚辞·大招》："青春受谢，白日昭只。"可见白被作为日光的最基本特性，此外对于光的明亮，先人也描述为白，《玉篇·白部》："白，明也。"上古有些民族具有尚白的观念，比如殷商尚白，《礼记》："夏后氏尚黑，殷人尚白，周尚赤。"因为尚白，殷选在红日当顶时举行祭日活动，因为这时候的光线为古人认为是最"白"的，《礼记》曰："周尚赤，大事用平旦。殷尚白，大事用日中。夏尚黑，大事用昏时。"另外还有其他的尚白的民族，如白狄，名字中就带有"白"，这都属于早期民族对于白的崇拜，也就是一种对于太阳和光明的崇拜，而这种把光等同于白的观念，也和上古文明技术手段缺乏，接触最多的光是日光有关。这些例子为"白"本义为"日光"提供了论据。

正如音韵学大师鲁国尧先生曾表示："把出土文献研究和传世文献研究结合起来，以'地下之新材料'与'纸上之材料'互证，符合先贤创建的'二重证据法'的精神；把上古音研究和古文字研究结合起来，这就是'会通''交融'。"[①] 只有充分把字形、音韵等各个要素紧密结合起来，才能使训诂研究更加严谨和科学。

（三）"二重证据法"在运用出土文献时需注意之处

利用甲骨文、金文、玺印文字、货币文字、碑石文字、简帛文字等进行考释，已经

---

① 鲁国尧．"抢占前沿"和"新二重证据法"、"结合论"——由赵彤《战国楚方言音系》引发的思考[J]．湖北大学学报（哲学社会科学版），2002（8）．

成为一种重要的训诂方法。但出土文献的使用更要谨慎。黄德宽先生在《汉语史研究运用出土文献资料的几个问题》一文曾谈到,"汉语史研究在运用出土文献作为语料时,要重视对出土文献的特点和属性的研究,以避免落入'新材料陷阱'"。① 具体来说这就要求做好语料选择;理清"出土文献"与"同时资料"的关系;确定出土文献的流传与语料地域性。

其中对出土古书类文献时代的鉴别,至少应包括古书的形成时代、抄写时代和埋藏时代的判定三个方面。黄德宽先生的论述是精辟的,我们在运用出土文献时,也不能盲从盲信,而是必须回到语言本身,通过字词使用频率、语法分布环境分析等多种手段,逐步确定出土文献的年代,进而合理地选择传世文献加以比对,去伪存真,科学地开展研究,这样才能充分发挥"二重证据法"的价值。

三、"多重证据法"——"二重证据法"在网络信息化时代的发展

进入了信息时代后,信息化工具渗透到了生活和工作的每一个领域。在训诂学方面,研究方法也有了很大的改变。

首先在文献资料搜集方面,传统训诂研究都是书山文海而不能穷尽。现在,很多工具书和文献,甚至四库全书都有了电子版,同时语料库的诞生,古文字查询系统、音韵查询系统的发明也极大地加快了搜索的速度。其次,随着信息的极大扩展,人们接触的领域不再被局限在自己的专业里,其他的专业知识,只要有需求,通过各种资源库都可以获取。据此,我们提出了训诂学研究"二重证据法"向"多重证据法"的转变。

王国维先生"二重证据法"聚焦于传世文献和出土文献两类,但是在训诂学研究实际中,我们所接触的待训释材料涉及了各种各样的事物,从天文地理到宗法人伦,从鸟兽器物到生产劳作,只要是古代社会中存在的事物,都有可能以文献形式成为我们训诂的对象。古代研究者技术手段不足,拘泥于书本不足为奇,而今人若仍然墨守成规,不能通求于百科,则过于迂腐。

我们认为,面对复杂的古代文献,我们一方面要延续传统,利用传世文献进行考察,比如研究《诗经》时,遇到疑难之处,则考察本书中其他的书证,再求之于同时代的其他文献如《左传》《尚书》等,辅以《说文》等工具书,则多可以理清其义。在此基础上,我们再结合出土的甲骨文金文等材料,从字形以及古文字语篇的语法等方面来考证语源,用历史的眼光考察语言的流变。这是经典的训诂学的方法,早在宋代,朱熹在《诗集传》中就运用了金文与《诗》互证的方法解释了《诗·大雅·行苇》一篇中的"以祈黄耇"。清人吴大澂、方浚益、马瑞辰等也曾用金文解《诗》,而林义光《诗经通解》、于省吾《泽螺居诗经新证》、扬之水《诗经名物新证》、季旭升《诗经古义新证》等都是利用出土文献解《诗》。

---

① 黄德宽. 汉语史研究运用出土文献资料的几个问题 [J]. 语言科学, 2018 (3).

亦举一例：杨树达先生在《诗敦商之旅克咸厥功解》文中，详解了《诗·鲁颂·閟宫》中"敦商之旅，克咸厥功"一句。杨先生不仅采用了文献故训，也广泛考察了数个出土金文的用例，还引用了王静安先生对铭文的阐释，互相印证，推翻了郑玄"敦"为治解，"旅"为众解的笺释。文末杨先生言："按敦之训伐，咸之训终，前人训诂皆不之及，今会合彝铭故书证成其说，知古训之失传者多矣。"①

后人提出在二重证据基础上再增加"民俗"，把"民俗学""民族学""人类学"相关知识视为第三重证据，形成"三重证据法"，民俗文化习惯对于训诂研究的意义绝不亚于传世文献和出土器物，秦地有秦地风俗语言，楚地有楚地风俗语言，如果能具备大的历史发展观和全局观，从过去的民俗记载和现代的民俗情况来着手分析，势必可以发现很多有效的佐证或者辨误的材料。比较典型的是对《楚辞》的语言研究，《楚辞》中展现的楚地语言与中原传统文献语言大相径庭，若单纯以文献角度研究，则失之偏颇，多出土于中原的甲骨文金文文献也都只能从侧面反映楚地文化生活，涉及楚地语言也有时候无能为力。二者充分结合可以解决不少遗留的问题，成为训诂的主要证据，若进行充分田野调查，在楚地发现一些遗留民间的民俗文化，则可有效辅助训诂的确证。今人吴广平教授著有《楚辞全解》，即采用了这类"第三重证据"，引用湖南地区民间的歌谣和习俗解读了《楚辞》中的一些问题。

同时，我们认为，还应该积极采用百科材料，作为"第四重证据"，现代各个学科都在快速发展，但很多知识并非当代独有，都或多或少在古代文献中能找到相关的记录。因此，我们在研究古代文献时必须要把当代百科材料运用起来，这样才能够更加全面的去解释、辨析。比如，在研究古代文献颜色词这个大类的时候，除了用古文字、文献、民俗文化的相关材料来分析，还可以引入现代色彩学的知识，从明度、彩度、纯度等多个角度来分析。这样一来，古代文献中那些对颜色词简单的描写就立刻变得生动起来，真正地可以被我们采用，进而用于实际生活中，可以说这也是古代文献和现代生活实践的一座桥梁。

举例来说，研究《诗经》《楚辞》等上古文献中的植物词语，我们在"三重证据"的基础上，再引入现代植物学的知识，从植物地理、植物生性、植物区别特征等角度，全面科学地开展分析，则《诗经》《楚辞》中的植物就可以明晰地展现在读者眼前，文学形象也得以更加丰满真实。

但是想要做到"多重证据法"的自如运用，难度也还是不小的，一来训诂本身就牵涉了很多精力，从杂乱的文献、文字等内容寻找到逻辑脉络，再推导出词义，已经让研究者很是辛苦，如果再加上百科材料，则极大加重了研究的负担，毕竟百科材料必须要有一定的基础或者投入一定精力才能看懂。二来百科材料往往是当代的，而不少古籍的记载却是模糊的，以今推古是大忌，况且稍不注意就会用百科知识附会到古代文献中去。如何让民俗习俗、百科材料不成为干涉研究的障碍，这是个值得深思的问题。故我们认为必须在多重材料中分清轻重，作为语言研究，语言内部的规则规律是第一位的，

---

① 杨树达. 积微居小学述林全编[M]. 上海：上海古籍出版社，2007.

即语法文字音韵，因为训诂学的研究对象是古代的词句，必须回到彼时的词句环境中进行考察，将语言内部规律视为主要证据没有任何问题。而民俗、百科则是重要的辅助材料，虽然可以给我们很好地佐证或者是启发，但只能被看作辅助证据，切不能本末倒置。从这个角度看，"多重证据法"内部应该是不平等的。

四、总结

王国维先生"二重证据法"的提出，其方法论意义显然是不容否定的，他让我们的古代文献研究不再只依靠传世文献的分析，也重视起新的材料。从本质上说，这种方法论就是提倡要积极利用当代的发现、发明来全面开展研究，我们提倡的训诂学"多重证据法"，也正是基于这种方法论思想，受到了王国维先生的启发而来，因为这个方法论是科学的，与时俱进的。

参考文献

［1］王国维．古史新证——王国维最后的讲义［M］．北京：清华大学出版社，1994．

［2］乔志忠．王国维"二重证据法"蕴义与影响的再审视［J］．南开大学学报（哲学社会科学版），2010（4）．

［3］王国维．观堂集林［M］．石家庄：河北教育出版社，2003．

［4］许慎撰，段玉裁注．说文解字注［M］．上海：上海古籍出版社，1981．

［5］鲁国尧．"抢占前沿"和"新二重证据法"、"结合论"——由赵彤《战国楚方言音系》引发的思考［J］．湖北大学学报（哲学社会科学版），2002（8）．

［6］黄德宽．汉语史研究运用出土文献资料的几个问题［J］．语言科学，2018（3）．

［7］杨树达．积微居小学述林全编［M］．上海：上海古籍出版社，2007．

荀子的"礼法"思想对文明执法之镜鉴

——以浙北 H 市水路交通行政执法为样本

查苏生

（浙江省海宁市港航管理处，浙江 海宁 314400）

摘　要：水路交通行政执法工作是将纸面的法律法规落实到现实社会中，它需要批判性吸收中国传统思想。作为古代儒家思想集大成者，荀子提出的"性恶论""隆礼重法""礼法结合"等开创性的理念，对于今天的水路交通行政执法工作依然具有极大价值。通过分析基础上的整合、调适、吸收，水路交通行政执法工作本身不仅要合法合理，也要文明，水路交通行政执法的目标不仅是矫正，还有教化。

关键词：性恶论；隆礼重法；礼法结合；文明执法

一、引言

作为行政执法外延的一部分，水路交通行政执法工作在法律层面并没有太多特殊性，而在具体执法实践中却存在诸多问题。荀子是儒家思想的集大成者，其开创性的"礼法"思想对于水路交通行政执法具有镜鉴作用。本文尝试对此进行探讨。

二、荀子的"礼法思想"

荀子，战国晚期人，名况，字卿，年十五，便到齐国游学，[1]是儒家思想的集大成者。荀子所处的时代已大不同于先贤孔孟时代，诸侯攻伐兼并，孔子希望借诸恢复周礼而实现天下安定的现实可能性已经微乎其微了。在这样的时代背景下，不论是孔子引"仁"救礼[2]，还是孟子转向人的内在心性[3]，都抵挡不住隆隆兵车声。那么，那个时代的知识精英如何解决现世困惑，如何"兼济天下"的呢？

荀子以礼治思想见长，为儒家思想的精髓，在形式上表现为"隆礼"，最终的目标依然是儒家的"仁"。狭义的礼指的是宗教上的祭礼，而广义的则是伦理化的社会规范。[4]礼在社会层面具体指的是中国古代维持社会、政治、伦理秩序，巩固等级制度，调整人与人之间的各种社会关系和权利义务的规范和准则。[5]"礼"的内涵十分庞杂，其主要功能体现在以下几个部分：

第一部分为"分"。荀子在《荀子·富国》中指出："人之生，不能无群，群而无分则争，争则乱，乱则穷矣。"[6] "分"是根据身份、职位、本分、地位等规定的权利义务，确立每个人的等级，使人各守其职、安分守己。其初衷是为了维护社会的秩序，实现统治者合法有效的统治。[7]

第二部分为"养"。荀子在《荀子·礼论》中指出："礼起于何也？曰：人生而有欲，欲而不得，则不能无求。"[8] "养"是正视人类的欲望而做出的积极回应，通过"礼"的规范与限制使得人们的各种欲望得到满足[9]，所谓"养人之欲、给人之求"。对于人性之欲，几千年的儒家伦理及国家治理策略中都没有足够的重视，导致制度设计多以"君子"为前提预设，一旦遇到"小人"就制度损坏或失灵，这也导致中国不可能产生建立于人性基础上的自然法。荀子希望借助隆礼而积极地顺导和规范人欲，具有开创性价值。

第三部分为"节"。荀子在《荀子·强国》中指出："夫义者，内节于人而外节于外物者也，上安于主而下调于民者也。内外上下节者，义之情也。"[10] 荀子"养人之欲"，那么"欲"的边界在哪里，是否会越界乃至纵欲，如果越界又如何控制？面对这些延伸性问题，荀子不可能不进行深入的思考与应对，因此他提出了"节（欲）"，通过"内、外、上、下"四个维度而设计更具操作性的道德标准和社会规范，构成立体式防护屏障。

因此，荀子之礼，即是依据人的差别确定权利义务，正视人的欲望分配权益与责任，从而形成一套道德标准和社会规范。[11] 对于不守礼之人，法的惩罚是不得已的手段。荀子不但"隆礼"，而且"重法"，法的内容不仅具有法家因素也有儒家成分，而且还有创新，在法制方面的突出贡献在于：将其之前形式上冲突的儒法二家予以改造、糅合，创立了著名的礼法论，主张以礼统法、礼法并用，其基本理路可以表示为：法→礼→仁。这体现出荀子面对现世困惑，不因循守旧，不囿于师承、学说、学派限制的学术品格，以敢于突破、勇于兼采百家的学术勇气，来实现自己"兼济天下"的追求。

荀子所看重的"法"，毫无疑问不是现代法治之"法"，而是大致与法家相同的"政令、法令和刑赏的结合"。具体内容包括：

（1）赏当功，刑当罪

荀子继承并改造了法家思想，强调"无功不赏，无罪不罚"（《君子》），而不是法家强调的：大臣犯法处重刑，匹夫立功予厚赏。这种不将个人的社会身份作为量刑依据的做法，与现代刑法要求的"罪责刑相适应"原则相暗合，具有开创性价值。贯彻赏当功、刑当罪原则需要做到：第一，以公胜私，法乃公器，不可私用，法律面前人人平等；第二，宁僭勿滥，赏不能超越法律，刑不得滥用；第三，禁止刑过其罪，反对重刑；第四，反对轻刑。

（2）治则刑重，乱则刑轻

这与《吕刑》记载的"刑罚世轻世重"所要求的"新国用轻典""刑乱国用重典"完全相反。荀子以"刑称罪"为总前提，要求统治者罪责与刑罚相当，不可恣意。当国家大治之时，应当用"重典"，因为社会大治之时犯罪是个别的个人，不在统治者，用重典顺应民心；而到乱世，因为造成乱世的罪责往往不在于社会中的个体，而是统治者，此时面对社会中的个体犯罪应当从轻处罚。这种思想超越了法家，也超越了儒家。

此外，荀子将"人性恶"作为其礼法思想的基石。荀子认为，欲望始终是人的自然禀赋，始终与恶连在一起，人的自然本性与人的道德本质始终是对立的。[12]这在理论思想往往需要借助于权力推行的时代是非常不利的，诚如高积顺教授所言：在专制社会，帝王的权力不受任何制度或法律制约，任何帝王都无法不为恶，而成熟的专制者总是用善来掩饰恶，在他们以"涂炭天下之生灵""敲剥天下之骨髓"（黄宗羲《明夷待访录》）的方式夺取政权和享用权力的时候，总是装扮成善的化身。打着代表天意为民谋福利的旗号，以欺骗人民，维护自己的统治。而荀子的性恶论正刺中专制者伪善论的要害。[13]

三、浙北 H 市水路交通行政执法中的问题

狭义的水路交通行政执法（以下简称交通执法）是指水路交通部门依法采取的直接影响行政相对人的权利与义务以及对行政相对人权利义务的行使和履行强制进行监督检查的行为。[14]学者认为，文明执法，指行政主体为实现行政目标，依照法律规定，采用适当的方式，执行一定行政行为的活动，兼具形式要求和实质要求。形式要求用文明的方法办案，保证行政执法行为规范、科学，表现为以谦虚谨慎、文明礼貌的态度和言行执法。实质要求执法过程中遵循法律的具体规定，在充分尊重当事人合法权利的基础上，依据正当的法律程序进行公正、公开和理性的执法活动。[15]由此可见，文明执法不仅仅是形式上的文明用语、举止得体，还有实质上内容合法、程序公正要求。而反观 H 市交通执法现状，以下几方面依然有所欠缺：

第一，认识论上，我们的制度设计中并没有蕴含"人性恶"的理念，几千年来的孔孟儒家思想，依然存在于绝大多数人的脑海中，它倡导"性善论"，这对于交通执法行为的监督是不利的。而监督并不只是为了惩罚，而是为了更好地实现制度的目的——秩序、规范、公正、正义等价值的实现，它可以倒逼执法者逐步向这些价值靠拢。

第二，知识背景上，多数执法者并未受过系统的法律训练。从教育背景情况来看：直至今日，基层水路交通行政执法者（以下简称执法者）大多数都不是受过系统法学教育的法科毕业生，比例最大的依然是转业军人，传统的观念也认为军人显得"刚强"，面对行政相对人容易"压"得住，而学校出来的毕业生给人以"文弱"之感，遇到凶悍一点的行政相对人根本无法压制住，这样影响行政处罚指标（任务）的完成。

第三，执法模式和执法思维上，传统的管制模式和压制思维依然存在。之所以如此，一方面是因为执法者自身的知识水平与修养觉悟不高，受"管制思维"影响较重；另一方面是行政相对人的自身素质不高、法律意识淡薄所致。通常遇到的情形是，面对执法者的厉声呵斥，行政相对人受此刺激影响，执法行为可能转化成双方都妄图"压制"对方的语言暴力或行为暴力。从心理层面分析，执法者是希望借助于形式上的厉声呵斥和实质上的法律处罚措施，使得行政相对人尽快认识到违法错误，从而尽快完成处罚事务；而行政相对人受到厉声呵斥，国人的"面子"心理让其产生强大的心理抵触，

一旦出现发泄口，积累的不良情绪就可能全部爆发出来，容易出现非理性行为。粗暴执法的结果不可能使行政相对人真正认识错误、真正悔改，相反，它更容易积压心里的怨恨、对法律轻视和嘲讽。

第四，执法行为上，不规范行为依然存在。在交通执法实务操作中，部分执法者在作出行政处罚前会与行政相对人进行沟通，内部称为"谈判"（法律层面也是行政相对人陈述、申辩权的行使，但并不完全等同）。[①]"谈判"是对于很多执法者而言既是"技术"又是"艺术"，首先，"严格"找出行政相对人涉嫌违法的多个行为，告诉他们每个涉嫌违法行为的法定最高处罚的种类及不利后果，在心理上给予行政相对人极大的压力；然后等待行政相对人请求从轻减轻处罚或者其他情况的出现（如找上级、请托等）；最后执法者以一副"慈善"的面庞告诉行政相对人：按照法律法规的规定，你应当被××处罚，既然你找了上级领导，面子还是要给的，现在××好了；或者既然经常来这里，以后就多来缴费；或者是我们××任务还没有完成，你通过熟悉的船（户）帮我们完成等等。执法者往往无法抵抗上级的招呼（或为规费征收、其他考核任务等），这样便在行政相对人、上级招呼者（规费征收、其他考核任务等）之间寻求满意的平衡。选择"谈判"，对于行政执法人员而言，首要动因是因为法律并未授予他们采取人身自由罚的权力，这直接导致如果行政相对人不接受处罚就陷入被动，次之动因如行政处罚、规费征收、"海事通"信息录入等诸多考核指标（任务）的存在，最后动因在于通过"谈判"使得行政相对人心理上更容易接受和平衡，极大降低行政复议或行政诉讼的可能性。选择与行政相对人达成接受处罚协议，以"给予照顾""今年处罚了，明年只要不出格就不罚"等为交换条件，而行政相对人出于功利考虑，多数都会给予配合。[②] 这些直接导致选择性执法的大量出现，而选择性执法的直接危害就是破坏了法律面前一律平等的原则，它让行政相对人更多地去揣摩实现这种差异的方法途径，进而指导实现自己利益最大化的下一步行为。

四、"礼法"思想的镜鉴与吸收

真正的文明执法，其约束力总是双向度的，既要约束执法者的行为，也要约束被执法者的行为。也就是说，只有执法者严格按照法定程序，有理、有据、规范进行执法，

---

① 谈判行为背后当然是结果导向的利益博弈，双方谈好，案件种类都可以选择，可以在既有的多个行为中选择其中的一个（部分）行为，也可以是"制造"出新的案件。而较多的博弈依然是在罚款类案件中，罚多罚少是有很大商量余地的。双方通过"谈判"，行政相对人很多时候对于处罚不再有异议，他们更在乎的是罚款金额的多少，此时，执法者便开始在裁量基准中找到双方满意的金额，然后通过在询问笔录中增加一句"经过××的教育，我已经认识到了这种行为的严重危害性，已经当场纠正违法行为，希望能够从轻（减轻）处罚"来证明其有从轻（减轻）情节，当然，一般还会附上直接证据以证明其已经改正违反行为，如改正后的照片、所缺证件的复印件等。

② 在基层交通执法实践中，因为这些诸多考核指标（任务）的存在，导致出现一种不规范现象：当行政处罚之外的其他指标（任务）难以完成之时，就以行政处罚为"筹码"进行"谈判"，进而与行政相对人进行"交易"，让行政相对人同意、协助完成其他指标（任务）。

执法者才具有不可被侵犯的权威。[16]而荀子的很多思想早已超出"正统"儒家思想范围，比如"性恶论""隆礼重法"，虽然他自己因此被所谓正统的儒家排斥在"道统"之外，而实际上，在中国两千多年实际政治治理实践中，荀子思想似乎比孟子所起的作用更要大一些，甚至有的外国学者给他戴上了"中华帝国政治文化最重要的建筑师"之桂冠。[17]

首先，荀子从先天的自然本性出发，认为人性是恶的，善来自后天的人为。从客观化的角度来讲，人性之初是善是恶很难实证和量化，这是古今中外亘古不衰的哲学命题。但是从社会治理的角度来看，它却有着自身独特的价值：因为存在人性先天的恶性，所以我们必须"直面惨淡的现实"，不能坐等人性的自行完美，必须用后天的人为节制来理顺先天不足的人性。[18]因为荀子从人性的深处看到了依靠个人美德是不可靠的，所以他才特别强调礼治的裁制性、强迫性、控制性、制度性的刚性力量。[19]这与西方基督教假定人具有"原罪"，但是可以通过后天的努力而"赎罪"的理路颇为相似。因此，认识论上的突破，让人性裸露出来，虽然中国传统中理想的统治方式是通过"内圣"—"外王"的统治者来施行"仁政"[20]，但是能够符合这种标准者并不多见，于是进一步推导出：普通人的人性尚且靠不住，更何况手握权力的专制者。他的这种认识在今天依然具有价值，它启示我们：公权力的行使必须通过人，而社会中的人仅仅依靠人性和道德教化是靠不住的，必须借助于制度，在对权力者的监督中不得假定权力者人性本善。只有假定人性本恶，才可能让制度设计者想方设法通过制度抑制、遏制住人性中的贪婪、私欲，毕竟人性是夹杂着欲望、权力、利益等个体/共性的复杂混合物，[21]只有通过制度才能最大限度实现"不敢腐""不想腐"。

其次，自公务员公开统一招考以来，大部分执法者已经纳入公务员公开统一招考。一般而言，公务员招考会有专业、学历、工作经验等要求，这些招考条件一定程度保证所录人员具备该岗位最低要求的知识背景、工作能力等。但是直至今日，依然有部分地区部分岗位执法者并未纳入公务员统一招考范围，他们的招录方式多元且不统一：有地方的事业单位统一招考方式，有需求单位单独招考方式，甚至还有直接到特定学校招聘的方式，这些招考方式很难保证所录人员具备同一个"尺度"下的知识背景、工作技能等。有学者认为，性恶论是法治理论的哲学基础。该观点的合理性在于性恶论有利于加强掌权者对法律的重视，而其缺陷在于没有认识到人的因素，包括知识技能、人文情怀等。单纯的性恶论只能导致掌权者将恶法作为治民的工具，即导致恶法之治。[22]因此，对于执法者本身的知识技能、人文修养的重视，应该成为现代社会治理基本常识。面对当前执法者招录方式、"门槛"要求不统一的现状，建议将其纳入公务员统一招考，并在招考时对于知识背景、学历层次作出相应的要求。

再其次，执法模式和执法思维需要与时代相契合，而不能固守疾言厉色、呵斥、训导等压制模式，这种"以力压人""以权压人"的执法形式与时代不相符。传统单一的压制型行政执法模式面临着巨大的挑战：执法对象权利意识日益觉醒、维护自身权利的途径和方式也日益增多，而执法主体的约束与监督将日益严密和规范，权力恣肆、蛮横的时代必将逐步消失。为应对这些新的挑战，行政主体既需不断完善原有的行政执法模式,还需适应不断变化的社会环境,创新行政执法模式:从强制型走向说服型、从对抗型走向合作型、从封闭型走向开放型、从扰民型走向亲民型。[23]而当前,行政执法主体依然受到指标指引下的量化考核约束,行政处罚案件数量考核是其中一部分,这种上级的"重处罚、轻治理"的思维与基层执法者的"重压制、少说理"思维具有关联性,"重压制"有利于高效率完成案件数量指标,而是否说理、当事人是否悔错服法、是否起到教育功能,这些只有当事人心里最清楚,它客观上无法被执法者上级所考核。

荀子的礼法思想一方面突出仁义和礼义的教化功能,另一方面又突出礼制的强制性、规范性,使内与外、形式与实质有机统一。荀子强调礼治的刚性、强制性的目的归根结底还是为了使人心道心得到改善。荀子曾提出"信法""良法""治法""义法""道法"等概念,这是礼法的实质内蕴,具有强烈的道德价值判断,是荀子礼法思想所追求的根本精神。在上述概念当中蕴含着"公平""正义"和"善"的价值,"信"即追求法律的稳定性,"治"乃是以社会有序为导向;而"道"和"义"都蕴含着对"善"的价值追求。[24]

这对于当前的交通执法具有极大借鉴价值:执法的目的不仅是为了惩罚和纠正违法行为,更应当突出执法者作为法律代言人的教化职责,使当事人在"心灵"层面能够明白法律背后的价值、目的,只有他们"信"法,才能实现"治"的可能,通过"治"才能达到"善"的追求。

最后,交通执法行为的不规范问题非常复杂,也不是一项政策措施、一部法律法规就能解决的。它既与上文所述问题有关联,又有着自身的独特性,如水运行业不景气时相对固定的罚款额度使得行政相对人无法承受,① 行政相对人提起权利救济后可能遇到执法者运用尺度不一的执法标准打击报复等。

从文明执法的视角来看,严格执法是"内在要求",文明有礼是"外在表征"。但是,在现行的执法考核注重执法结果而忽略执法程序的机制下,实体上的公正因为外在的监督而可以最大限度实现,而程序的合法成为真正的"短板",执法者忽视,行政相对人"重结果、轻过程"以及因为法律知识欠缺难以发现,而法律文书无法还原执法现场,这些都成为程序合法公正的障碍。执法行为中之所以缺少文明礼仪,是因为一来文明礼仪不是考核指标,也无法量化考核,实施中只有案件数量考核;二来传统压制模式和思维能够更快速完成案件数量考核指标。因此,原本可以通过尊重、关心、感化行政相对人,注重依靠思想文化的灌输、价值观念的认同、感情的互动和良好风气的熏陶来达到执法管理目的[25]的行为转化为通过训斥、指责行政相对人,使其在气势、权力的压制之下被动接受处罚。

荀子认为,礼和法的作用,都是规范人的行动,两者的区别在于,"法"是要由赏罚来保障的,而礼依靠教化。[26]但是在广义上,礼、法之功效颇为一致,在荀子那里,

---

① 这在规范层面并没有什么问题,毕竟法律预设的是理性人责任自负为前提。但是,在执法实践中,行政相对人往往对于违法事实供认不讳,而极力陈述请求的是减轻罚款额度,而执法者一般会适当考虑这种请求,因为一旦行政相对人表示无法承担可能会影响案件办理的进度和流程。

"礼法"常常并称，礼成了法的代名词。[27]

虽然荀子的思想体系脱离不了那个时代政治架构、概念术语的影响，但是对于国家治理中礼法的运用，从"技""术"的层面考量，依然具有极大价值。当代执法者，虽然不能完全达到荀子要求的"君子"的高度，但是"君子"的部分人文修养是必需的，如清正廉洁、体恤百姓、造福一方的品质与情怀。这些品质与情怀也与现代法律体系中蕴含的合法性、合理性要求高度契合。同时，荀子礼法的内涵与规范执法行为、实现文明执法在精神上也具有一致性。荀子"隆礼"，继承了孔孟通过伦理道德的教化实现内在约束功能，但是人性属恶，于是辅以"重法"，为那些不受教化之人备之。今日的文明执法就是在"重法"的基础之上"隆礼"，通过刚性、强制执法实现违法行为的惩戒，同时，纠错过程之中的解释法律、说理行为也是为了教化、悔错。古往今来，真正的治理从来都不只是为了单一的惩罚、处罚，惩处只是矫正手段，"善治"才是目标！

五、结语

礼，经过周公制礼、孔子复礼、荀子隆礼三次飞跃，分别阐发出"德""仁""至法"的内涵，从而形成完善的礼治观。[28]纯道德伦理范畴的"礼"，在荀子的加工、整理之下发生了重大转向，"礼"不再沿着前人的预设一路走到黑，而是转向了更加包容、开放的借鉴与吸收，"礼法结合"具有突破性和开创性。即使在今天的"乡土社会"中，维系社会秩序的规范依然有"礼"，礼对于人的约束是内在的，即人通过教化而主动地服膺于礼。[29]不论是日渐城市化的乡村还是高度城市化的大都市，国人头脑中主流的思想意识依然是儒家伦理规范，现代法律作为"泊来品"需要与中国社会实现对接，必须找准中国历史文化中的主流思想。而"礼"恰好是儒家伦理核心，"礼法结合"作为对接方式之一，有利于减轻现代法律与中国传统文化的内在冲突。交通执法是把纸面的法律法规落实到现实生活中，它直接面对活生生的个体、组织、行为、事件……因此，需要依据法律，但也离不开历史文化传统的"羁绊"，将荀子之"礼"予以改造、调适，使之与现代之"法"结合，使交通执法既合法又文明，才是千年文明大国的现代形象！

参考文献

[1][6][8][10][清]王先谦.荀子集解[M].北京：中华书局，1988.

[2][7][13]高积顺.试论荀子礼法思想的独特性格[J].管子学刊，1994（4）.

[3]孙聚友.论荀子的人生哲学思想[C]//山东邹城市孟子学术研究会.孟学研究.济南：山东人民出版社，1998：108.

[4]黄玉顺.中国正义论的形成[M].北京：东方出版社，2015：323-324.

[5]韩德民.荀子与儒家的社会理想[M].济南：齐鲁书社，2001：174-193.

[9]方尔加.荀子新论[M].北京：中国和平出版社，1993：147.

[11]彭岁枫.礼义、礼法与君子——荀子"群居和一"理想社会的构建[M].长沙：湖南大学出版社，2017：52.

［12］王永祥等.燕赵先秦思想家公孙龙、慎到、荀况研究［M］.保定：河北大学出版社，2002：167.

［14］莫于川.通过完善行政执法程序法制实现严格规范公正文明执法［J］.行政法学研究，2014（1）：19.

［15］刘伟志.政府文明执法研究［D］.长春：吉林大学硕士学位论文，2013.

［16］志灵.文明执法不是让法律"委曲求全"［N］.人民法院报，2013-4-21（2）.

［17］［19］［24］邵龙宝.荀子"礼治"思想的内蕴及对"依法治国"的启示［N］.中共贵州省委党校学报，2015（4）.

［18］王俊杰.荀子性恶论中的哲学蕴涵及积极意义［J］.黑龙江社会科学，2000（1）：73.

［20］李德嘉.先秦儒家人性论的法哲学意义新探［J］.求索，2016（12）：19.

［21］查苏生.法律解释视阈下的港口岸线界定研究［J］.中国海事，2018（5）：24.

［22］法苑精萃编辑委员会.中国法理学精萃2005年卷［M］.2005（1）：162.

［23］章志远、范一明.法治与文明同行——张家港市践行国务院全面推进依法行政实施纲要十周年巡礼［M］.苏州：苏州大学出版社，2014：57-59.

［25］熊长权.严格执法和文明执法的统一［J］.城市管理，2004（2）：59.

［26］陆咸.试论荀子"礼法并用"的现实主义精神［C］//陆承曜.传统文化研究第22辑.北京：群言出版社，2015：87.

［27］王杰.礼治、法治抑或人治——荀子历史哲学基本特征的再探讨［J］.理论探讨，1998（6）：71-72.

［28］于语和.中国礼治与西方法治之比较研究［D］.天津：天津师范大学博士学位论文，2001：1.

［29］梁治平.从礼治到法治［J］.开放时代，1999（1）：80.

浅论禅宗的心性伦理

秦团结

（浙江财经大学东方学院法政分院，浙江 海宁 314408）

摘　要：禅宗，作为最具有中国化特征的佛教宗派，与其他佛教派别偏重于理论的建设相比，则偏重于身心的修行实践，而且是道德的践行与智慧的解脱并重；在修行的方法和策略上，主张"直指人心，见性成佛"，强调出世与入世不二的理念。禅宗用"心"即世的修行观及其内在的超越性，使其既有与现时代变化多端的生活方式相通相合的现实意义，也有超越现实指向未来的发展意义。

关键词：禅宗；实践；心性；心性伦理

佛以大事因缘故出现于世，欲令众生开、示、悟、入自己生命中本有的佛之知见，《法华经》说，"诸佛世尊，欲令众生开佛知见，使得清净故出现于世，欲示众生佛之知见故出现于世，欲令众生悟佛知见故出现于世，欲令众生入佛知见道故出现于世"。佛语心为宗，禅宗以明心见性为标的，故又号"心宗"，对佛法理论在很大程度上起到了画龙点睛的作用。佛法以普度众生为目的，故其教化必定在众生中展开，六祖大师所谓，"佛法在世间，不离世间觉，离世觅菩提，恰如求兔角"。人际之间的伦理道德实践便是让人明心见性的必要的、基本途径，这就是佛法常说的智慧与福德——"两足尊"中的福德。所谓心性伦理，是说，禅宗的道德实践活动是每个人依本有的空灵无相的心性之体自觉或不自觉起用的表现；再以心性之用，即人的道德实践，反观那个能时刻形成诸多人际活动或现象的生命本体，所谓摄用归体，即此用而离此用，以此体悟自己生命的本来面目。本文主要是从体用的角度阐述禅宗心性伦理的基本特点。

一、禅宗心性伦理的展开何以可能

首先，理论是实践的先导，没有合理而灵活的理论指导，人们实践就无法达到预期的目的。以注重身心的修行为特征的禅宗尤其重视理论的指导。禅宗以缘起性空、性空缘起的思想为其修行的理论基础。达摩来中国时，以《楞伽经》作为印心的经典；但《楞伽经》是阐述唯识的思想，学理艰深细密，为了容易证入心性的法门，到了五祖宏忍则改用《金刚经》。六祖慧能就是一闻《金刚经》而"心即开悟"，[1]后在五祖宏忍为其讲解《金刚经》中的"应无所住而生其心"时大彻大悟："何期自性本自清净，何期自性本不生灭，何期自性本自具足，何期自性本无动摇，何期自性能生万法。"[2] "善知识，若欲入甚深法界及般若三昧者，须修般若行，持诵《金刚般若经》，即得见性。"[3] 因此，六祖大力提倡《金刚经》作为禅宗使人明心见性的经典。而《金刚经》主要是阐扬般若缘起性空、性空缘起的思想的。永嘉禅师在其《证道歌》中说："有人问我解何宗，报道摩诃般若力。"[4] 可见禅宗以般若思想为指导，以性相圆融不二为宗旨；以性空理论为原则的指导，以法相理论为修证的指标。自达摩至六祖，禅宗"直指人心，见性成佛"的基本思想是不变的，唯有方式随时世的不同而有所改变而已。唯识经典也是禅宗修行依据的经典。唯识所说的层层修证的境界标准是禅宗修行过程中的参照指标。若论差别，则般若性空是禅宗修证的基本原理，而唯识所说具体的修证境界标准则是禅宗修证的纵向的标杆；般若为经，唯识为纬，无经则纬无基础；无纬则经无以体现。唯识的修证境界标准须以般若的性空理论为指导，否则修证会误入歧途；般若的性空法则要以唯识的修证境界为体现，否则有目无足，难成其行。智旭大师在《灵峰宗论》"重刻《成唯识论自考录》序"中说："三界唯心，万法唯识，此性相二宗，所由立也。说者谓一心真如，故号性宗，八识生灭，故称相宗，独不曰：'心有真心妄心，识有真识妄识乎？'马鸣依一心造起信论，立真如生灭二门，生灭何尝离真心别有体也。天亲依八识造三十颂，明真如即识实性，与一切法不一不异，真如何尝离妄识别有相也。龙树中论，指因缘生法，即空假中，是生灭外无真如。楞伽云：'心意识八种，俗故相有别，真故相无别。'相所相无故，是真如生灭非一异，而护法菩萨于识论中最出手眼，直云为遣妄执心心所外实有境故，说唯有识，若执唯识真实有者，如执外境，亦是法执。噫！苟得此意，何至分河饮水哉！尝论之，性随相转，何性不相？设不遍达诸相，无量差别，安知妙性具足如斯染净功能？相本性融，何相不性？设不深知一性圆顿满足，安知诸相无非事事无碍法界？"[5]

以禅宗而言，性相即是心的性相，此心不是与物质相对的人的精神，而是物质与人的精神共同的本原。此心本身空灵无相。因其空灵无相，故称"真空"；因其能成就万物，故称"妙有"。真空即妙有，妙有即真空。空非断灭，空能显有，故称"真空"；真即如实不虚，真空即简别断灭空；有非妄执所成之幻相，有依真空而显，故称"妙有"；妙有虽有，而当体即空，故妙有显真空，即用中显体；真空虽空，而能成诸法万相，如眼现诸色，耳现诸声，即是依空体而显发万用。心性成体成用，而不著体用。于体用一如而无所障碍；心之体性应无所住而成其用，在体之时，不住其寂，必发而为用，用中显体；在用之时，不著其相，必即此用而离此用，善用归体，离一切相即一切法。

禅宗不从概念理论上抽象地探讨性空妙有的理论，而是将其落实在人人具有并且能感受体悟到的心性上，以心性的作用去显示、阐发空有不二的道理。既然万法唯心，一切事物因心显现其相状，那就应该即事即物而明心，于事物的发展变化中反观显现事物变化相状的那个空灵无相的心性，所谓"直指人心，见性成佛"，如：

秦跋陀禅师，问生法师曰："如何说涅槃之义？"曰："涅而不生，槃而不灭，不生不灭，故曰涅槃。"师曰："这个是如来涅槃，哪个是法师涅槃？"曰："涅槃之义岂有二耶，某甲只如此，未审禅师如何说涅槃。"师拈起如意曰："还见么？"曰："见。"师曰：

"见个甚么?"曰:"见禅师手中如意。"师将如意掷于地曰:"见么?"曰:"见。"师:"见个甚么。"曰:"见禅师手中如意堕地。"师斥曰:"观公见解,未出常流,何得名喧宇宙。"拂衣而去。[6]

盐官海昌院齐安国师:有讲僧来参,师问:"座主蕴何事业?"对曰:"讲《华严经》。"师曰:"有几种法界?"曰:"广说则重重无尽,略说有四种。"师竖起拂子曰:"这个是第几种法界?"主沉吟。师曰:"思而知,虑而解,是鬼家活计。日下孤灯,果然失照。"[7]

东京净因继成禅师,同圆悟、法真、慈受,并十大法师,禅讲千僧,赴大尉陈公良弼府斋。时宋徽宗私幸观之。有善《华严》者,贤首宗之义虎也。对众问曰:"吾佛设教,自小乘至圆顿,扫除空有,独证真常,然后万德庄严,方名为佛。常闻禅宗一喝能转凡成圣,与诸经论,似相违背。今一喝若能入吾宗五教,是为正说,若不能入,是为邪说!"诸禅视师,师曰:"如法师所问,不足三大禅师之酬,净因小长老,可以使法师无惑也。"师召善,善方应诺。师曰:"法师所谓愚法小乘教者,乃有义也。大乘始教者,乃空义也。大乘终教者,乃不有不空义也。大乘顿教者,乃即有即空义也。一乘圆教者,乃不有而有,不空而空义也。如我一喝,非唯能入五教,至于工巧技艺,诸子百家,悉皆能入。"师震声喝一喝,问善曰:"闻么?"曰:"闻!"师曰:"汝既闻此一喝,是有,能入小乘教。"须臾又问善曰:"闻么?"曰:"不闻。"师曰:"汝既不闻,适来一喝,是无,能入始教。"遂顾善曰:"我初一喝,汝既道有,喝久声消,汝既道无,道无,则原初实有,道有,则而今实无,不有不无,能入终教。我有一喝之时,有非是有,因无故有,无一喝之时,无非是无,因有故无,即有既无,能入顿教。须知我此一喝,不作一喝用,有无不及,情解俱忘,道有之时,纤尘不立,道无之时,横遍虚空,即此一喝,入百千万亿喝,百千万亿喝,入此一喝,是故能入圆教。"善乃起再拜。师复谓曰:"非唯一喝为然,乃至一语一默,一动一静,从古至今,十方虚空,万象森罗,六趣四生,三世诸佛,一切圣贤,八万四千法门,百千三昧,无量妙义,契理契机,与天地万物一体,谓之法身。三界唯心,万法唯识,四时八节,阴阳一致,谓之法性。是故《华严经》云:'法性遍在一切处。'有相无相,一声一色,全在一尘中含四义,事理无边,周遍无余,参而不杂,混而不一,于此一喝中,皆悉具足,犹是建化门庭,随机方便,谓之小歇场,未至宝所。殊不知吾祖师门下,以心传心,以法印法,不立文字,见性成佛,有千圣不传底向上一路在!"善又问:"如何是向上一路?"师曰:"汝且向下会取。"善曰:"如何是宝所?"师曰:"非汝境界。"善曰:"望禅师慈悲!"师曰:"任从沧海变,终不为君通!"善胶口而出,闻者靡不叹仰。[8]

洪州百丈山怀海禅师:一日侍马祖行次,见一群野鸭飞过。祖曰:"是甚么?"师曰:"野鸭子。"祖曰:"甚处去也?"师曰:"飞过去也。"祖遂把师鼻扭,负痛失声。祖曰:"又道飞过去也。"师于言下有省。[9]

潭州沩山灵祐禅师:游江西参百丈,丈一见许之入室,遂居参学之首。侍立次。丈问:"谁?"师曰:"某甲。"丈曰:"汝拨罏中有火否?"师拨之曰:"无火。"丈躬起深拨得少火。举以示之曰:"汝道无这个,聻!"师由是发悟礼谢。[10]

以上公案有一个共同特征，即当下的情境，让被问的对方当下直观自己的那个空灵无相的心性。所谓，心不孤起，必依境而起，境不自境，必依心而显境。此心性体本无相，绝诸对待，必于其显现万相的用上体现，如"拈起如意""竖起拂子"之境，就是心性的作用体现，故境不自境，必依心而成境，境即是心，一切万法万物无不是心，《楞严经》卷一所谓"一切因果，世界微尘，因心成体"。禅宗祖师就是要借各种当下情境让人直指直觉自己的那个能够显现万物的心性。但生法师和那个讲僧却见色不见心，只是从概念上理解佛法，而不是在实际的情境中去体悟佛法，没能够把佛法融会于己心，以禅宗而言，就是"心"外求法。但另一方面，若把心性执著在"拈起如意""竖起拂子"等有限的具体的情境上，就会因心性所显现的具体有相的情境的变灭而误把心性看作有生有灭的，就会产生断灭空的邪见。心性有随缘的一面，如即色明心，即"拈起如意""竖起拂子"而反观觉悟自心；也有不变的一面，它不会随具体情境的变灭而变灭，它于起"拈起如意""竖起拂子"的一刹那之用而离此用，心性是本无所住而成其用的。心性是随缘与不变的统一，是随缘不变，不变随缘的；唯其随缘，才能不变，唯其不变，才能随缘。如果说上面所引的前两个公案从现象上侧重体现了心性随缘变现的一面，那么，后两个公案则侧重上体现了心性随缘不变的一面。

马祖，即一群野鸭飞过的情境问怀海禅师："是甚么？"，从即色明心的角度是让怀海禅师直觉能"见"一群野鸭飞过的情境的自己的那个心性，但怀海禅师却是见色不见心，舍本逐末，说是"野鸭子"。马祖再问"甚处去也"，意谓，心性虽然随缘显现为见境的作用，但不会随野鸭飞过的情境的灭去而灭去，其本身是即此用而离此用，随缘不变，如如不动的。但怀海禅师依然执著在色境回答："飞过去也。"马祖即刻扭住其鼻问："又道飞过去也"，师才言下有省。心性若是如野鸭飞过的情境那样灭去，当被扭鼻时，怀海禅师的心性就不会再次起用而"负痛失声"了。

百丈拨火的公案所体现的禅意几乎与马祖扭鼻相同。百丈问沩山禅师："汝拨垆中有火否？"，是即当下的情境而指向沩山禅师心性；但沩山禅师没有即境会心，只执著在垆中火上，答"无火"。百丈亲自去拨出了少火，并举以示沩山禅师："汝道无这个，聻！"师由是发悟礼谢。火有起灭，但能显现火有起灭的心性是不生不灭的。《楞严经》卷四罗侯罗"击钟辨性"就是发明心性不生不灭的主旨。

当然，以上还是从理论的角度说明禅宗注重以现实而当下的不生不灭的心性作为道德实践的基础。以禅宗而言，一落言栓，便成槽臼。所以，禅宗祖师接人时很少说道理，因为，一讲理，对方就不由自主地用分别意识去思索，向外攀缘，《楞严经》卷二所谓"聚缘内摇，趋外奔逸"；他们总是即当下的情境让对方体悟自己的心性，而且如百丈拨火和马祖扭鼻的公案，说话都是语带双关，明指色境，实指心性，就看对方能否当下即境悟心。理解的东西未必能体悟，而体悟的东西却能深刻地理解。

其次，禅宗道德修养何以可能？也就是说，禅宗道德修养所依据的现实基础是什么？由上可知，禅宗不是抽象地谈论佛理，而是要人在现实生活中首先要找到一个修行的现实基点，这个基点必须是真实不虚的，能够作为修行一切功德的载体，否则一切修行必将落入断灭空。这个基点就是禅宗所说的"直指人心，见性成佛"的心性。此心性如《楞严经》中"七处征心""屈指飞光""观河之见""八还辨见""击钟辨性"以及对因缘自然、和合不和合的辨析所显示的特征：不生不灭，不来不去，不增不减，不可还原，非精神非物质而即精神即物质，非因缘非自然而即因缘即自然，非和合非不和合而即和合即不和合，"离过绝非，法尔现证"。[11]智旭大师说："《楞严经》以'不生不灭'为本修因，然后圆成果地修证。"[12]此"不生不灭"的"本因"就是禅宗所谓的心性，它能够变现世间一切现象，是一切道德意识的来源，在此真实不虚的心性基础上才能展开一切善恶、染净、转烦恼为菩提、转识成智等道德的实践活动。

二、禅宗心性伦理修养的途径

虽然禅宗转识成智、明心见性的方法因人而异，如珠之走盘，不拘一格；但物有本末，事有终始，知所先后，则近道矣，在伦理道德的实践中还是有原则性的方法或途径，主要有以下几方面。

（一）信

《华严经》云："信为道源功德母，长养一切诸善根。"佛法大海，唯信能入。信分为信他，信自，信自他不二。信他。信佛所说，一切众生皆有佛性，只因妄想执著而不能体认证得；信自。信佛所说，一切众生皆有佛性，从而于一切境界之中当下反观自性，明心见性，见自性之佛，证悟佛所说皆真实不虚。六祖说："迷时师度，悟了自度。"[13]"迷时师度"即是信他；"悟了自度"即是信自。信自他不二。明心见性之后，始真信心佛众生三无差别，是法平等，无有高下；"青青翠竹，尽是法身；郁郁黄花，无非般若。"[14]

（二）发菩提心

不发菩提心，修诸善业，则为魔业。发菩提心有两个阶段，一是明心见性之前，发菩提心就是发普度众生的大愿、大心。二是明心见性之后，发菩提心即是发现自己本有的菩提心、佛心，明心见性才能真正地发菩提心；所以明心见性为修行的关键："不识本心，学法无益；若识自本心，见自本性，即名大夫、天人师、佛。"[15]未明心见性前，即未见菩提心前，所发菩提心只是一种信念；明心见性后，觉悟了菩提心，则明白菩提心是自己本身就具有的，与自己的一切言行时时不离，菩提心就是一种自己可把握的现实；强调悟后起修，转识成智，"高高山顶立，深深海底行"。[16]

（三）由心达行的道德动机论

禅宗强调于起心动念的当下为善去恶；对戒律的奉行以持心戒为主，从心上下功夫。如六祖的自性戒、定、慧、解脱、解脱知见、无相忏悔、四弘誓愿以及无相三归依戒等无不是从每个人自己心性上着眼。

（四）入世与出世不二的道德修行

六祖说："佛法在世间，不离世间觉，离世觅菩提，恰如求兔角。"[17]

禅宗的道德践履就其内容来说，基本的行为就是奉行佛教的戒律，与佛教其他宗派的道德践履没有本质的不同。其主要的特征在于，即世俗而修善，不脱离平常日用中，念念为善去恶，念念去除执著，自净其意。首先从思想念头的起灭上下手，闲邪存诚，以至于善恶也不执著，即用善念而不为善念所碍。其次，言行上，如护念一样，防非止恶，转恶习为善习，进而于一一善行中不执著，即不为善行所缚。禅宗以世俗的道德修养为基础，进而更以出世的道德修养为标准。禅宗伦理的出世性是其超越世俗的一面，这就要求它的道德修养的标准要远远高于世俗的伦理要求。它以现实的、世俗的道德标准为基础，以生命的自由自在为追求目标，因而要付出更大的艰辛。特别要说明的是，禅宗入世与出世不二的修行方式当借鉴马克斯·韦伯的《新教伦理与资本主义精神》中基督教伦理只注重其入世性而忽略了出世性所带来的深重弊端。禅宗伦理只有保持其出世性、超越性才能使其不局限于一定时代的条件，而随时代的发展而发展。

三、禅宗心性伦理的现代意义

不离世间而修善业，符合现代生活快节奏的特征，容易把禅修与生活结合起来，使禅更好地融入世间、融入社会，而为更多的人所了解、接受、践行，如历代的士大夫、居士于世间修禅而成就出世间的功业。另外，以禅的道德践行方式，用佛教的伦理思想净化人的心灵，增进人们彼此的融合关系，从而和谐家庭、人际关系，和谐社会，这是就禅宗伦理对现实社会有益的方面而言。应该警惕的是，禅宗伦理对现实社会的益处是其"即世"的一面；就禅宗的本质，即成佛度众生，到达大自在大解脱的目的而言，禅宗伦理还有更重要的一面，即"出世"一面。对于世俗社会而言，如果禅宗伦理只有"入乎其内"的一面，就无法表现其超越的一面，禅宗伦理就会变为世俗伦理的一种，从而失去其应有的特性，就会如韦伯所说的基督教伦理由其天国性而成世俗性而难以自拔，失去其更大的价值意义。而有了禅宗伦理"拔乎其外"的超越性一面，即超越人之思想、言行上的邪恶、阴暗、不健康的一面，使人趋向光明、健康的方向，这样才能使禅宗及其伦理思想既有长久地服务于社会的一面，又不失其独特性、超越性的一面。服务社会是其存在和发展的基础；"拔乎其外"的超越性是其目的和归宿。只有服务社会，禅宗伦理才能更好地存在和发展；只有"拔乎其外"的超越性才能更好、更有前瞻性地服务于社会。这两者应该是相得益彰的。

参考文献

[1] 坛经 [M]. 北京：北京燕山出版社，1995：26.

[2] 坛经 [M]. 北京：北京燕山出版社，1995：40.

[3] 坛经 [M]. 北京：北京燕山出版社，1995：60.

[4] 瞿汝稷. 指月录 [M]. 四川：四川出版集团巴蜀书社，2006：173.

[5] 蕅益大师全集第六册 [M]. 福建：福建莆田广化寺，1992：243.

[6] 瞿汝稷. 指月录 [M]. 四川：四川出版集团巴蜀书社，2006：27.

[7] 瞿汝稷. 指月录 [M]. 四川：四川出版集团巴蜀书社，2006：241.

[8] 瞿汝稷. 指月录 [M]. 四川：四川出版集团巴蜀书社，2006：878—879.

[9] 瞿汝稷. 指月录 [M]. 四川：四川出版集团巴蜀书社，2006：199.

[10] 瞿汝稷. 指月录 [M]. 四川：四川出版集团巴蜀书社，2006：355.

[11] 蕅益大师全集第二册 [M]. 福建：福建莆田广化寺，1992：407.

[12] 蕅益大师全集第六册 [M]. 福建：福建莆田广化寺，1992：187.

[13] 坛经 [M]. 北京：北京燕山出版社，1995：43.

[14] 瞿汝稷. 指月录 [M]. 四川：四川出版集团巴蜀书社，2006：169.

[15] 坛经 [M]. 北京：北京燕山出版社，1995：40.

[16] 瞿汝稷. 指月录 [M]. 四川：四川出版集团巴蜀书社，2006：280.

[17] 坛经 [M]. 北京：北京燕山出版社，1995：71.

教学改革与创新创业

《办公软件高级应用》课程微课设计与实践*

王 懿

(浙江财经大学东方学院,浙江 海宁 314408)

摘 要:《办公软件高级应用》课程是一门实践性极强的课程,因此在本课程的教学中,将课程的重点、难点、疑点制作成微课视频,发布在网络课程,让学生可以在课前、课中、课后利用碎片时间进行学习,能激发学生的学习兴趣,提高学生的学习效率。本文基于当前的教学现状与学生学情分析,结合教学大纲设计了系列微课视频,并以"Excel逻辑函数"为例探索了微课的设计和制作,探讨了适合本课程的微课教学设计与实践。

关键词:办公软件高级应用;微课;设计

一、引言

微课在国外的起源最早可追溯到 1960 年,由美国阿依华大学附属学校提出。当今普遍将微课的产生归结为美国北爱荷华大学勒罗伊(Leroy A. McGrew,1993)[1]教授所提出的 60 秒课程(60-second course)以及英国纳皮尔大学基(T. P. Kee,1995)[2]提出的一分钟演讲(the one minute lecture)。虽然学者们对微课有不同的定义和解释,但是我们认为微课是以教学视频为主要载体,反映教师在课堂教学过程中针对某个知识点或教学环节而开展教与学活动的各种教学资源有机组合,时间一般不超过 15 分钟[3]。随着国内外微课研究的日渐升温,越来越多学者们开始逐渐将目光聚焦到微课实践应用领域,通过教学实践对微课的概念、内涵、特征等进行全面深入的研究[4],但是基于《办公软件高级应用》课程微课设计与实践的研究还很少。《办公软件高级应用》是一门操作性极强的课程,随着互联网、智能手机的普及,给当前办公软件高级应用课程的教学带来了巨大的机遇和挑战。为了解决学生难以在长时间的教师讲解、操作演示环节保持高度注意力集中,大班教学老师难以兼顾到所有学生,师生互动效率低下等问题,本课程在教学环节将知识点设计成学生感兴趣的微课视频,并将其上传到网络课堂上,学生可以根据自己的学习情况观看视频复习,还可以在讨论区向教师提问,提高师生之间的互动效率,充分调动学生学习的积极性,课后学生可以对微课教学进行评价。

---

* 课题项目:2018 年院级一般课堂教学改革项目(2018JK08)

二、课程教学现状与学生学情分析

（一）教学现状分析

办公软件高级应用传统教学模式以单一教学课件及教师课堂演示操作为主，在长达45分钟的教学中，学生很难全程保持注意力高度集中，在长时间的演示讲解环节容易产生疲倦感。因为通识选修课是大班教学，在讲解环节之后的实践操作练习中，100多名学生，只有一位老师，导致学生有问题难以得到老师的及时指导、解决，师生互动效率低、效果差。长此以往，学生失去学习的主动性，学习效果不理想。

（二）学生学情分析

《办公软件高级应用》作为一门通识选修课程，选修的学生不限年级不限专业。它的前导课程是《互联网及办公软件基础》，虽然所有学生在大一第一学期都已经学习过这门前导的基础课程，但是各专业各年级的学生对基础知识的掌握程度还是有很大差异的。很多学生的基础掌握不够扎实、不够系统，所以在教授这门新课的时候，在讲授新知识点的同时，也要穿插基础知识的复习，这样学生就可以在复习巩固了基础知识之后，去学习掌握Office的高级应用。比如在Word篇的长文档编辑中，有多级列表、样式、题注、交叉引用、域等操作，因此在讲解这个内容之前，需要先将这些知识进行分解，让学生在复习了基础知识之后，先将各个知识点在单项操作里面进行运用，然后再讲解长文档的编辑，将零散的知识点串联起来综合运用，这样学生就可以循序渐进地学习和掌握Office高级应用中的新知识，从而提高学习效果。

三、微课设计与制作

（一）本课程特点

《办公软件高级应用》课程在我院作为一门通识选修课程，授课总学时为48学时，其中理论16学时，实验32学时，每周三节在实验室授课，教学采用的AOA评测软件中所带的题库跟浙江省计算机等级考试二级用的是同样的题库，教学过程一般是教师讲解知识点并演示相关操作，学生在评测软件里做对应的练习。本课程具有较强的实践性，掌握Office软件的高级应用必须重视实践操作环节，在实践中不断提升学生运用软件的能力。

（二）教学内容设计

当前Office软件已成为日常办公必不可少的工具，《办公软件高级应用》课程在整体介绍Office软件功能及操作基础上，重点以实例为线索介绍Word、Excel、Powerpoint等软件的高级使用功能，为中长文档设计排版、经济数据统计分析、演示文档制作、数据库管理等打下坚实的基础，也为日后步入社会做好必要的操作技能准备。另外，《办公软件高级应用课程》的教学内容还与浙江省计算机等级考试二级证书高度相关，该证书难度中等，具有一定的含金量。因此，在微课设计上除了结合教学大纲充分考虑到学生实践能力的培养之外，还应将计算机等级考试相关知识点纳入微课设计范畴，使学生在完成了本课程学习后，能参加等级考试获取证书，从而提高学生学习的积极性。

在分析了教学目标，教学内容和学生学情之后，我们根据教学大纲及等级考试要求，选取了各章节部分知识点制作了17个微课视频，相关信息如表1所示。其中Word部分7个（编号1～7）：包含的知识点有主控文档与子文档、分隔符与页眉页脚、索引、邮件合并、多级列表、题注、域；Powerpoint部分3个（编号8～10）：自定义动画、效果选项（自动翻转）、触发器；Excel部分7个（编号11～17）：包含的知识点有数组公式、查找与引用函数、逻辑函数、计数函数、数据库函数、数据筛选和数据透视表/图。在微课设计中，我们先介绍知识点，再结合案例直观演示具体的操作，在演示过程中加入知识点的讲解，使学生能够加深理解。

表1 《办公软件高级应用》课程微课信息

	知识点	教学目的	微课时长	微课设计	应用与实施
Word篇	1. 主控文档与子文档	掌握主控文档与子文档之间的关系及相关操作	6分6秒	（1）介绍知识点；（2）实例演示相关操作	在网络课堂发布，学生可在课前观看预习；课堂练习环节，学生可反复观看视频完成对应的作业练习，教师随堂在AOA评测软件（课程教学软件）布置对应知识点的测验，根据学生的测验成绩来评估微课教学效果；课后学生也可自行通过以上途径观看视频进行复习
	2. 分隔符与页眉页脚	掌握分隔符的用法，特别是分页符和下一页分节符的区别；掌握页眉页脚设置	10分53秒		
	3. 索引	掌握索引的创建	6分20秒		
	4. 邮件合并	掌握邮件合并的应用	5分17秒		
	5. 多级列表	掌握创建多级列表的方法	7分12秒		
	6. 题注	掌握插入题注，题注的交叉应用	3分36秒		
	7. 域	掌握域操作	4分38秒		
Power-point篇	8. 自定义动画	掌握插入动作按钮；进入、强调、退出、动作路径等动画编辑	4分45秒		
	9. 效果选项（自动翻转）	掌握效果、自动翻转、计时等动画编辑	3分39秒		
	10. 触发器	掌握触发器的运用	4分19秒		
Excel篇	11. 数组公式	掌握数组公式的编辑与修改	4分55秒		
	12. 查找与引用函数	掌握Vlookup、Hlookup函数的用法	5分40秒		
	13. 逻辑函数	掌握IF、AND、OR函数的使用	7分47秒		
	14. 计数函数	掌握计数函数COUNT、COUNTA、COUNTBLANK、COUNTIF的运用	7分43秒		
	15. 数据库函数	掌握数据库函数DCOUNTA、DGET、DAVERAGE等的用法	6分20秒		
	16. 数据筛选	掌握自动筛选、自定义筛选和高级筛选	7分55秒		
	17. 数据透视表/图	掌握数据透视表/图的运用	6分25秒		

（三）教学设计

1. 课前

教师课前确定微课选题，结合教学重难点选择单一、独立的知识点作为微课主题，从教材、课程教学软件等渠道（AOA 评测软件）收集微课素材，在微课设计上，开门见山，直接导入知识点，结合教学软件中的相关案例，将知识点讲解及操作演示制作成微课视频并上传到网络课堂。学生课前可以到网络课堂上观看学习微课视频进行预习，并记录学习重难点。

2. 课中

教师面对面讲授新课，组织课堂教学，在 AOA 评测软件中布置作业。学生结合预习的重难点听课学习，并在软件中完成作业，遇到问题可以及时向老师提出，或登录网络课堂再去观看微课视频自学找答案。教师在练习环节回答学生疑问，进行个别指导，关注学生作业或测验进度并观察学生课堂表现。

3. 课后

课后学生也可登录网络课堂再去观看微课视频进行复习，教师通过批改学生作业、分析学生测验成绩及微课问卷调查数据检验微课教学情况，进行总结和反思，并在下一轮教学中针对学生的有效建议和意见改进微课教学，不断提升微课对学生的吸引力。

（四）微课的设计与制作——《以 Excel 逻辑函数》为例

1. 微课选题

选择 Excel 逻辑函数作为微课选题之一是因为基础课里学生们都学过逻辑函数 IF 的嵌套使用，但是对 IF 函数和 AND 函数、OR 函数的组合运用却很生疏，而这个内容又是浙江省计算机等级考试二级的考点，所以针对这个知识点进行了针对性的讲解。通过结合实例"闰年的判断"，看了微课视频的学生基本都能掌握 IF 函数、AND 函数及 OR 函数的运用了。课堂上课是实验室大班教学，教师在课堂演示这些函数的具体操作时，由于学生较多，教师边讲解边演示的时间较长，有些学生在听课过程中难免走神，难以让所有学生都很清楚地看到操作细节，往往演示一遍后还有很多学生无法掌握相关操作。有了微课视频，学生课前可以在网络课堂观看视频进行预习，在练习操作环节可以对照视频反复播放观看，这样学生就不会产生畏难情绪影响学习积极性，都能很轻松地完成作业任务，不是死记硬背函数公式，而是结合视频教师对知识点的解析去理解函数语句的编辑。

2. 微课设计

微课视频包含逻辑函数 IF、AND 和 OR 函数完整的教学环节设计，要在 8 分钟内的视频里体现教学内容、教学目标、教学重难点、教学活动设计及教学总结等。本微课采用了启发式教学法和直观演示教学法。逻辑函数的教学内容是掌握 IF、AND、OR 函数的使用。首先，视频介绍了 IF 函数、AND 函数和 OR 函数的作用及各个参数的含义。然后分析 AOA 评测软件里的实例"判断 A2 单元格的年份是否为闰年"，结合闰年的定义"能被 4 整除,且不能被 100 整除,或者能被 400 整除"启发学生找到解题思路。

思路一:IF 语句嵌套(基础课的操作)。将条件进行分解:

条件 1:能被 400 整除;

条件 2:能被 4 整除;

条件 3:不能被 100 整除。

对三个条件一一进行判断,用三层 IF 语句嵌套的思路来解题,函数语句为:=IF(MOD(A2,400)=0,"闰年",IF(MOD(A2,4)=0,IF(MOD(A2,100)<>0,"闰年","平年"),"平年")),这个思路也是对基础知识的复习。

思路二:在 IF() 函数中,使用 AND 和 OR。分析各条件之间的关系如图 1 所示。

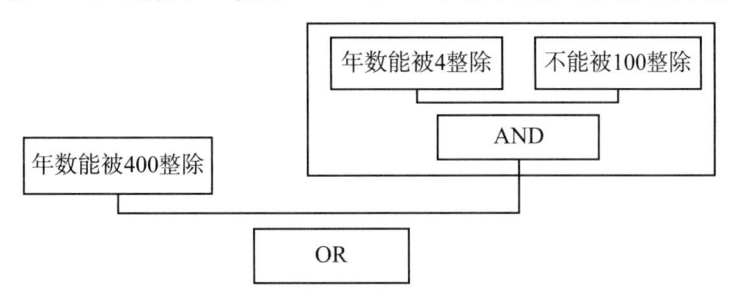

图 1 闰年判断条件之间的关系

通过分析,发现条件 2 和 3 之间是逻辑与的关系,我们可以将它们用逻辑与函数 AND 写在一起,条件 1 与它们是逻辑或的关系,我们又可以将它们跟条件 1 用逻辑或函数写在一起,最终用 IF 函数结合 AND 和 OR 函数得出计算结果,函数语句为:=IF(OR(AND(MOD(A2,4)=0,MOD(A2,100)<>0),MOD(A2,400)=0),"闰年","平年")。

然后分别演示了两种思路的操作,并进行了总结,与第一种思路相比,第二种思路结合 AND 函数和 OR 函数的运用减少了 IF 函数的嵌套。最后布置了相关的练习,对拔高型的练习"判断当前年份是否为闰年"进行了提示,如何用日期与时间类的 YEAR 函数提取当前的年份来替代本例中的"A2"单元格。

3. 微课制作

微课制作的工具有:计算机、话筒、PPT2010、AOA 评测软件和录屏软件 Bandicam。首先将选题知识点、相关素材及实例制作成 PPT 课件,然后打开课件,打开录屏软件 Bandicam,调整好话筒的音量,设定视频格式为 MP4 格式,从头开始放映 PPT,边讲解边录制,到了演示环节需要打开 AOA 评测软件结合实例演示具体的操作,中间切换软件的时间可以单击录屏软件的暂停键,准备好了再继续录制,录制时既要保障课程讲授的流畅性,又要控制好微课时长,要紧凑合理,一般不超过 10 分钟,往往一个视频要反复录制多次才能制作完成。

四、微课教学实践与评价

微课视频制作完成之后需要及时上传到网络课堂供学生观看学习,学生课前可以自由安排时间观看视频预习新课，课堂练习环节对操作不熟的可以反复观看视频完成练习作业，课后也可自由观看视频进行复习。

（一）学生评价

通过课堂问卷调查，学生对微课教学模式反响较好，截取了部分同学评价详见表2。学生普遍认为微课对本课程的学习有很大帮助，微课视频学习更有针对性，能更好地查漏补缺，能提高自己的学习效率及自学能力，课后学习时间更加自由。还有学生认为当前所学课程中用微课教学的课程太少了，希望能有更多的课程运用微课进行教学。

表2 学生对《办公软件高级应用》课程微课教学的评价

学生	评价
A	帮助非常大，上课没注意听的话还能通过微课来弥补。能帮助我学习上课没有听懂的地方，查漏补缺；对上课课后巩固操作步骤有帮助，很有必要
B	微课很棒，思路很清晰。不会的问题会看视频，免去了很多麻烦
C	十分方便，可以通过视频自行解决一些问题，提高学习的能力，便捷我们日常的学习以及复习
D	微课让我可以利用零碎时间来进行预习和复习，针对每一个问题进行讲解更加高效。可以反复观看，方便有效
E	简单方便，下课后，自己也可以再次巩固知识点，加深印象。微课讲解详细充分，条理清楚，有助于课后的自主学习，并且对解决课堂尚未解决的问题很有帮助
F	很喜欢，因为微课是由任课老师制作的，所以的话，听起来很方便，更容易勾起在课上的回忆。所以，如果是非任课老师的微课的话，不到万不得已，我宁愿百度
G	还是比较满意的，使用率很高，基本上全部视频都看过，对于文字说明，视频讲解来的更直观，操作性更强，对课下复习也有比较大的帮助，平时遗忘的知识点都会自己通过观看视频来回顾
H	在计算机二级备考前"微课"给了我很大帮助，微课视频简短有效，我花一个下午恶补Excel部分内容，很有帮助；而且平常上课听后忘记的知识点微课里都有详细讲解，很实用

（二）微课教学前后学生成绩对比

A班为未采用微课教学的班级，B班为采用微课教学的班级，两个班期中期末考试成绩各分数段的百分比详见表3。可以看出，期中/期末考试成绩中，80分以上各个分数段的比例B班明显高于A班，其中满分100分的比例，B班期中/期末考试中均有10%的学生考到了满分，而A班期中考试只有4.60%的学生考了满分，期末则没有学生考到满分。及格率和优秀率B班也比A班要高，B班期中和期末考试优秀率均达到40%以上。不及格比例B班要比A班低，尤其是期末考试中，B班不及格率仅为9.18%，远远低于A班的27.59%。可见，从学生考试成绩来看，微课教学效果较为理想。

表3 微课教学前后两个教学班期中期末成绩各分数段占比

班级		考试人数	100分（%）	90~99分（%）	80~89分（%）	70~79分（%）	60~69分（%）	60分以下（%）	及格率（%）	优秀率（%）
期中	A班	87	4.60	13.79	21.84	20.69	22.99	16.09	83.91	18.39
	B班	97	10.31	29.90	23.71	16.49	5.15	14.43	85.57	40.21
期末	A班	87	0	21.84	20.69	17.24	12.64	27.59	72.41	0.25
	B班	98	10.20	33.67	31.63	9.18	6.12	9.18	90.82	43.88

五、总结

这学期的教学通过在网络课堂发布微课小视频，激发学生主动学习、自主探究的热情。学生的课堂表现及测验成绩跟往届相比都有很大的进步。但是也存在很多的问题，比如微课的设计、微课的制作，还有微课的推广都有很大的提升空间。在后续的教学实践中仍需要不断修改、更新、推广微课视频，拓宽与学生的互动渠道，努力提高微课教学效果。

参考文献

[1] McAleese R. Towards a meta-language of training in higher education [J]. British Journal of Teacher Education, 1975 (2).

[2] Lowenthal J N. Using mobile learning: Determinates impacting behavioral intention [J]. The Amer. Jrnl. Of Distance Education, 2010 (4).

[3] 胡铁生. 微课建设的误区与发展建议 [J]. 教育信息技术, 2014 (5): 33-34.

[4] 黄海. 微课在ACCESS中的模式研究与实践 [J]. 赤峰学院学报（自然科学版）, 2017, 33 (1): 204-206.

通识教育视野下的创新创业课程体系构建

——基于浙江财经大学东方学院的实践

王 侦　金伟林　任本燕

（浙江财经大学东方学院创业学院，浙江 海宁 314408）

摘　要：本文在通识教育视野下，针对创新创业教育的现状及主要问题，探讨创新创业课程体系的构建，明确了创新创业通识教育的目标定位是教授学生创新创业的基本知识、思维、方法，通过知识的传授，提升学生的创新精神、创业意识与创新创业能力，激发学生开展各类创新创业活动。本文通过分析借鉴国内外高校在创新创业课程体系构建方面的成功经验，对浙江财经大学东方学院创新创业课程模块构建的实践进行了总结与分析。

关键词：通识教育；创新创业教育；创新精神；课程设置

一、引言

自 2002 年 4 月教育部在清华大学、上海交通大学等 9 所大学开展创新创业教育试点工作开始，历经 2008 年教育部联合财政部在全国设立了 30 家国家级人才培养模式创新实验区，2010 年《关于大力推进高等学校创新创业教育和大学生自主创业工作的意见》、2012 年《普通本科学校创业教育教学基本要求（试行）》、[1]2015 年《关于深化高等学校创新创业教育改革的实施意见》、2017 年《关于深化教育体制机制改革的意见》等文件的颁发，我国高校创新创业教育已走过了 16 年。

加强创新创业教育作为未来我国高等教育重要的改革方向之一，"十三五"教育规划明确把创新创业作为重点改革内容，"使创新精神、创业意识和创新创业能力成为评价人才培养质量的重要指标""促进专业教育与创新创业教育有机融合""面向全体学生开设研究方法、学科前沿、创业理论与实务、区域特色创业等方面的必修和选修课程，纳入学分管理，建设依次递进、有机衔接、科学合理的创新创业教育体系""支持学生开展创新创业训练""把创新创业教育贯穿人才培养全过程"等具体要求，已成为高等教育界的普遍共识。

而通识教育，为创新创业教育与专业教育有机融合、贯穿人才培养全过程提供了一个全新的视角，在通识教育中融入创新创业课程，是高校创新创业教育扩大覆盖面、提升教育质量，进而深化高等教育改革的有效途径。

二、通识教育的内涵

随着我国经济发展进入"调结构、稳增长"新常态，经济发展方式快速转变，社会经济发展急需创新型、应用型、复合型的高素质人才。应对社会的变革是高等教育自身变化的持久动力，面对社会对高素质人才的需求，高等教育传统的专业人才培养模式显然已无法满足，向综合素养人才培养模式的转变势在必行，通识教育的重要性日益凸显。[2]

通识教育，起源于古希腊时期亚里士多德的自由教育，可译为通才教育、一般教育、普通教育等，是一种建立人的主体性并与客体情景互为主体性关系的教育，它强调广泛的、非专业性的基本知识、技能和态度，目的在于培养积极参与社会生活的、有社会责任感的、全面发展的、真正的人。[3]

通识教育是专业教育之外的重要教育路径，是高等教育不可或缺的重要组成部分，在世界一流大学中占据着极为重要的地位，其开展目的是对专业界限的突破、基础知识的重视、能力素养的提升、全面发展的培养。这主要体现在：第一，基于社会合格公民的角色，培养学生健全的人格；第二，基于对专业教育的补充，培养学生健全的判断力、开阔的视野；第三，基于高素质人才的通用能力，培养学生的思考、沟通、协作、分析与解决问题能力。[3]

国家"十三五"规划纲要中，"探索通识教育与专业教育相结合的人才培养机制"这一目标的提出，通识教育在人才培养中的重要性首次被提到国家意志的高度，国内高校的通识教育业已成为各类大学发展的共识，[2]成为高校素质教育的必然选择和路径。

创新精神、创业意识和创新创业能力，作为创新创业教育的培养目标，已成为人才培养质量的重要指标，也是创新型、应用型、复合型高素质人才的必备能力。由此看出，创新创业教育的本质是一种素质教育，具有鲜明的通识教育性质。[4]因此，高等院校创新创业教育的开展应重视通识教育。

三、创新创业通识教育

(一) 创新创业通识教育的发展

创新创业教育的提法，首次出现在2010年《关于大力推进高等学校创新创业教育和大学生自主创业工作的意见》中，2015年颁布的《国务院办公厅关于深化高等学校创新创业教育改革的实施意见》则重点强调了创业教育中创新精神的培养。

2012年颁发的《普通本科学校创业教育教学基本要求（试行）》（以下简称《教学基本要求》），以及同步颁发的《"创业基础"教学大纲（试行）》，明确提出普通本科学校的创业教育要"面向全体学生广泛、系统开展"，意味着创新创业教育由局限于有创业潜质的少数学生的技能性教育，转向面向全体学生的素质教育，揭开了创新创业通识教育的新篇章。

《教学基本要求》，详细规定了普通本科学校创新创业教育教学的基本要求。其中，"创业基础"的教学大纲，围绕企业成长，主要是从创业团队组建、创业机会识别、创业资源管理、创业计划、新企业开办五个方面展开，一定程度上反映了国内主流学者对企业家精神理解的思路。

（二）国内高校创新创业通识教育存在的主要问题

近年来，在政府、社会各界对创新创业教育的大力推动下，尽管许多高校在创新创业人才培养方面进行了形式多样的探索，设立了专门的创新创业教育机构，开设了创新创业教育课程，搭建了创新创业实践教学和孵化平台，取得了一定的成效，但在创新创业通识教育的开展中，大多数高校仍存在诸多问题，具体包括：

第一，对创新创业通识教育不够重视。尽管《教学基本要求》早在2012年就已出台，明确要求面向全体学生开设创新创业核心课程——"创业基础"，但学者对某省几十所高校创业教育课程体系建设情况的专题调研发现，专门开设创业教育课程的高校以及将创业教育课程纳入必修课的高校所占的比例均不到50%，而且普遍没有覆盖到所有学生，[5]我国高校创新创业通识教育课程体系构建还将有很长的路要走。

第二，创新创业通识课程设置理念有偏差。总体上来说，大多数高校的创新创业教育仍集中在某一门或几门传统的公共必修课和选修课，只有少数高校系统开设了创新创业课程教学。开设课程的院校，在实际课程设置时，往往也只注重科目设置、课程内容、教学形式等问题，却很少关注课程的理念。正确的通识教育理念是构建科学合理的创新创业通识教育模块的基础，创新创业通识教育的有效实施，不仅仅是在课程体系中增加几门创新创业课程，更重要的是从思想上认识创新创业通识教育的意义、目标。

第三，创新创业通识选修课程设置不合理。大多数高校的创新创业课程尚处于探索阶段，没有系统成熟的体系、课程教学模式可供借鉴。现有创新创业通识选修课程的设置，在"创业基础"必修课的基础上，大多从学校、教师的角度出发，缺乏对学生的期望与兴趣的考量，选修课种类不合理、内容偏向专业化，无法切实有效地培养学生的创新精神、创业意识和创新创业能力。

四、创新创业通识课程模块的构建

以通识教育为导向的创新创业教育，面向全体学生开展，更关注学生的全面发展，强调沟通与协作能力、创新精神、创业意识、创新创业能力、社会责任感等的培养。创新创业通识课程模块设置的目标定位，是教授学生创新创业的基本知识、思维、方法，包括创新创业机会、创新创业资源、创新创业团队、创新创业精神等，通过知识的传授，提升学生的创新精神、创业意识与创新创业能力，激发学生开展各类工作的创新潜力，并把这种精神、意识和能力转化成具体行动。

(一) 美国高校创新创业通识课程体系

美国，作为最早开展创业教育的国家之一，其高校的创业教育体系较为系统、完整，课程设置相对科学、完善，再加上中美两国的创业教育在课程设置的背景、内容、目标等方面有较高的相似度，对我国创新创业教育的开展具有较高的参考价值。

美国高校的创业教育课程体系中大都包含了创业意识、创造性思维、新产品开发、商业计划书、新兴企业融资、创业者特质、技术创新、企业管理等内容，大体上可分为创业知识类、创业意识类、创业能力素质类、创业实务操作类4种。由于各个学校的办学特色、办学传统、资源优势等不尽相同，其所开设的创新创业教育课程也各有特色。

百森商学院的创业教育特色在于：针对不同学习阶段的学生，提供循序渐进的创业项目。开设《新企业创立》《新生管理体验》等创新创业通识必修课程，以及《创业投资财务》《创业企业营销》《创业领域专题学习和研究》等选修课程，明确要求大学一年级学生必须参加为期一年的跨学科创业课程学习，并根据所学知识组成创业团队，创办企业，由商学院提供启动资金3 000美元，以此来锻炼学生的创业实践能力。

斯坦福大学的创业教育是基于商学院与非商学院的互动合作，分为商学院课程、非商学院课程两大类。商学院的课程，包括《私人证券投资》等，约21门；非商学院的课程，可分为通识性创业教育课程、专业相关的创业教育课程、针对性讲座三类，更注重基础性。[6]

(二) 国内高校创新创业通识课程体系

目前，我国高校的创新创业教育，大多以企业和企业家成长过程为框架，设立相关课程，搭建教育体系，强调以创新精神培育为核心的创新创业人才培养，课程设置可分为创新创业教育基础课程、专业课程、实践课程三类。针对创新创业教育通识课程，由于各个学校的办学特色、资源优势等不同，课程设置也不尽相同。

清华大学，针对本科生、研究生的不同基础与需求，分别开设不同的创新创业通识课程。本科生课程包括：《创业管理》《创业特训营》《技术创新管理》《优秀创业人才培养计划》等；研究生通识课程包括：《创新研究》《创业研究》《创新方法》《设计思维》等，技能课程包括：《创业实验室》《创办新企业》《创业创新领导力》《创业机会识别与商业计划》等。[7]

上海财经大学，从问题导向思维、批判性和创造性思维、财经和企业管理知识、财经领导力、机会把握能力、实践能力六种创新创业素养入手，创建创新创业知识、思维和能力结构，开设《跨文化商务交流案例分析》《创新思维与方法》《创业与风险投资》《创业领导力》《互联网技术应用与创新》等课程。[8]

五、东方学院创新创业通识课程模块构建的实践

早在2007年，东方学院率先将《大学生就业创业模拟经营实训》作为创业通识教

育必修课程纳入专业学分制培养方案，先后开设了多门创业相关领域的必、选修课程。近两年，在学院领导的高度重视和大力支持下，我院加大了创新创业教育改革力度，充分发挥经管类专业教学优势，积极推进创新创业课程体系及特色课程建设，秉承"意识为先、知识为基、实训为纲、实践为重"的创新创业教育理念，将创新创业教育融入人才培养的全过程，坚持通识教育、精英教育和延伸教育相结合的三段式培养方式，实施"面上覆盖""线上贯穿""点上突破"的教育模式，形成了"启蒙教育、模拟体验、仿真实训、经管实践、孵化落地"五层次的创新创业教育体系。

以2017级人才培养方案修订为契机，我院明确了能够主动适应经济社会发展、具有创新精神和创业实践能力、在工作岗位上发挥骨干作用的高素质应用技术型人才培养目标，本科教学结构进行了较大幅度调整，实行"通识教育＋专业教育＋实践应用"的教学模式，通识教育课程体系又分设通识基础课程、创新创业课程、综合素养提升三个子课程体系，涵盖思想政治素养、外语交流能力、应用写作能力、人文艺术素养、经管基础素养、创业启蒙教育等九个模块。其中，在通识教育中，创业启蒙与创业基础教育总学分至少为10学分，必修6学分，选修学分不少于4学分，学分占比大于15%，创新创业通识教育基本面已搭建完成。

我院的创新创业通识教育，实施100%面上覆盖，面向各专业学生开展创新创业启蒙与创业基础教育，注重必修与选修、理论与实践、通识与专业的有机统一，注重创新精神与创业意识的培养以及知识和技能的储备，共开设42门创新创业通识课程。创新创业通识必修课程包括：《创新创业启蒙教育》《企业经营模拟体验》《金融活动模拟体验》《职业规划与创业就业指导》《企业管理仿真实训》《金融综合仿真实训》等6门课程，其中，《创新创业启蒙教育》《企业经营模拟体验》为创新创业基础核心课程，《企业管理仿真实训》《金融投资仿真实训》为校企合作开发的仿真实训类特色课程。详见表1。

表1 创新创业通识课程体系一览表

教学目标		课程名称	学期	学分（实践）	开课对象
面上覆盖	创业启蒙与创业基础教育	创新创业启蒙教育	1	1	各专业
		企业经营模拟体验	1～2	1（1）	各专业
		金融活动模拟体验	2～3	1（1）	各专业
		职业规划与创业就业指导	2	1	各专业
		创新创业仿真实训：《企业管理仿真实训》《金融综合仿真实训》	5～6	2	各专业
		创新创业通识选修课程	1～8	4	各专业

开设创新创业通识选修课程36门，具体包括：《创新思维与创造力开发》《服务创新与设计》《互联网创新研究》《创业特质测评与分析》《企业家综合素养》《营销实战与沟通技巧》《商业模式创新》《产品设计》《创业模拟实训》《创业融资实务》《学习与创业》《市场调查与分析》《企业文化》《品牌管理》《企业与公司法学》《合同法》《公司金融案例》《企业管理》《销售管理》《客户关系管理》等。

此外，学院积极组织开发或引入优质创新创业慕课、视频公开课等在线开放课程，建立了分层分类的创新创业通识教育课程体系。

六、结语

创新创业通识课程模块的构建，在符合当前学生知识水平、接受能力的基础上，即要符合通识教育的目标，注重课程的普及性、适用性，又要符合创新创业教育的相关要求，能真正培养学生的创新精神、创业意识和创新创业能力。借鉴国内外高校在创新创业课程体系构建方面的成功经验，笔者认为创新创业通识课程模块，在"创业基础"等必修课基础上，应面向全体学生开设创新思维、创业心理学、社交礼仪、营销实战、沟通技巧、职业生涯规划等通识选修课程，为学生应用本专业知识进行创新创业的能力奠定经济、法律、人文、伦理道德等基础，提升学生的综合素质。

参考文献

[1] 施永川. 我国高校创业教育十年发展历程研究 [J]. 中国高教研究，2013 (4)：69—73.

[2] 孙向晨. 大学通识教育方兴未艾 [N]. 中国教育报，2018-11-23.

[3] 张士军，于桂花. 应用型民办本科院校通识教育课程体系创新——以青岛滨海学院为例 [J]. 浙江树人大学学报（人文社会科学版），2008 (4)：16—19.

[4] 沈文青，孙海涛. 通识教育视野下的创业教育课程体系建构 [J]. 当代教育科学，2014 (19)：17—20.

[5] 林雪治. 应用型高校创新创业教育课程体系构建研究——国外高校成功经验的借鉴与启示 [J]. 河北农业大学学报（农林教育版），2015，17 (5)：52—54+59.

[6] 黄兆信，赵国靖. 中美高校创业教育课程体系比较研究 [J]. 中国高教研究，2015 (1)：49—53.

[7] 马永斌，柏喆. 创新创业教育课程生态系统的构建途径——基于清华大学创业教育的案例分析 [J]. 高等工程教育研究，2016 (5)：137—140+150.

[8] 樊丽明. 创新创业核心素养：理论研究与实践探索——以上海财经大学为例 [J]. 中国高教研究，2016 (10)：83—87.

基于网络教学平台教师教学行为数据的分析及可视化

毛樟伟

（浙江财经大学东方学院，浙江 海宁 314408）

摘　要：本文首先对研究项目的背景做了简单的说明；接着从教育管理者和教育管理部门的角度阐述对教师教学行为数据进行分析的意义；然后利用数据可视化工具对网络教学平台中的教师教学行为数据从不同的维度进行了定量的分析与比较，并利用阿里云旗下的 DataV 可视化工具对上述分析结果进行可视化呈现，将每一个维度呈现的可视化结果进行视觉设计，形成一幅像淘宝"双十一"一样的可视化大屏；最后基于教师教学行为数据的分析辅助教学管理提了三点举措。

关键词：网络教学平台；数据可视化；教师教学行为数据

一、引言

随着互联网和信息技术的飞速发展，网络技术的发展加速了我国教育现代化的过程，高校不断重视教育信息化。网络教学综合平台不仅是教育信息化的主要表达平台，更是各高校信息化改革和发展的重要展示窗口。为了顺应教育信息化发展的潮流，推动教育教学与信息技术的深度融合，探索信息化环境下教育理念与模式创新，提高教育教学的质量和效率，增强核心竞争力，作者工作的高校——浙江财经大学东方学院与清华大学教育技术研究所合作，与 2014 年 6 月共同建设了"浙江财经大学东方学院网络教学综合平台"。该平台的建立，为我院开展网络辅助教学和网络学习提供了良好的技术支撑环境和平台。网络辅助教学通过网络实现教师和学生进行跨时间、空间的广泛交流，能够充分调动学生的主动性和积极性。将课堂教学延伸至网上，不仅丰富了教学内容和手段，同时为互动教学和混合教学拓宽了空间。

三年多时间的教学应用，网络教学平台中积淀了大量的教师教学行为数据以及学生的学习行为数据等待挖掘利用。如何充分地利用这些教学行为数据服务教学、优化教育教学活动和监控教育教学质量已经成为我院教务管理部门关注的重点。

二、研究意义

本课题的主要意义是对学校网络教学平台中教师的教学行为数据进行采集、分析及可视化处理，可以帮助各分院教学管理部门和学校教务管理部门对教师使用网络教学平台开展网络教学进行一个综合评价和教学质量的分析。学校教务管理部门以及各分院教学管理人员可以依据教师在教学过程中产生的教学行为数据的分析及可视化处理，考核教师的工作态度和工作量，并对其教学质量进行监控，可以有效预防一些消极上课的现象；各分院教学管理人员以及分管教学院长可以通过可视化的分析结果了解自己分院教师的一个教学状况，与其他分院有个横向的比较，比如分院教师有多少人在网络教学平台上建课，占比达到多少，与其他分院做个比较。一个分院同一门课程有好几个老师建课，也可以通过可视化分析结果了解各个教师的课程情况，如通过访问量、资源建设量、课程作业、互动答疑讨论等多种维度来衡量教师的一个工作态度和工作积极性。

三、教师教学行为数据的分析及可视化

"数据驱动学校，分析变革教育"的大数据时代已经来临，利用教育数据挖掘技术和数据可视化技术，构建相关模型，探索网络教学平台中变量之间的相互关系，为我院的教育教学决策提供有效的支持。

（一）平台总体运行信息（详见表1）

表1 平台总体运行信息

应用数据：截至2018年9月	系统总访问量	2 198 029 人
	系统目前共有注册用户	15 680 人
	曾经登录过系统的用户	9 599 人
	网络课程总数	327 门
	曾经被访问过的课程	298 门
	教师用户	480 人
	曾经登录过系统的教师用户	328 人
	学生用户	15 195 人
	曾经登录过系统的学生用户	9 267 人
硬件环境	运行情况	无异常
	服务器运行效率	良好，访问顺畅

（二）平台活跃度分析

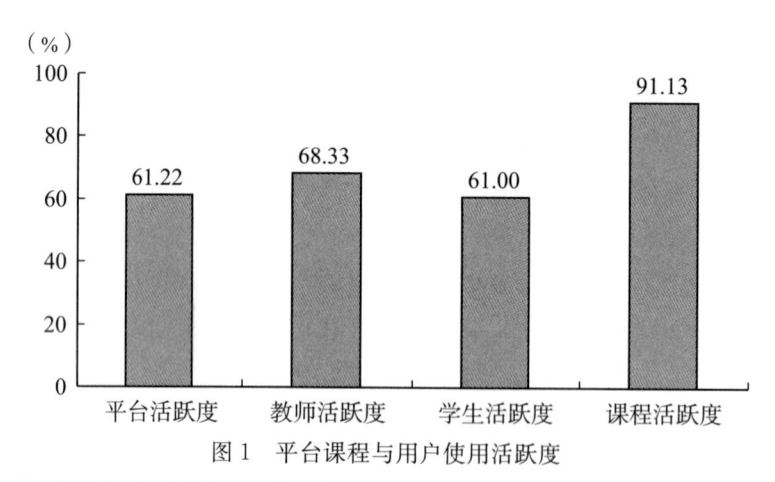

图 1　平台课程与用户使用活跃度

注：平台活跃度=曾登录过平台用户总数/总注册人数；教师活跃度=登录过平台教师人数/总教师注册人数；学生活跃度=曾登录过平台学生人数/总学生注册人数；课程活跃度=被访问过的课程数/总课程注册数

由以上统计数据可以看出，我院网络教学平台使用人数已达 2 198 029 人次，访问量还是很高的，其中平台活跃度占 61.22%；教师活跃度占 68.33%；学生活跃度占 61.00%，课程活跃度占 91.13%，从这些数据来看，平台的利用率还是比较高的。

（三）教师进入课程情况

课程访问情况主要指教师访问情况和学生访问情况，以及课程被访问的情况，课程被访问的情况包括教师访问、学生访问和访客访问总和。此次统计区间是 2017 年 1 月～12 月的课程访问数据。

由表 2 可知，2017 年教师进入课程次数情况，整体上来说还是很不错的。有一部分教师在使用平台进行混合教学，教师进入课程频次很高；大部门教师只是借助网络教学平台进行辅助教学，教师进入课程频次一般。

表 2　教师访问课程情况

教师进入课程次数	200 以上	101～200	51～100	1～50
课程数量	1	12	21	476

图 2 是本学年全校教师进入课程最多的十门课程及其主讲教师。

通过以上数据可以看出，教师的积极性比较高，对自己的课程进行认真建设与管理。希望这些教师可以起到带头作用，影响其他教师，争取实现全院范围的信息化教学，进一步提高我院的教育信息化水平。

（四）教学资源建设情况

教学资源包含的内容很多，可以是教材、课件 PPT、微课视频、影视短片、图片、文件等与教学相关的素材。在国家鼓励精品资源共享课、精品视频公开课、在线开放课

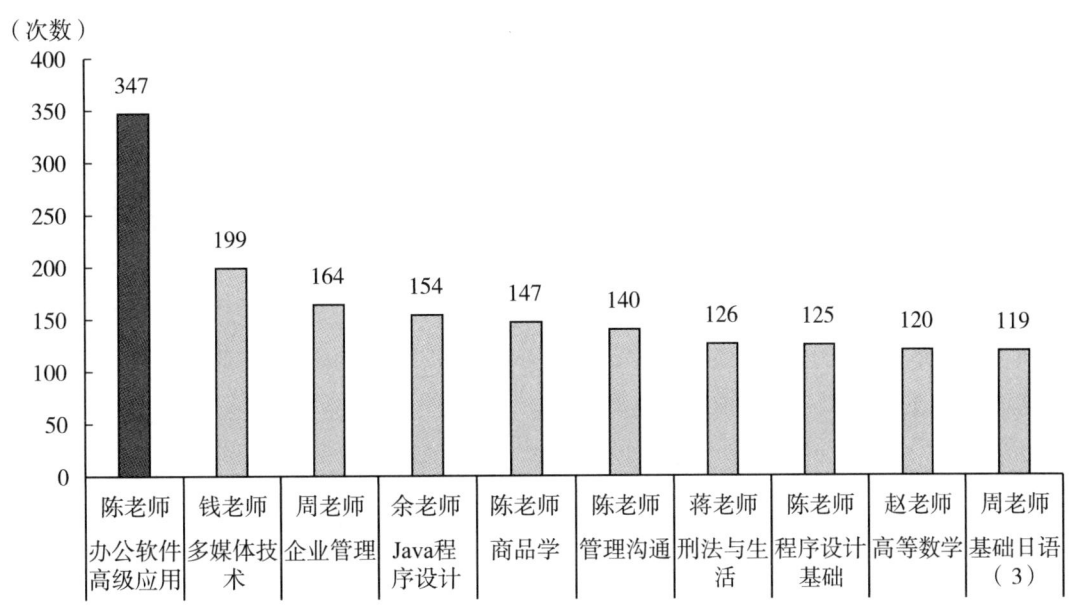

图2 教师进入课程总数前十

教师/课程	次数
陈老师 办公软件高级应用	347
钱老师 多媒体技术	199
周老师 企业管理	164
余老师 Java程序设计	154
陈老师 商品学	147
陈老师 管理沟通	140
蒋老师 刑法与生活	126
陈老师 程序设计基础	125
赵老师 高等数学	120
周老师 基础日语（3）	119

程建设的大环境下，学生可以在教师的指导下，根据自身的学习需求，主动利用教学资源进行自主学习以满足所需。所以教学材料的添加从一定程度上反映了老师们对信息化教学的认识水平和支持程度。图3是关于网络教学平台中教学材料栏目的建设情况和统计结果。

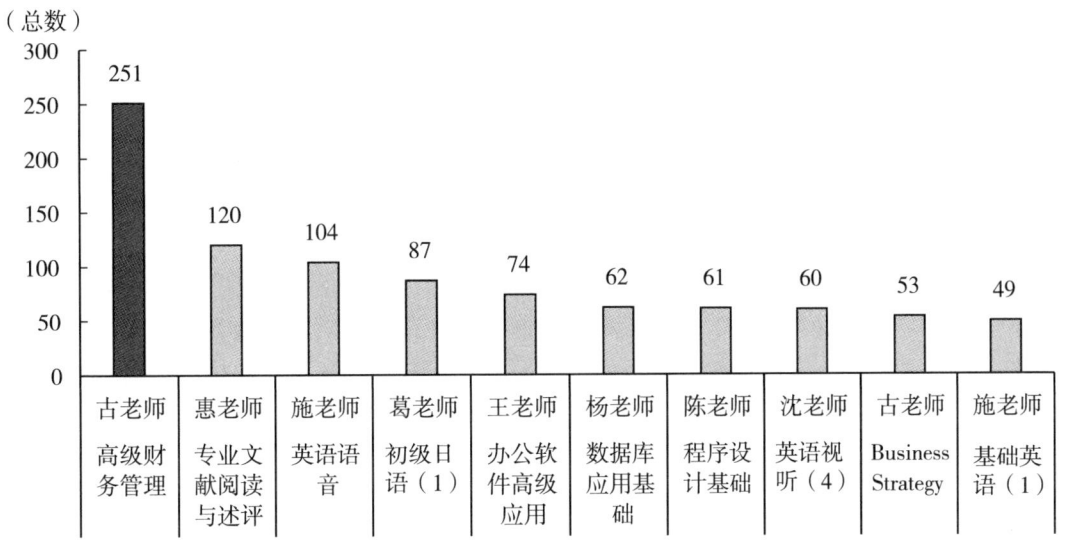

图3 添加教学材料资源总数前十

教师/课程	总数
古老师 高级财务管理	251
惠老师 专业文献阅读与述评	120
施老师 英语语音	104
葛老师 初级日语（1）	87
王老师 办公软件高级应用	74
杨老师 数据库应用基础	62
陈老师 程序设计基础	61
沈老师 英语视听（4）	60
古老师 Business Strategy	53
施老师 基础英语（1）	49

（五）教学活动开展情况

在线教学活动是指教师在网络教学平台中通过采用恰当的教学方法，利用已有教学资源，开展围绕教学目标、经过设计的、形式多样的交互活动，主要包括：课程通知、课程作业、教学笔记、在线答疑、课程论坛、在线测试、问卷调查等，这些教学交互活动的开展情况，反映教师和学生对平台的应用深度如何。以下是对这些教学活动对应的教学栏目进行的数据统计分析和可视化呈现。

1. 课程通知使用情况

课程通知是任课教师和学生及时沟通的模块，网络教学平台作为一个有效的辅助工具，可以为现阶段勇于拓展第二课堂、改变现有教学生态的教师提供了极大的方便，也能让学生适应网络环境下信息呈现的碎片化特征，及时了解课程的动态，紧跟教师的教学步伐。完全改变以往因为课程变动或有其他一些新的教学必须通过班级学习委员通知到每位学生，往往造成通知不到位现象。现在是移动互联网时代，手机基本不离手，所以课程通知的使用可以提高通知效率。图4是统计了2017年度的任课教师使用课程通知功能发布课程通知总数的前十排名。

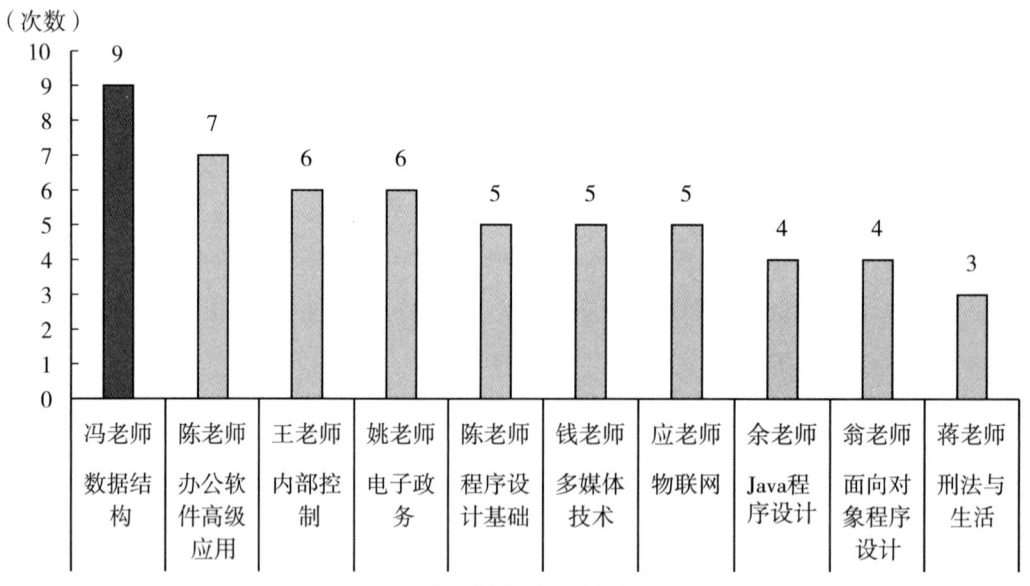

图4 发布课程通知总数前十

2. 课程讨论区使用情况

课程讨论区可以非常丰富，包括习题、案例等。教师可以在课程讨论区发布论题，用于引导学生预习或者了解学生课后掌握的情况，在课程中，教师要积极引导学生进行在线讨论交流。学生可以在课程讨论区进行发文，如将自己练习时碰到的疑难问题进行发布，也可以发布自己碰到的生活中一些实际的问题，甚至这个问题是与该门课程无关的。课程讨论区发表主题总数前十如图5所示。

3. 课程作业使用情况

课程作业的使用情况包括教师发布作业的情况和学生上交作业的情况。课程作业是教师经常采用的一种教学方法，用于引导学生预习，或进行课后的巩固。添加课程作业总数前十如图6所示。

4. 在线测试使用情况

在线测试为教师提供了在网上组织测试的功能，实现了利用试题试卷库进行组卷、维护测试、发布测试、在线批阅、公布测试结果以及对测试成绩、试卷质量、试题质量的统计分析。添加课程测试数量前十如图7所示。

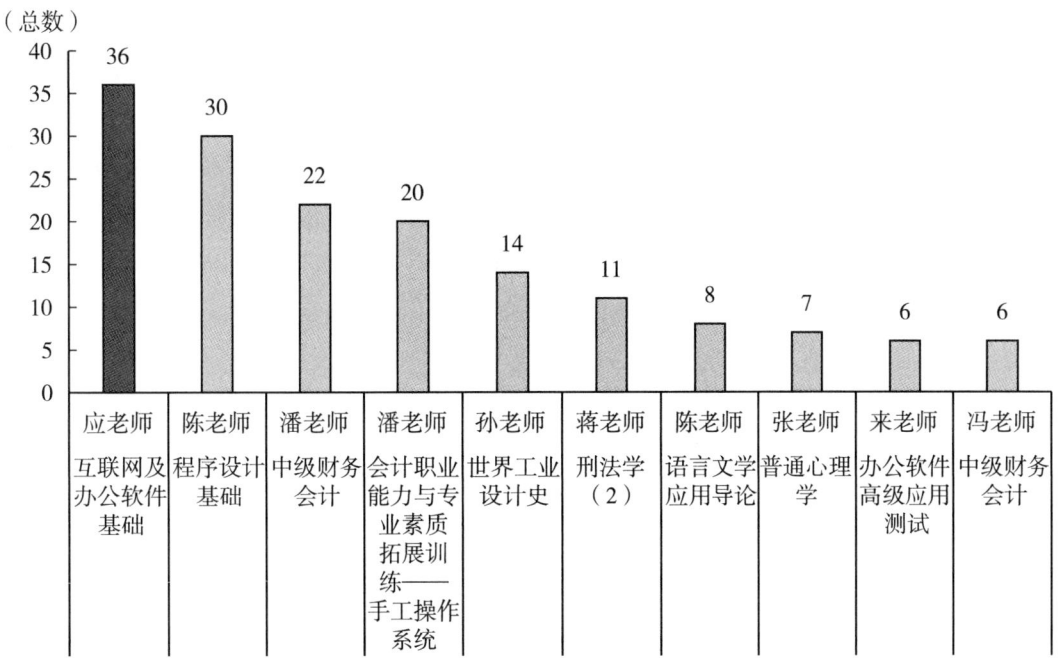

图5 课程讨论区发表主题总数前十

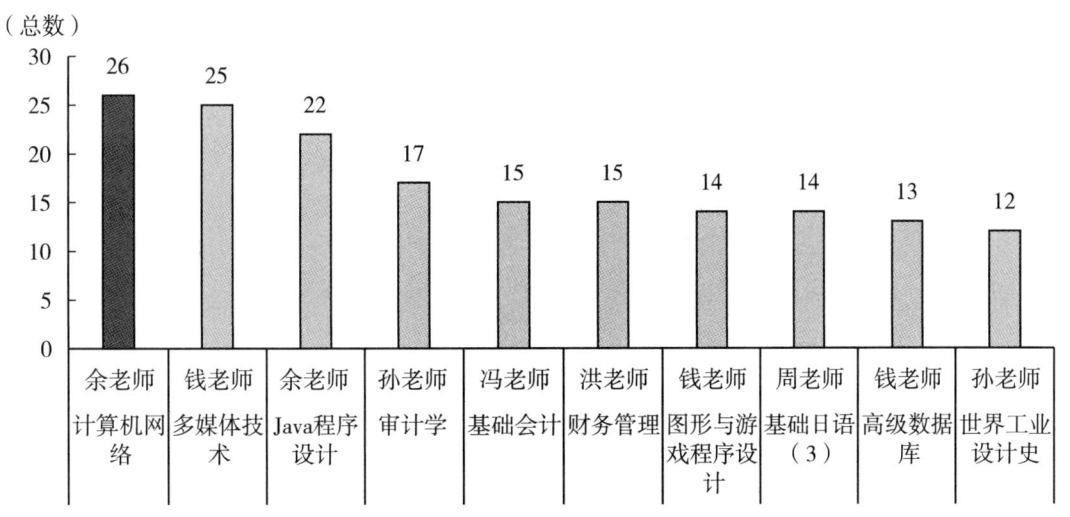

图6 添加课程作业总数前十

（六）基于不同维度的雷达图展示

通过对以上不同维度的分析，我们选取了登录次数、课程通知、讨论区互动、课程作业、在线测试、教学资源建设等六个维度对陈老师的《办公软件高级应用》和钱老师的《多媒体技术》两门课程进行雷达图展示，来揭示一下突出异常数据背后的原因。由图2~图7可知，陈老师的登录次数特别突出，其次是讨论区的互动，而课程作业这一维度特别弱，其他较均衡；钱老师的课程作业栏目数据异常突出，在线测试较少。综合两位老师的雷达图分析可知，陈老师基本都是利用网络教学平台来开展辅助教学，平时都让学生进行在线学习、在线测试，没有布置过任何课程作业，因为办公软件高级应用这门课陈老师建设了大量的试题库，平时以在线测试来替代课程作业；而钱老师刚好相反，在课程作业栏目应用得比较好，在在线测试这块就基本没用，那是因为这门课程偏技术，平时以提交作品为主，所以在线测试就基本用不上。通过这两门课程的雷达图展现可知，老师基本只选择本课程相关的栏目进行建设和应用，没有完全百分百的建设所有栏目，而且每个课程的性质不一样，相应栏目的建设也有很大的区别。如图8所示。

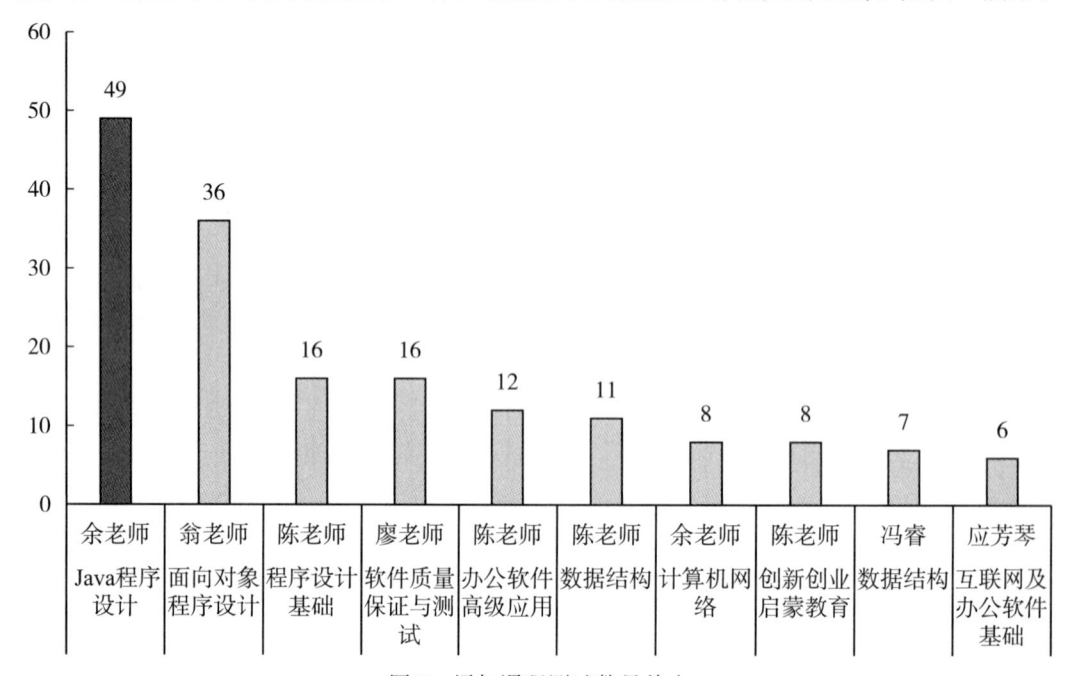

图 7 添加课程测试数量前十

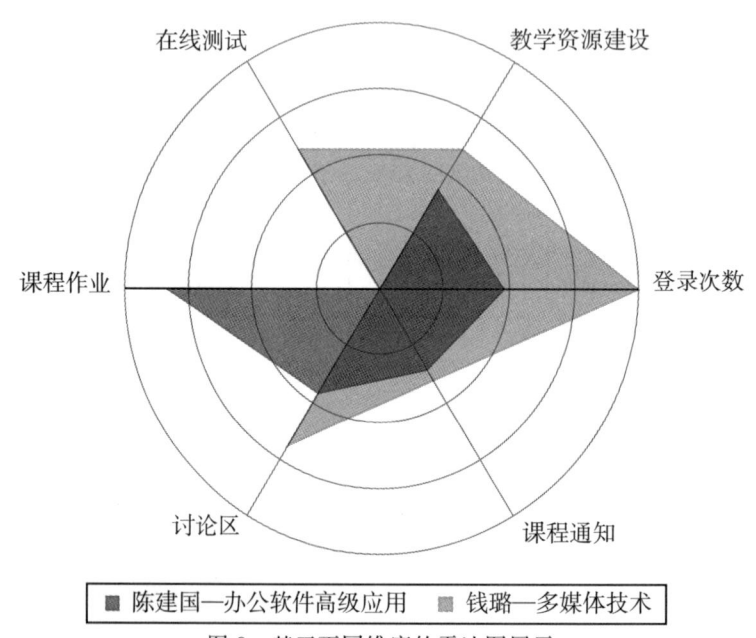

图 8 基于不同维度的雷达图展示

（七）可视化展示大屏

我们把之前做的局部数据可视化分析结果进行一定的汇总，选取部分可视化结果并进行一定的设计，最后呈现在一张可视化大屏上，如图9所示为可视化展示大屏。这张大屏左边包括了平台活跃度、教师活跃度、学生活跃度、课程活跃度以及每日课程实时访问次数；中间展示了基于不同维度的雷达图以及实时显示总访问次数；右边展示了不同教师对应课程的学生访问次数的柱状图、学生访问课程次数与课程数的气泡图以及《多媒体技术》课程学生访问统计的散点图。

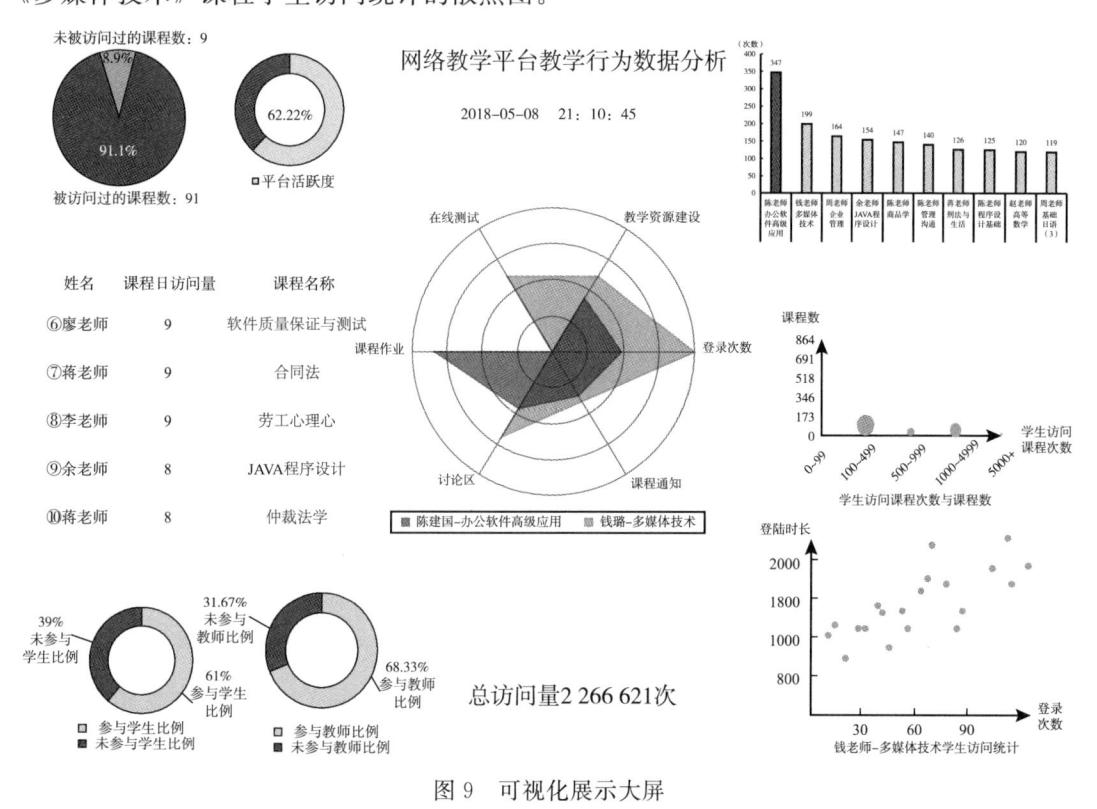

图9 可视化展示大屏

四、基于教学数据分析辅助教学管理的举措

（一）率先认定一批示范性的网络课程

我院有必要认定一批优秀的网络课程，起到引领示范作用。每年遴选一批具有建设基础的课程予以立项支持，给予一定的经费奖励，让用心建设网络课程的老师能够得到学校及教学管理部门的认可。

（二）加强检查力度，提高建设标准

针对目前我院对网络课堂建设的要求过于简单，仅需要检查教学大纲及学习指导书，有必要提高建设标准，除了将课件放到网络教学平台上，还需要利用网络课堂开展课程资源建设、作业布置、作业提交、互动答疑讨论等基本教学活动。

（三）建立完善的网络课程建设考评体系以及相应的激励政策

学校应从顶层设计出发，建立完善的网络课程建设考评体系以及具体的考核指标。

每一位教师建设网络课程必须按照此标准建设，各个分院设立院系管理员，可有本分院负责教学的副院长负责，负责检查督导本分院的网络课程建设情况。学校教务管理部门也应从学校层面，每年评选一批网络课程建设比较好的，学生评价高的课程及老师给予一定的奖励支持，让全院形成百家争鸣共同建设网络课程的良好氛围。

五、结语

由于网络教学平台累计的数据量大，很难从大量的杂乱的数据中查询出教师的教学行为规律，因此本研究利用可视化的数据分析工具，将数据可视化技术运用于网络教学平台中的教师教学行为数据分析中，从大量数据中多角度、多维度的剖析教师在线行为规律，本研究重点分析了网络课程的访问频次、各个模块的访问情况以及师生的交互情况等，并以直观形象的可视化图表输出。掌握这些规律有利于各分院教学管理部门和学校教务管理部门对教师使用网络教学平台开展网络教学进行一个综合评价和教学质量的分析。

参考文献

[1] 毛红芳，刘淼. 网络教学综合平台应用现状及推动策略 [J]. 文教资料，2015 (9)：173—174.

[2] 谢晓林，余胜泉，程罡，黄烨敏. 网络教学平台的新发展 [J]. 开放教育研究，2007，13 (5)：12—25.

[3] 毛樟伟，童晓波，钟鹤. 网络教学综合平台应用现状及推动策略——以浙江财经大学东方学院为例 [J]. 新教育时代电子杂志（教师版），2016 (32)：66—67.

[4] 张金磊，张宝辉，刘永贵. 数据可视化技术在教学中的应用探究 [J]. 现代远程教育研究，2013 (6)：98—101.

[5] 陈为，沈则潜. 数据可视化 [M]. 北京：电子工业出版社，2013.

[6] 杨现民，唐斯斯，李冀红. 教育大数据的技术体系框架与发展趋势——"教育大数据研究与实践专栏"之整体框架篇 [J]. 现代教育技术，2016，26 (1)：5—12.

[7] 张金磊等. 大数据可视化触发教育新热点 [N]. 中国信息化周报，2016—06—06 (17).

[8] 徐鹏，王以宁，刘艳华，张海. 大数据视角分析学习变革——美国《通过教育数据挖掘和学习分析促进教与学》报告解读及启示 [J]. 远程教育杂志，2013，31 (6)：11—17.

[9] 段幸幸，吴亚东，李秋生，蒋宏宇，宋京燕，彭红. 网络课程学生行为数据可视分析研究 [J]. 西南科技大学学报，2016，31 (2)：93—98.

"走读海宁"：东方学院图书馆阅读推广的本土化实践

范慧碧

(浙江财经大学东方学院图书馆　浙江　杭州　314408)

摘　要：基于读者受众角色再定位的视角，该文探索独立学院图书馆阅读推广的本土化思路，一是利用文化传承与地方文献的关系，以"走读海宁"为活动主题，采用多元媒介与情景结合的立体化方式进行阅读宣传推广，二是力图从文化传承的角度激活馆藏特色地方文献，三是增强本校学生的文化认同与提升地方文化的宣传效果，努力实现高校图书馆的社会服务功能。

关键词：阅读推广；地域文化；走读海宁；传承创新

图书馆作为知识传播和文化传承的重要阵地，向来将推广阅读视为其固有职责。近几年，阅读推广工作呈现燎原之势，各类图书馆争相开展阅读推广活动，但阅读产品的同质性却加剧了恶性竞争，使得阅读推广活动发展缓慢。面对这一形势，如何谋求发展、推出高质量的阅读推广产品，就成为图书馆面临的严峻挑战。对于这些问题，目前学界主要有五种研究路径，例如"多元空间再造、载体形态创新、服务模式深化、阅读方法拓展和营销途径外延"。[①] 然而，各类图书馆的基于服务定位有所不同，所以在关注以上各种关注角度外，还需要加强本校图书馆阅读推广的服务内涵，通过本土文化资源的挖掘与利用，增强大学生对所在区域文化的认识与理解，从而探索出阅读推广的本土化思路。

这种阅读推广研究思路将读者从受众角色视为文化生成者，并且利用本土文化多元路径建构活动内涵，从而使得本土资源与媒介融合成为阅读推广的新助力。目前，采用这种设计思路的例子，如六盘水师范学院图书馆的余成斌和敖小爽，强调利用六盘水地方文献中涉及的民族文化、"三线文化"、红色文化、山地旅游文化等，从文化传承角度探索地方高校图书馆独特的阅读推广路径。[②] 那么，浙江财经大学东方学院作为位于海宁区域的独立学院，该如何利用图书馆的特色馆藏文献，并采用哪些媒介方式激活文献

---

① 孙鹏，王振伟．图书馆数字阅读推广服务创新路径研究[J]．图书馆工作与研究，2017(11)：53-56．

② 余成斌，敖小爽．文化传承视角下的地方文献阅读推广模式[J]．边疆经济与文化，2018(2)：112-113．

资源的文化内涵，从而达到培养学生对区域文化的了解与阅读推广的社会服务功能。

一、特色馆藏与本土文化推广

海宁悠久的历史，孕育了富有特色的海宁"三大文化"，即"潮文化""灯文化""名人文化"。海宁钟灵毓秀、名人辈出，是王国维、徐志摩、金庸、蒋百里等名人的故乡，素有"丝绸之府""文化之邦""皮革之都"的美誉，2002年被命名为"中国民间艺术之乡"，2006年"海宁皮影戏"和"硖石彩灯"被列为首批国家级非物质文化遗产，2008年被列为浙江省传统节日保护示范地（元宵节）。

2004年9月浙江财经大学东方学院图书馆正式落户于海宁校区。为了服务于本土文化的传承与推广，图书馆开设特色馆藏"仰山文苑"并于2013年10月起对读者开放，收藏记载海宁文化和历代名人著作近1 200种，共计2 000余册，藏书种类涵盖海宁籍名人的著作集、古籍善本、名人手稿、相关评论和研究资料及文津阁《四库全书》（影印）等。同时，图书馆网页上开设"人文海宁"资讯专栏，分设"潮起海宁、历代名人、院士风采、潮乡骄子、奔向延安"等五个子栏目，全方位地宣传海宁本土文化。

自2017年起，浙江财经大学东方学院启动应用型高校建设，提出了解地方、服务地方与宣传地方文化，努力成为海宁地方经济文化建设的重要一轴。与此同时，图书馆的服务职能也要进行应用转型的改变，由被动的提供藏书借阅服务，转向积极主动策划与实施各种推广阅读活动。图书馆所设特色馆藏"仰山文苑"，不但积极收集海宁的历史文献，而且也积极征集当代海宁作家的作品，邀请收藏当地各文化机构的出版物，例如海宁市文联编的《海宁名人》、海宁市政协文教卫体与文史委员会暨海宁市文史研究会合编的《海宁文史》、海宁市博物馆的《海宁文博》、海宁市图书馆的季刊《水仙阁》，以及海宁红楼梦研究会的《海宁红学》等刊物。这些地方特色文献的馆藏与专门阅读场地的开辟，都是为了促进东方学院学生广泛了解海宁文化的阅读。

高校图书馆阅读推广的目标就是，让不会阅读的学生学会阅读，让不喜欢阅读的学生爱上阅读。"为培养读者阅读习惯，激发读者阅读兴趣，提升读者阅读水平，并进而促进全民阅读所从事的一切工作的总称"。[①] 2014～2016年，"倡导全民阅读"连续3年写入李克强总理的政府工作报告。2017年，政府工作报告又提出"大力推动全民阅读"。从过去的"倡导"升级为"大力推动"，这是党和政府对全民阅读推动力度的进一步加大，将对全民阅读广泛深入地开展奠定坚实基础。2018年，"全民阅读"再次写入政府工作报告，"推动全民阅读"成为中华民族伟大复兴的重要环节。由此，将阅读推广结合弘扬优秀地方文化等做法，事实上也是探索一条基于文化传承与宣传的阅读推广新途径。

随着独立学院在地化与应用转型的双重需求，其图书馆配套服务也必须随之相应调整，其中阅读推广与地方文化的结合，既激活文化传承的现实价值，又突出服务地方的

---

① 万行明. 阅读推广——助推图书馆腾飞的另一支翅膀[J]. 当代图书馆，2011(1)：7—11.

现实意义,从而使得本文的探索具有现实应用与理论反思的双重价值。

二、阅读推广方案的设计与应用

鉴于当代阅读载体形态的变更,当代大学生虽拥有更多机会去自由选择阅读内容与阅读形式,但是仍然需要高校图书馆的阅读引导,从而使得高校图书馆具备促进学生人文阅读养成的教育引导功能。那么,面对大学生读者,高校图书馆尤其是独立学院图书馆应该如何引导大学生的阅读行为,如何使他们在校期间培养一种良好的阅读习惯?显然,由于阅读群体的不同,也决定了采用的阅读推广形式的不同。

通常而言,阅读推广活动的主要形式有,一是访谈对话形式,即用对话、谈心、问答等形式来进行的活动形式;二是讲座、授课形式,即采用学校课堂教育形式,通过举办讲座、培训班、阅读课等形式;三是参观、实践形式,即带领学生参观图书馆、博物馆等;四是推荐书目形式,即通过综合或专题书目推荐进行阅读推广;五是集会形式,即通过举办读书心得交流会、阅读培训班、演讲会与报告会等形式;六是观摩展览形式,即举办阅读成果观摩展或书画展等,此外还有读书社团活动形式、文字网站形式、举办各种阅读竞赛、戏剧与诗歌朗诵等文娱形式、视频展播等多种阅读推广形式。[①] 由此,根据所在学校的发展情况与所在地域的文化资源,图书馆阅读推广结合地方文化的推广路径,其目标是引导学生深入而广泛了解海宁地方文化。

我院图书馆开展以"走读海宁"为主题的立体阅读活动,作为读书节的主要活动项目,通过引入"立体阅读"模式,开展讲座、"走读海宁历史文化""扫码看书""非遗进校园"等多项活动,从而让东方学子更好地了解海宁、走进海宁、深入了解海宁文化,从而加强校园文化和地方文化的融合。基于这样的背景,如何创设多元渠道激活并应用地方文化资源,具体化为可实施的步骤。

首先,拓展阅读方式,引导读者深入理解海宁文化,即"阅"读海宁文化。其一,我馆创设特色文化活动空间"仰山文苑",作为东方学院师生了解海宁的特色文献窗口,每个学年初始组织新生参观"仰山文苑",安排专门图书管理员讲解海宁历代文献;平时引导学生阅读海宁地方定期刊物,例如海宁文联年刊《海宁名人》与《海宁文史资料》、海宁图书馆刊物《水仙阁》、海宁博物馆刊物《海宁文博》,两种文献形成共时性知识空间。其二,我馆在官方网站创作并发布海宁人文多媒体视频。该多媒体视频专辑由潮起海宁、历代名人、院士风采、潮乡骄子、奔向延安五个部分组成,通过这个多媒体视频,向东方学院师生集中展现了海宁"名人文化"的精髓。其三,为了激活馆中地方文史书籍的藏书资源,在读书节设计学生在图书馆寻找"黄金屋",即"海宁人文历史"书箱 AR 找书比赛。借鉴古人名言"书中自有黄金屋,书中自有颜如玉",通过 AR 藏红包技术,带领学生享受找书的乐趣,体验书中"扫"红包的乐趣。其四,变学生静态接受为动态的知识再生产,设计"海宁人文历史知识竞赛",竞赛题目从海宁人文历

---

① 万行明. 阅读推广——助推图书馆腾飞的另一支翅膀 [J]. 当代图书馆,2011 (1):7-11.

史书籍中提炼。此外，读书节也结合扫"码"看书，利用数字阅读平台，如：歌德借阅机、移动图书馆等阅读平台，精选海宁人文历史相关书籍，并制作成海报，供全院师生扫"码"阅读。由此，地方文化的阅读推广已由随意性的传统阅读方式，变成建构历时性与共时性相结合的地方知识空间；同时，学生也由被动的受众变成主动阅读与知识建构的阅读者；最后借助活动载体的多元化与趣味化，激活学生对知识再生产的热情与创造力。

其次，变平面阅读为立体阅读，必须借助深挖地方文化资源的内涵建设，即"听"读海宁文化。如果说"阅"读海宁文化的对象是地方书籍文献，那么"听"读海宁文化的对象就是海宁本土研究者的现场演说，对地方文化的研究现状深入了解。其一，为了了解海宁名人例如举办关于王国维研究的讲座，邀请海宁文化名家王学海先生为讲座嘉宾；举办"沙龙"主题，关于徐志摩以及研究与编撰心得，邀请海宁史志办虞坤林先生为讲座嘉宾。其二，为了了解海宁文学发展现状，举办关于海宁文学与创作心得的讲座，邀请当代海宁作家、诗人邱东晓先生为讲座嘉宾。其三，为了了解海宁典藏文化，举办关于本地地方典籍的收藏情况的讲座，邀请海宁市图书馆原馆长陆子康先生为讲座嘉宾。由此，聆听本土学者的讲座，成为东方学院师生与海宁地方文化的思想碰撞。

再其次，创设知行结合的专题活动，即"走"读海宁历史文化。根据古人所言"读万卷书，行万里路"，读书节安排东方学院学生走出校门深入海宁各地开展采风活动，零距离接触海宁地方文化。这些实践活动包括：其一，采风活动，参观海宁名人故居、文化特色街区，以及海宁市图书馆，组织形式共分三批，分别组织学生，第一批组织学生参观名人故居，例如徐志摩、王国维、金庸故居以及陈阁老宅；第二批组织学生参观海宁文化特色街区，例如南关厢老街以及盐官观潮胜地；第三批组织学生参观海宁市图书馆与博物馆。其二，视觉创作，设计"海宁印象"摄影比赛，鼓励学生发挥创作主动性，拍摄具备人文、艺术、民俗的特色老街，体现浓厚的历史文化元素的老建筑以及那如画风景，将一种忆古怀旧和品味经典的记忆转化为视觉作品，活动内容为海宁人文地理的摄影比赛，以海宁当地特色老街、老建筑，自然风光等特色景物为摄影对象。其三，文学创作，设计"了解海宁文化，感受海宁之美"征文比赛，鼓励学生根据有关海宁历史文化，以"了解海宁文化，感受海宁之美"为主题，挖掘海宁的历史底蕴，创作诗歌与散文等体裁的文学作品，也可结合海宁人文历史相关书籍抒写读书心得。

最后，变阅读实践为表演实践，激发学生对于地方文化的艺术再创作热情，即"演"读海宁文化。读书节进行零距离接触国家非遗暨文艺汇演，以大学生喜闻乐见的形式演绎海宁文化，作为浙江财经大学东方学院第五届读书节闭幕式，以响应国家全民阅读号召为主旨，以弘扬地方特色文化海宁文化为契机，综合实践活动中涉及所有海宁文化相关元素，通过戏剧的手法，将人物、诗歌、音乐、皮影、灯彩、舞蹈等诸多人文元素进行碰撞与黏合，从表演艺术的角度，培养学生拥有阅读习惯、艺术品鉴与艺术表演的素质。

为了贯彻落实阅读推广"走读海宁"为主题的设计主旨，阅读推广方案的设计策划，基本做到活动实践的多元空间再造、载体形态创新、服务模式深化、阅读方法拓展和营销途径外延等主要原则，既体现读者作为阅读推广的受众群体，又实现读者作为文化价值再生发的创造者这一角色转换。所以，本方案实质上让读者走进阅读，参与阅读，最后创作出阅读与鉴赏的衍生作品。

三、阅读推广本土化的几点思考

以"走读海宁"为主题的阅读推广策划方案，代表东方学院图书馆参加2017年浙江省图书馆学会主办的"浙江省图书馆阅读推广活动创意策划大赛"，并于该年11月6日在宁波举行的大赛决赛中获得优胜奖。本次策划活动结合本地区文化特色和地域特点，立意高，接地气，获得了专家们的高度肯定。通过本次大赛，我馆学习借鉴各单位阅读推广经验，为我院阅读推广活动储备了丰富的素材。同时，该策划方案运用实施于2018年图书馆主办的读书月活动中，自4月23日世界读书日开启至5月底结束。

"走读海宁"阅读推广方案在实施过程的收获如下：让学生走出校门去考察海宁文化；邀请海宁地方学者来介绍海宁文化；引导学生创作出关于海宁的文化产品。同时，该方案的实践效果表明策划设计的不足，以及未来需要拓展的几个方向：加强图书馆指导下学生读书社团的建设；提高学生与其他读书与文化类社团参与读书节活动的积极性；加强跟海宁本地文化机构的联系，争取带领学生阅读成果作品"走出去"展览的机会，让参与学生有更多的收获。总而言之，本次阅读推广的本土化实践，既引导读者深入理解海宁文化，变平面阅读为立体阅读，又借助深挖地方文化资源的内涵建设，创设知行结合的专题活动，变阅读实践为表演实践，激发学生对于地方文化的艺术再创作热情。

因此，本次阅读推广的本土化实践表明阅读推广活动在追求文化特色方面，融合地方文化的方法值得进一步探索。基于东方学院服务地方文化建设的需要，融合地方文化的阅读推广活动设定具体的目标和要求，以符合创新性要求、体现时尚性和满足大学生读者阅读需求为活动原则，结合所在图书馆融合地方文化的阅读推广活动实践，构建了"线上—线下—线上"的阅读推广模式。[①] 东方学院的"走读海宁"阅读推广策划方案就是将借助多元媒介，结合线上线下的推广模式的一次探索。

对于阅读推广的设计与实践，华东师范大学的范并思教授指出："在阅读推广发展的早期，图书馆人需要突破旧的思想禁锢，突破以静态文献服务为基本特征的传统图书馆服务，创建与新的社会信息环境相适应的新型服务理念与服务模式。"[②] 作为一个独立学院图书馆，阅读推广工作刚刚开始探索，首先是思想观念的开拓，然后再是对阅读推广内涵的进一步学习。所以，阅读推广方案的设计不仅要兼顾多元空间再造、载体形态创新、服务模式深化、阅读方法拓展和营销途径外延等外在形式策略，更应该夯实阅

---

① 罗铿. 融合地方文化的高校图书馆阅读推广实践研究 [J]. 图书馆理论与实践, 2017 (12): 10—14.
② 范并思. 图书馆阅读推广的合理性审视 [J]. 图书情报工作, 2017, 61 (23): 34—39.

读推广活动的内在文化价值，以文化魅力吸引读者的阅读兴趣，以文化深度激发读者的创作热情，从而体现阅读其实质就是一种文化的再创造。

随着全民阅读工作的不断推进，东方学院图书馆既要坚持服务本校师生，同时也要逐渐学会挖掘本土文化资源，让自身的阅读推广活动具备独特的区域文化特色。此外，我馆也要参与到本省各级各类图书馆的活动中去，向其他高校图书馆与公共图书馆学习借鉴如何不断创新阅读推广形式和内容，充分挖掘和发挥图书馆员的创新、创意、创作能力，设计并实施更多主题鲜明、内容丰富、形式新颖、参与度广、影响力强的优秀活动案例。

参考文献

［1］孙鹏，王振伟．图书馆数字阅读推广服务创新路径研究［J］．图书馆工作与研究，2017（11）：53—56.

［2］余成斌，敖小爽．文化传承视角下的地方文献阅读推广模式［J］．边疆经济与文化，2018（2）：112—113.

［3］万行明．阅读推广——助推图书馆腾飞的另一支翅膀［J］．当代图书馆，2011（1）：7—11.

［4］范并思．图书馆阅读推广的合理性审视［J］．图书情报工作，2017（23）：34—39.

［5］罗铿．融合地方文化的高校图书馆阅读推广实践研究［J］．图书馆理论与实践，2017（12）：10—14.

［6］赵俊玲，郭腊梅，杨绍志．阅读推广：理念、方法、案例［M］．北京：国家图书馆出版社，2013.

［7］王余光，霍瑞娟．大学图书馆阅读推广［M］．北京：朝华出版社，2013.

省内八所独立学院图书馆资源建设和服务工作对比分析

霍东燕

(浙江财经大学东方学院图书馆,浙江 海宁 314408)

摘 要:图书馆资源建设是一项长期的投入与优化的过程。在独立学院图书馆资源建设过程中,由于其发展目标的动态性,需要有针对性、有选择性地实施阶段性资源建设目标。本调研报告结合我省八所独立学院2017年图书馆资源建设和服务工作情况进行对比分析,以揭示各自发展特色,为东方学院图书馆资源建设和服务工作确立努力的方向。

关键词:图书馆资源;独立学院;选择性发展

独立学院的出现,对我国完善高等教育体系、培养不同层次人才发挥了十分重要的作用。近年来,随着独立学院向创新创业型人才培养的转变,独立学院图书馆资源建设也发生系统性的变化。本研究报告结合我省八所独立学院2017年图书馆资源建设状况(教育部高校图书馆事实数据统计资料),进行若干指标的分析,期望在一定程度上总结近年来图书馆资源建设的发展趋势,为学院科学地决策图书馆未来资源建设投入方向提供参考。

一、省内八所独立学院图书馆基本情况分析

(一)基本情况对比分析

作为图书馆最基础性资源的馆舍面积、生均座位数、周开放时间,是图书馆资源使用状况最基本的前提条件。

就馆舍面积而言,东方学院图书馆馆舍面积25 000平方米,在八所独立学院中排第六位,馆舍面积相对较小;但生均阅览室座位数0.34个/人,在八所独立学院中居第二位;周开放时间与中国计量大学科技学院、宁波大红鹰学院均为101.5小时,居第一位。详见表1。

表1 2017年八所独立院校图书馆基本情况汇总

项目名称	浙江大学城市学院图书馆	浙江大学宁波理工学院图书馆	杭州师范大学钱江学院图书馆	中国计量大学科技学院图书馆	浙江农林大学暨阳学院图书馆	宁波大红鹰学院图书馆	浙江财经大学东方学院图书馆	绍兴文理学院元培学院图书馆
馆舍面积（m²）	29 610	21 159	35 600	9 000	28 332	27 800	25 000	30 000
在校生人数（人）	13 371	11 841	8 992	5 640	6 610	18 092	9 739	8 539
阅览室读者座位总数（个）	1 647	2 220	6 000	772	1 800	3 670	3 300	1 381
生均座位数（个）	0.12	0.18	0.66	0.14	0.27	0.2	0.34	0.16
周开馆时长（小时）	90	93	94	101.5	98	101.5	101.5	94.5

资料来源：教育部高校图书馆数据库统计资料。

（二）人力资源情况对比分析

如表2所示，省内八所独立学院图书馆员工职称结构中高级职称占比较高的浙江大学城市学院25.8%、绍兴文理学院元培学院15.38%，具有较强的人才优势，有利于开展深层次学科服务；中级职称占比较高的杭州师范大学钱江学院63.15%、宁波大红鹰学院46.43%、东方学院40.91%，具有较好的人才发展潜力，有利于服务工作的深入开展。从员工人均服务读者人数看，浙江大学城市学院、中国计量大学科技学院服务人数相对较少，具有精细化服务优势；东方学院图书馆员工人均服务读者人数为442人，处于中等水平，员工日常工作处于相对饱和状态。

表2 省内八所独立学院图书馆人力资源情况汇总

项目名称	浙江大学城市学院图书馆	浙江大学宁波理工学院图书馆	杭州师范大学钱江学院图书馆	中国计量大学科技学院图书馆	浙江农林大学暨阳学院图书馆	宁波大红鹰学院图书馆	浙江财经大学东方学院图书馆	绍兴文理学院元培学院图书馆
工作人员总数（人）	62	34	19	19	21	28	22	13
高级职称（人）	16 (25.80)	3 (8.82)	2 (10.52)	1 (5.26)	2 (9.52)	2 (7.14)	1 (4.54)	2 (15.38)
中级职称（人）	13 (20.96)	6 (17.64)	12 (63.15)	6 (31.57)	5 (23.8)	13 (46.43)	9 (40.91)	1 (7.69)
在校生数（人）	13 371	11 841	8 992	5 640	6 610	18 092	9 739	8 539
员工人均服务读者人数（人）	215.66	348.26	473.26	296.84	314.76	646.14	442.68	656.84

注：职称结构（）中的数据表示该职称员工占在编职工人数的比例。
资料来源：教育部高校图书馆数据库统计资料。

二、资源建设方面对比分析

(一) 经费使用情况对比分析

1. 生均经费排名情况

如表3所示，省内八所独立院校2017年度图书馆经费使用情况生均经费支出中，浙江农林大学暨阳学院图书馆为394.84元、浙江大学城市学院图书馆298.96元、东方学院图书馆为269.08元，在八所独立院校中排名第三位，纸质图书及电子资源经费投入相对较高。

表3 2017年八所独立学院图书馆经费使用情况汇总

项目名称	浙江大学城市学院图书馆	浙江大学宁波理工学院图书馆	杭州师范大学钱江学院图书馆	中国计量大学科技学院图书馆	浙江农林大学暨阳学院图书馆	宁波大红鹰学院图书馆	浙江财经大学东方学院图书馆	绍兴文理学院元培学院图书馆
购纸质资源（元）	3 728 600	2 216 028	1 228 103	697 949	2 481 347	2 116 788	2 595 861	1 594 569
购电子资源（元）	199 000	443 950	41 896.4	0	0	1 188 624	255 000	20 000
其他经费支出（元）	258 600	568 498	5 800	1 164 260	128 540	101 800	273 750	533 020
生均经费支出（元/人）	298.96	187.81	141.24	130.84	394.84	182.8	269.08	247.4

资料来源：教育部高校图书馆数据库统计资料。

2. 生均纸质图书采购量

如表4所示，从省内八所独立学院纸质图书采购量来看，杭州师范大学钱江学院图书馆、中国计量大学科技学院图书馆、宁波大红鹰学院图书馆2017年生均图书采购量为3册，其纸质图书累计量相对较高（见表6）；浙江农林大学暨阳学院、绍兴文理学院元培学院生均图书采购量为8册、5册；东方学院、浙大城市学院、宁波理工学院生均图书采购量均为4册。

表4 2017年八所独立学院图书馆新增纸质图书资源情况

项目名称	浙江大学城市学院图书馆	浙江大学宁波理工学院图书馆	杭州师范大学钱江学院图书馆	中国计量大学科技学院图书馆	浙江农林大学暨阳学院图书馆	宁波大红鹰学院图书馆	浙江财经大学东方学院图书馆	绍兴文理学院元培学院图书馆
2017年购置图书（册）	55 040	50 706	28 473	17 317	58 267	53 723	41 300	45 225

续表

项目名称	浙江大学城市学院图书馆	浙江大学宁波理工学院图书馆	杭州师范大学钱江学院图书馆	中国计量大学科技学院图书馆	浙江农林大学暨阳学院图书馆	宁波大红鹰学院图书馆	浙江财经大学东方学院图书馆	绍兴文理学院元培学院图书馆
2017年生均新购文献（不含电子文献）（册）	4	4	3	3	8	3	4	5

资料来源：教育部高校图书馆数据库统计资料。

3. 纸质期刊采购量

如表5所示，八所独立学院根据教学科研需要均采购了纸质期刊。但由于电子期刊使用的便利性，纸质期刊采购量各校有逐年下降趋势，2017年除浙江大学城市学院、东方学院、宁波理工学院外，其他几所院校均在千份左右及以下；东方学院纸质期刊采购量相对较高。

表5　2017年八所独立学院图书馆新增纸质期刊情况

项目名称	浙江大学城市学院图书馆	浙江大学宁波理工学院图书馆	杭州师范大学钱江学院图书馆	中国计量大学科技学院图书馆	浙江农林大学暨阳学院图书馆	宁波大红鹰学院图书馆	浙江财经大学东方学院图书馆	绍兴文理学院元培学院图书馆
2017年购置纸质报刊（份）	2 156	1 414	805	472	1 062	1 111	1 937	556

资料来源：教育部高校图书馆数据库统计资料。

（二）资源累积量对比分析

1. 纸质资源建设方面

如表6所示，截至2017年底省内八所独立院校中，生均纸质图书达到100册以上的图书馆有5所，其中中国计量大学科技学院、浙江农林大学暨阳学院生均图书达到119册，杭州师范大学钱江学院生均图书108册，东方学院生均图书104册，宁波大红鹰学院生均图书103册；达到教育部本科院校生均百册图书的指标要求。

表6　2017年底八所独立学院图书馆馆藏纸质图书累积量

项目名称	浙江大学城市学院图书馆	浙江大学宁波理工学院图书馆	杭州师范大学钱江学院图书馆	中国计量大学科技学院图书馆	浙江农林大学暨阳学院图书馆	宁波大红鹰学院图书馆	浙江财经大学东方学院图书馆	绍兴文理学院元培学院图书馆
纸质图书累积量（册）	1 166 139	1 066 565	913 834	672 425	768 767	1 838 451	990 837	780 054

续表

项目名称	浙江大学城市学院图书馆	浙江大学宁波理工学院图书馆	杭州师范大学钱江学院图书馆	中国计量大学科技学院图书馆	浙江农林大学暨阳学院图书馆	宁波大红鹰学院图书馆	浙江财经大学东方学院图书馆	绍兴文理学院元培学院图书馆
生均拥有文献（不含电子文献）（册/人）	93	93	108	119	119	103	104	92

资料来源：教育部高校图书馆数据库统计资料。

2. 电子资源建设方面

2015~2017年在与财大本部共享数字资源的基础上，东方学院自主购建数字化资源及平台4个。开通移动数字图书馆平台、畅想电子图书、超星期刊数据库、超星学习通数据平台等充实数字资源。初步搭建专业化、个性化、嵌入式文献服务模式，实现多元化学术交流和文化传播网络化平台。

如表7所示，2017年省内八所独立院校中，除宁波大红鹰学院图书馆数字资源为自有资源外，其他七所高校均与校本部实现数字资源共享，在此基础上自购部分数字资源，作为必须补充，以满足学院特色化发展及学生个性化需求的需要。

表7 2017年底八所独立学院图书馆馆藏自有电子图书累积量

项目名称	浙江大学城市学院图书馆	浙江大学宁波理工学院图书馆	杭州师范大学钱江学院图书馆	中国计量大学科技学院图书馆	浙江农林大学暨阳学院图书馆	宁波大红鹰学院图书馆	浙江财经大学东方学院图书馆	绍兴文理学院元培学院图书馆
自有电子图书累积量（册）	350 000	329 488	8 542	349 770	2 321 144	1 440 000	2 003 000	153 000
数字资源与校本部共享情况	共享	共享	共享	共享	共享	自有	共享	共享

资料来源：教育部高校图书馆数据库统计资料。

三、图书馆服务工作情况对比分析

（一）东方学院近三年读者服务数据变动分析

如表8所示，东方学院2015~2017年在读者服务方面服务工作质量不断提升，由于读者阅读习惯由纸质图书向电子图书的转变，除纸质图书借阅率呈现逐年下降趋势外，读者入馆率、数字资源访问量、自助打印复印量、论文检测量等指标均逐年增长，在同类院校保持较高水平。

表8　2015～2017年读者服务情况数据统计

年份	入馆人次（万人次）	借书册数（万册）	主页访问量（万人次）	数据库点击量（万人次）	自助打复印人次（万人次）	论文检测（人次）
2015	50	8.1	14.88	—	5.62	7 000
2016	50.5	7.2	9.2	16	7	7 500
2017	50.6	5.57	10.1	25.6	7.9	9 000

资料来源：东方学院内部资源数据统计。

如表9所示，2015～2017年微信平台关注人数、图文信息发布量、接受咨询建议及数字资源培训量均逐年提升或保持较高的水平。

表9　2015～2017东方学院图书馆微信、读者教育数据统计

年份	微信关注人数（人）	发布图文信息（条）	发布微博（条）	接收咨询、意见、建议（条）	数字资源培训（场次/人次）
2015	3 980	192	720	1 000	—
2016	6 230	216	208	4 532	22场/3 000余人
2017	8 500	310	200	2 000	40场/5 000余人

资料来源：东方学院内部资源数据统计。

（二）八所独立院校读者服务对比分析

如表10所示，在省内八所独立院校横向比较中，年生均借书量、生均信息素养教育量指标上，东方学院图书馆居于八所独立院校第三位、第一位；浙江大学城市学院、宁波理工大学图书馆开展了文献传递服务，其他学院没开展此项服务。

表10　2017年八所独立院校图书馆资源利用情况汇总

项目名称	浙江大学城市学院图书馆	浙江大学宁波理工学院图书馆	杭州师范大学钱江学院图书馆	中国计量大学科技学院图书馆	浙江农林大学暨阳学院图书馆	宁波大红鹰学院图书馆	浙江财经大学东方学院图书馆	绍兴文理学院元培学院图书馆
书刊外借量（册）	73 969	77 671	40 000	23 249	—	181 725	55 688	—
生均借书量（册）	5.53	6.56	4.45	4.12	—	10.04	5.72	—
G2文献传递量（篇）	277	1 703	0	0	0	0	0	0
信息素质教育听课总人数（人）	2 599	2 001	2 000	0	1 798	7 854	5 300	0
生均信息素养教育比重（%）	0.19	0.16	0.22	0	0.27	0.43	0.54	0

资料来源：教育部高校图书馆数据库统计资料。

综上所述，从我省八所独立学院2017年图书馆资源建设及服务现状对比、分析来看，东方学院图书馆在八所独立学院中馆舍面积较小，但在生均阅览座位、开放时间上均优于其他几所学校；在人力资源建设上，员工数量相对较少，高级职称人才偏少，中级职称馆员相对较多，员工工作量相对饱满；在资源建设方面，纸质资源经费投入较高，纸质图书、期刊资源累积量处于中等水平；读者服务工作全面铺开，信息平台互动效果良好，信息素养教育普及率较高。

四、东方学院图书馆提升服务和管理工作的对策

（一）优化和完善人力资源结构

东方学院现有职称结构、学历层次有发展潜力，但对开展深层次服务仍有一定的差距。因此，为了进一步改善图书馆人力资源结构，除积极创造条件、加大力度吸引高素质人才外，还需要充分挖掘馆内现有人力资源潜力、强化提升馆内现有员工的执行力与服务能力。

1. 完善梯队建设

以优秀青年员工为核心，组建各类工作小组，打破部门限制，优化馆内工作团队，在实践中提高团队效能。

2. 积极参与高校图书馆学术研究

聘请专家专业指导、开展专题研讨和专项课题研究，提高馆员科研能力和业务水平；立足工作实际，调查研究，努力提高课题研究的层次和研究成果的水平。

3. 举办馆员讲堂

开展工作业绩评估或业务技能竞赛，推动馆内员工不断提高业务素质和工作水平，为下一步开展深层次学科服务做好知识储备和打好业务基础。

（二）适时调整图书馆资源建设方向

第一，通过对图书馆资源及利用情况大数据分析，适当调整资源结构和布局。如适当控制和缩减纸质图书的采购量，缩减纸质期刊的采购量，加大满足学院学科特色的电子资源的采购量，以适应数字化时代师生对数字资源的需求。

第二，进一步加大与分院融合的工作力度。加强对接服务，了解和把握分院学科建设的特色，特别是应用型建设中课程建设、新增专业的建设情况，着力开展相应资源建设，满足特色化建设的需求。

第三，完善"经典热门图书""创新创业类图书"专柜的建设，加快推出"经管类精品图书"专柜的建设，举办各类主题书展，努力提高图书的利用率。

（三）持续开展阅读宣传与推广工作

进一步推进阅读宣传与推广工作。全员参与，群策群力，不断创新服务模式，吸引

学生社团和读者积极参与到各项活动中来，发挥学生的能动性和创造性，共同营造书香校园。

在开展各类文化宣传活动的同时，应注重开展活动绩效评估，开展问卷调查、大数据分析，力求把各项服务工作做得更扎实有效。

（四）积极搭建多元化学术交流和文化传播平台

完善专业化、个性化、嵌入式文献信息服务体系，在充分发挥微信、微博、学习通等网络数字平台功能的同时，为分院搭建专业化信息化交互平台，并加强对平台的宣传与推广，发挥平台的知识传播功能和效用。

（五）着力加强大学生信息素养教育和培训力度

建议学院将信息素养教育纳入教学体系中，以提高学生对数字化信息资源的应用能力，进一步提高数字资源的利用率。

（六）引入智能化管理创新服务形式与内容

把握图书馆发展前沿，以图书馆智能化管理为契机，更新服务理念和工作思路，以适应不断变化的时代对图书馆工作的新要求。

总之，在落实学院的创新创业发展战略中，以各分院教学、科研、社会服务为基础，以图书馆资源、平台及其服务为支持条件，优化资源共享机制，从而建立符合东方学院发展需求的图书馆特色资源体系。

参考文献

[1] 杨清华．地方高校图书馆资源建设的开发利用与高校转型发展相关性研究［J］．产业与科技论坛 2018，17（1）：244—245．

[2] 陈晔，宓永迪，刘晓清．浙江省数字图书馆建设探索与实践［J］．国家图书馆学刊，2012，21（5）：60—65．

[3] 李健．"后评估时代"民办高职院校图书馆经费问题的探讨［J］．高校图书馆工作，2014（4）：44—46．

浙江省独立学院图书馆读书节活动的调查与分析

葛晴晴

（浙江财经大学东方学院图书馆，浙江 海宁 314408）

摘 要：读书节作为阅读推广活动的重要方式之一，被越来越多的高校图书馆所重视。本文选取浙江省22所独立学院图书馆为调查对象，通过访问各高校网站以及图书馆网站，调查分析了浙江省独立学院图书馆读书节系列活动的开展情况、活动形式、活动特点等，提出了浙江省高校图书馆读书节深化发展的对策。

关键词：独立学院；图书馆；阅读推广；读书节

高尔基说："书籍是人类进步的阶梯。"阅读好书，可以丰富我们的知识，陶冶我们的情操，启迪我们的智慧。读书活动作为促进全民阅读的一种重要方式，其重要性正慢慢被政府意识到，高校作为教育的前沿阵地，对于文化传承、倡导全民阅读，有着举足轻重的作用。而高校图书馆，拥有海量的纸质资源和数字资源，是大学生学习探索、增加文化素养的学习阵地，对于推动社会全民阅读发挥着举足轻重的作用。为营造良好的校园文化氛围和阅读氛围，给读者提供优质的服务，引导读者多读书。浙江省各高校图书馆陆续开展读书节或读书月系列阅读推广活动，极力引导各类读者更好地利用图书馆资源，提高图书的借阅率与资源的利用率。本文针对浙江省高校图书馆读书节系列活动中的现状和开展情况，进一步探讨浙江省高校图书馆读书节活动深化发展的对策。

一、浙江省高校图书馆读书节活动开展现状

读书节作为校园文化建设的重要组成部分，越来越多的高校图书馆陆续开展该项活动。为全面了解浙江省高校图书馆阅读推广活动开展情况，笔者利用百度搜索引擎，依次进入浙江省各独立学院图书馆的官方网站，查找开展读书节活动的相关信息，一一考察了22所浙江省本科院校（民办）图书馆2018年4～6月间读书节活动开展的现状及特点。同时以这22所独立学院图书馆为研究对象来分析高校图书馆读书节活动，以探究读书节目前的现状并思考读书节活动进一步深入发展的对策和建议。

（一）读书节活动开展情况

通过对浙江省内22家独立学院图书馆网站调查显示（详见图1），2家图书馆网站提示"域名解析失败，无法访问页面"；6家独立学院图书馆没有图书馆网站或网站信息中未查找到与读书节相关的活动；14家高校图书馆网站，在其"本馆新闻""通知公告""读者服务"等栏目或者图书馆的微信公众号中，展示了与读书节相关的活动内容。其中浙江财经大学东方学院图书馆、浙江大学城市学院图书馆、杭州师范大学钱江学院图书馆建有图书馆读书节/读书日专题网页。浙江师范大学行政学院、杭州师范大学钱江学院和湖州师范学院求真学院的读书节是与校本部联合举办的。

22所独立学院中，除上海财经大学浙江学院外，其他举办读书节/月的高校，时间都是定在每年的4~6月。另外，活动名称为"读书节"的高校有7家，读者服务宣传月3家，世界读书日3家，大学生读书文化节1家。

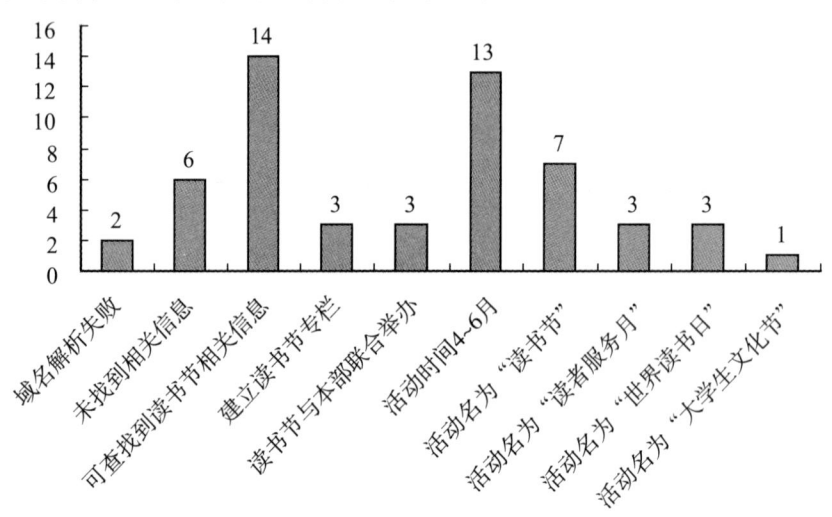

图1　浙江省内独立学院图书馆读书节活动的开展情况

（二）活动形式分析

浙江省高校图书馆举办的读书节活动各具特色（详见图2），归纳起来主要有以下几类：征文比赛、优秀读者（悦读之星、书香班级）评选、找书比赛、学术讲座、数字资源培训讲座、移动阅读推广、读书沙龙以及书画展览等。其中，"征文比赛""学术讲座""馆藏资源培训""读书沙龙""优秀评选"以及"图书推荐"等活动开展较为广泛，"超期免罚""阅读马拉松""经典诗歌朗诵"等活动开展得相对较少。在读书节活动期间，高校图书馆涌现出一批优秀的阅读推广案例，如浙江大学城市学院图书馆的"丢书大作战"活动，由图书馆选出几十本图书，"丢"在校园的某个场所，由参赛的师生根据线索去找书，找到图书后，扫描图书二维码，在线留言写读书心得，与其他读者共同交流探讨。浙江大学宁波理工学院图书馆开展的馆藏珍贵文献阅读抄写活动。活动通过创新馆藏中华文化典籍的深度阅读与体验方式，鼓励同学积极利用图书馆资源，深化读者对传统文化的认识，提升青年文化自信。"纸信书写"活动，让读者在品读古今中外文化名人书信集的过程中放下手机，拿起笔和纸，给一年后的自己或者写下想对父母朋友说的话，让那一缕情思顺着笔尖流淌。浙江大学宁波理工学院图书馆、杭州师范大学钱江学院图书馆以及浙江农林大学暨阳学院图书馆开展的"阅读马拉松"活动，创新性强，活动形式新颖，趣味性强。在规定的时间内阅读某一本书，然后完成一份答卷，根据阅读使用时间以及答题的准确率来评选，旨在营造全民阅读、深度阅读的书香氛围。浙江工业大学之江学院图书馆开展的"经典诗文诵读大赛"已经连续举办过四届，深受读者欢迎，很好地宣传弘扬中华传统经典文化。浙江海洋大学东海科学技术学院图书馆开展的舞台剧"你读我唱"活动，将传统经典图书用表演的形式展示，展现了中国古体诗和新体诗的独特魅力。这些优秀案例可为高校图书馆阅读推广活动的创新提供借鉴。

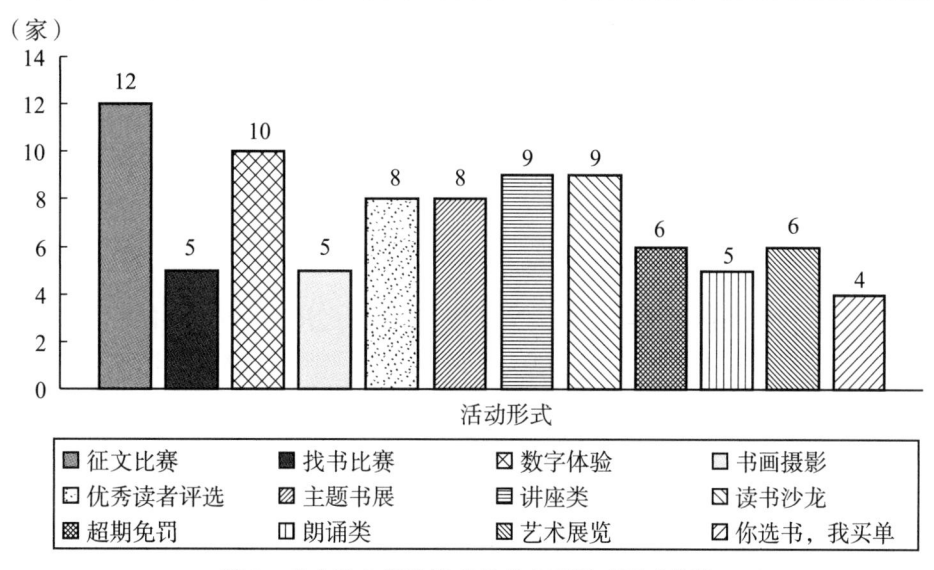

图 2 省内独立学院读书节的主要活动形式统计

注：笔者调研全省 22 家独立学院图书馆网站及微信公众号，其中 9 家单位无法找到相关信息，有效调研单位为 12 家。检索时间为 2018 年夏，其中优秀读者评选，涵盖悦读之星、读书达人、书香班级评选。

（三）读书节活动特点

1. 酒香也怕巷子深

自从全民阅读写入政府报告以来，各高校图书馆纷纷加大阅读推广活动的力度，举办形式多样、内容新颖的阅读活动。大多数高校，在每年的 4 月 23 日，即世界读书日前后，策划举办"读书节"活动，旨在引导读者多读书、读好书、好读书的文化氛围。为更好的举办读书节，各高校图书馆应该联合学校相关部门，凝心聚力，共同举办读书节活动，各部门协同协作，分工明确，责任分明。而图书馆方面，在每年举办读书节活动之前，安排专人成立策划小组，制定详细的活动方案，确定活动主题、宣传方案、海报设计、推广途径等。

酒香也怕巷子深，要想读书节活动取得成功，必须在宣传上下功夫。各高校图书馆要充分利用图书馆、学校微信公众号、校园网、QQ办公群、张贴宣传海报等多种方式全方位进行读书节活动前期宣传。必要时，可让学生会、二级分院的微信公众号帮忙推送活动内容，实现更大的覆盖面。

2. 活动形式既有传承又不断创新

调查发现，通过对历年读书节活动的分析研究，各独立学院 2018 年开展的读书节活动在内容上既有传承，又不断创新。多数高校图书馆在历届举办的读书节活动中都涉及书库寻宝、数字资源培训讲座、优秀读者评选、学术讲座、读书征文、读者阅读沙龙、超期免罚、主题书展、图书荐购等。以浙江财经大学东方学院图书馆为例，该校已连续举办过 5 届读书节，为鼓励读者多借书、多入馆，根据汇文系统，筛选出上一年度借阅图书总册数前 10 的读者，授予"悦读之星"荣誉称号，授予入馆总次数前 10 的读者为"优秀读者"称号，为其颁发奖品和证书，以资鼓励，该项活动深受读者欢迎。此外，调查发现，浙江大学城市学院、浙江大学宁波理工学院、浙江工业大学之江学院、浙江工商大学杭州商学院、上海财经大学浙江学院等高校图书馆已经连续多年开展读书节活动，在内容和形式上均有所创新。阅读推广活动的丰富与发展，不仅为读者提供了多角度的阅读体验，同时也开阔了馆员的视野，启发了馆员的主动服务意识和创新思维，营造了良好的校园阅读氛围。

3. 多部门联合协作

阅读推广活动事关整个学校的校园文化建设，只有各相关部门积极参与和支持，才能使其发展得越来越好，影响力越来越大。调研发现，浙江省高校各图书馆不同程度地与学校团委、组织宣传部、各二级学院、学生会、学生社团等组织和部门合作，共同举办每年的读书节活动。

二、阅读推广活动可持续发展的策略及建议

（一）每年定期举办读书节活动

读者阅读习惯的养成、校园阅读氛围的形成并不是一蹴而就的[1]，需要图书馆人长期坚持不懈的努力，图书馆应该努力将读书节打造成学校的文化品牌，成立读书节工作小组，每年定期举办读书节活动，使得该项活动具有延续性和传承性。相信，通过图书馆的努力，将会有越来越多的师生读者参与到阅读活动中，长此以往，也会在校园内形成爱读书的氛围，举办好每届读书节活动，对于提升读者的文化素养具有重要的作用。

（二）个性化制定阅读推广活动方案

要想将阅读推广活动做好，除了策划开展形式多样的活动内容外，还需要因人而异开展个性化的服务。高校开展阅读推广活动的主要对象是师生读者，首先了解他们各自的阅读需求，根据需求制定个性化的活动方案，可以大大提高活动的成功率。每年开展的读书节活动，也不应该是一成不变的。在实际操作中，尽量多开展一些读者愿意参与、成效好的活动，也可以向其他兄弟院校取经，学习其成功经验和经典案例活动。阅读推广的服务目标是使不爱阅读的人爱上阅读，使不会阅读的人学会阅读[2]。

(三)重视活动绩效评价,加强与读者的互动交流

调查发现,目前浙江省内各高校图书馆,皆不同程度的开展读书节或者世界读书日活动,活动形式除传统的征文比赛、找书比赛、图书荐购、学术讲座外,各高校会根据自己的学科特点以及优势,开展一些紧跟时代的特色创新活动。通过开展丰富多彩的阅读推广活动,图书馆在读者中的地位和重要性正在慢慢提升。但是同时,笔者发现,各图书馆在开展活动之后,缺少对活动效果的评价。高校图书馆应该设计一套科学的、多观点的评价体系,全方位地考量阅读推广活动的得失,以便于更好地指导阅读推广工作的优化和深入[3]。

对读书节活动进行绩效评价,不仅可以让图书馆馆员了解具体活动的受欢迎程度,了解读者的阅读需求,也可以让读者参与到图书馆的发展中来,同时也有助于图书馆改善服务方式,完善阅读推广体系,提升整体的服务水平[4]。

因此,每年读书节活动闭幕后,图书馆可以设计调查问卷,从读者的角度出发,对读者进行满意度调查。根据调查结果,了解读者的阅读兴趣,分析读书节活动的优势和存在的不足。根据读者的喜好,调整活动方案,多开展一些读者感兴趣又有意义的活动,读者受欢迎程度低的活动,少开展或者不开展,避免人力和物力资源的浪费。

(四)与兄弟院校图书馆建立合作关系

通过与省内其他高校图书馆建立联盟,整合双方优势资源,共同举办阅读推广活动,可以提高读书节活动的影响力,让更多的读者参与进来[5]。如美国阅读推广活动就是在政府、图书馆和各种教育、民政、商业等公私营机构的合作下进行,活动的策划和组织渠道包括了图书馆、出版商、书店等。多方合作可以使高校图书馆阅读推广活动向着纵深化、规模化方向发展,在合作的过程中,彼此可以取长补短。对于好操作、实效强的活动,可在各高校之间推广开展。高校图书馆阅读推广活动,经过几年的发展,已经取得不错的成绩,但是放眼未来,仍然任重而道远。每个图书馆人应以高度的热情,积极参与到阅读推广活动中来,为读者提供优质的服务,营造良好的阅读氛围,进一步拓展服务领域和空间,真正做到全心全意为读者服务。

参考文献

[1] 杨木容. 高校图书馆读书活动的实践与思考 [J]. 图书馆, 2012 (5): 124-126.

[2] 范并思. 阅读推广与图书馆学:基础理论问题分析 [J]. 中国图书馆学报, 2014 (9): 4-13.

[3] 王波. 图书馆阅读推广亟待研究的若干问题 [J]. 图书与情报, 2011 (5): 32-35.

[4] 刘海兰. 高校图书馆在阅读推广活动中存在的问题及对策研究:以潍坊学院读书节为例 [J]. 潍坊学院学报, 2014 (10): 107-109.

[5] 鄂丽君. 高校图书馆基于区域图书馆联盟开展阅读推广的探讨 [J]. 图书馆建设, 2012 (6): 55-59.

"双百双进"优秀大学生赴基层挂职锻炼实践研究

——以浙江财经大学东方学院为例

陈 聪[1] 崔艳明[2]

(1. 浙江财经大学东方学院外国语分院,浙江 海宁 314408;
2. 共青团浙江财经大学东方学院委员会,浙江 海宁 314408)

摘 要:文章从项目实施方法与策略、项目效果及意义、项目存在的问题及未来的考虑三个方面对浙江财经大学东方学院开展的"双百双进"优秀大学生赴基层挂职锻炼项目进行了深入研究。首先,文章从项目领导、顶层设计、内容布置、过程管理、奖惩落实五个方面概括总结项目实施方法与策略,尔后从项目本身、学院发展、社会发展、个人发展四个层面梳理项目成效并指出挂职管理制度还待科学打磨,挂职时间还需适当调整和延长,挂职研究还需鼓励和加强三大不足以及展望。

关键词:"双百双进";优秀大学生;基层挂职锻炼

一、引言

"双百双进"是浙江省委宣传部、省教育厅、团省委联合组织实施的百所高校结对县(市、区)、百万大学生走进基层、走进群众活动。活动鼓励大学生群体真正走进群众参与五水共治、垃圾分类、美丽乡村创建等基层中心工作。"双百双进"活动从2015年启动开始,全省百所高校积极对接县(市、区)开展形式多样的实践活动。浙江财经大学东方学院作为第一家从杭州外迁的独立院校,积极对接地方资源,组织"基层观察员"走访调研农村文化礼堂,组建"爱心家教"团队送教育到周边村社区,开展"彩虹计划"陪伴村社区留守儿童。一系列"双百双进"实践活动给基层送去了服务,也提高了学生的思想认识,锻炼了学生的专业本领,同时在实践过程中,基层对大学生团队长期定点实践的强烈需求为挂职锻炼项目的孕育提供了契机。2016年下半年,浙江财经大学东方学院联合长安镇(高新区)党委和团委展开调研,征集当地25个村社区意见,提出优秀大学生赴基层挂职锻炼方案,并多次开展镇区协调会统一挂职锻炼岗位和挂职时间,讨论挂职管理办法。2017年3月,在海宁市团委的大力支持和长安镇(高新区)党委、团委的联合推动下,浙江财经大学东方学院首批50名优秀青年骨干学生赴学院周边25个村社区开展为期1年的挂职锻炼。截至2018年底,东方学院已连续开展两期挂职实践，共输送优秀青年骨干100人，服务群众9万人次。

二、项目实施方法与策略

浙江财经大学东方学院"双百双进"优秀大学生赴基层挂职锻炼项目是以海宁市长安镇（高新区）25个村社区为实践育人平台选派优秀大学生骨干到村社区团支部副书记和妇联副主席岗位开展为期1年的挂职锻炼实践活动。

（一）项目领导

2017年3月学院成立"双百双进"优秀大学生赴基层挂职锻炼实践中心（下称实践中心），实践中心领导班子由学院领导班子和镇区领导班子共同组建，实践中心工作由东方学院分管学生工作的党委副书记主持召开。中心成立至今，共召开大小工作会议6次，就挂职项目的管理、考核、奖惩等展开讨论并形成了一套完整的运行机制。2017年10月，实践中心会议讨论决定选派东方学院2名优秀青年教师赴长安镇（高新区）分别挂职团委副书记和妇联副主席岗位，负责大学生挂职锻炼项目的校地联络和日常管理工作。至此，挂职锻炼项目形成了"一个中心两大抓手"的领导管理模式。

（二）项目设计

实践中心在充分调研挂职村社区乡情区位和各二级分院优势特色基础上，将25个村社区划成东南西北四个片区，各二级分院平均对接3个村社区，每两个二级分院主管一个片区，挂职学生由对接二级分院自主选拔、培训和考核。各二级分院与对接村建立合作共建关系，支持挂职学生开展挂职工作，为对接村提供持续的智力支持。2017~2018年，各二级分院完成"双百双进"专项活动申报8项，立项"双百双进"专项暑期社会实践团队26支，支持村社区开展文化活动50余场，提供志愿者1 000余人次。以二级分院作为挂职学生组织后盾，既可发挥挂职学生主观能动性，也为二级分院实践育人搭建广阔平台，更能凝聚二级分院力量助力村社区发展，展现大学担当。

（三）内容布置

实践中心在汲取第一期"挂职工作内容不明确，挂职成绩不突出"的经验教训后深入基层调研，明确和布置第二期挂职工作内容，要求挂职学生结合自己挂职岗位完成"挖掘一批青年或妇女典型、开辟一个线下阵地、搭建一个网络平台、开展一项实地调研"的"四个一"特色工作和协助党总支书记完成村社区剿灭劣V类水、垃圾分类、美丽乡村创建、乡村振兴等常规中心工作，发挥大学生的思考力、创造力、行动力。第二期挂职学生走访先进典型开展调研，帮助25个村社区建立和完善微信平台，信息更新及时，平台用户关注度大幅提高。各村社区在挂职学生的推动下成立了"妇女之家""青年之家"等线下阵地。"四个一"特色工作和中心常规工作真正确保挂职学生"挂实职、办实事、务实效"。

（四）过程管理

实践中心在2017年3月讨论通过《浙江财经大学东方学院"双百双进"优秀大学生赴基层挂职锻炼管理办法》，对挂职时间、挂职条件、选拔程序、挂职内容、日常管理、挂职考核、激励保障和监督退出机制等作了详细规定。统一《挂职锻炼手册》，建立一年一次项目对接启动仪式和年终表彰大会，一月一次片区工作汇报、三月一次全区挂职座谈以及不定期接受市级调研座谈的完整动态监督管理体系。此外，建立全片区的挂职新闻报送群，要求挂职学生每天及时上报工作内容，由海宁日报长安驻点记者每周采集素材制作和推送《用脚步丈量青春，挂职学生在行动》系列报道，让更多海宁人民关注、监督和支持大学生基层挂职工作。自上而下的完善制度和自下而上的工作汇报座谈体系让挂职项目规范有序运作。

（五）奖惩落实

挂职锻炼项目经过一年的实践，部分问题暴露，例如挂职周期长，挂职学生容易出现前期热情高、后期工作怠慢的情况，除了不断加强过程激励和监督外，第二期引进挂职退出机制，对因身体状况、思想作风、工作态度和工作能力等原因不适宜继续挂职的学生按程序及时处理并终止挂职。此外，挂职锻炼考核等级与第二课堂学分认定、荣誉称号评定、入党推荐挂钩，给予挂职业绩突出的学生一定奖励保障。第一期挂职锻炼项目结束后，有20名优秀学生骨干被评为"双百双进"先进个人，5人被推荐给党组织考虑发展。奖惩匹配，确保挂职学生始终保持高昂激情。

三、项目效果及意义

东方学院"双百双进"优秀大学生赴基层挂职锻炼项目作为浙江省"双百双进"首个高校与地方基层一线深度持续合作的社会实践项目得到浙江新闻网、浙江文明网、浙江在线、南湖晚报、海宁日报、海宁电视台、新浪网、搜狐网等多家媒体的广泛报道，赢得社会多方认可。经过两年的实践，挂职锻炼项目成效初显，主要体现如下：

（一）创新"双百双进"工作

"双百双进"大学生赴基层挂职实践是在新形势、新任务、新情况、新变化条件下对"双百双进"活动的模式创新和内涵发展。相比暑期集中式的社会实践，挂职锻炼的实践时间更长更灵活，实践内容更加丰富，实践可以发挥的主观能动性更强。此外，固定的工作岗位、较为稳定的工作场所和人事环境，可以让大学生更好发挥专业优势，长才干，做贡献。挂职锻炼不是"双百双进"活动创新的唯一模式，却是一种值得坚持、研究、推广的实践新模式。经过两年的挂职锻炼项目试水，东方学院总结开展经验，调整和优化开展方式，总结摸索出了一套适合东方学院的模式体系，这些实践和理论经验值得推广。

（二）丰富学院育人模式

东方学院从2010年整体搬迁至海宁长安校区以来一直致力于探索和创新因地制宜的校地合作育人新模式。"双百双进"优秀大学生赴基层挂职锻炼项目契合东方学院应用型人才培养目标，对深入推进东方学院立德树人实践育人工作和进一步引导东方学院青年学生深入基层、服务群众、奉献青春意义重大，因此挂职锻炼项目初孕育时，学院领导大力支持和推进项目落地生根。经过两年的孵化，挂职锻炼育人效果初显，参加第一期挂职的学生中有38名学生为今年毕业学生，对这38名学生的就业追踪显示28名学生报考了国家和省公务员招考，其中5名学生考上了地方公务员，未考上的学生也陆续进入国企、500强民企、律师事务所等单位高质量就业。就业数据充分表明在基层锻炼的学生综合素质高，极受用人单位青睐。这是对学院人才培养的充分肯定和高度认可。

（三）补充基层治理力量

东方学院挂职学生所在的25个村社区存在不同程度的基层工作力量薄弱、基层治理创新不足等问题。2018年，长安镇（高新区）原先的团委、妇联、科协、残联、工会改革调整为群团中心，上层机构的调整对各村社区群团改革提出了要求，在这样的背景下，大学生下基层挂职不仅有效补充基层工作力量，同时也承担起基层群团改革重任。大学生挂职村社区，看似是一个人的力量，其实他们身后是一个二级分院的人力和智力。2017~2018年，挂职学生发挥聪明才智，在群团线上线下阵地建设、文化活动策划、政策法规宣传、志愿服务等方面贡献了巨大力量。例如挂职鹿耳村的鲍奕廷在二级分院的支持下组建"爱心家教"志愿团队，以"帮扶弱小，青春芬芳留香"为寓意开展"扶芳公益课堂"长期志愿服务，得到当地村民一致称赞和媒体广泛报道。

（四）提升学生综合素质

挂职锻炼项目是全面提高大学生思想道德素质和科学文化素质的重要平台，挂职锻炼让大学生提早感受职场生活，他们在新的工作环境不得不快速熟悉工作任务、厘清工作思路、制订工作计划、执行工作实务、总结工作绩效。挂职让他们思考和磨炼自己的人际沟通、活动策划、方案写作、组织协调、演讲汇报等能力。又因为挂职工作的社会性、基层性、公共性、琐碎性，工作对象的广泛性，挂职学生变得更加耐心和包容。挂职是一份工作是一场实战更是一份责任，经过基层工作的洗礼，挂职学生越发自信、自觉、自强。

四、项目存在的问题及未来的考虑

东方学院"双百双进"优秀大学生赴基层挂职锻炼项目取得一定成效的同时，也在不断反思项目的不足和思考改进方法。

（一）挂职管理制度赶不上实际变化

实践中心在多次的调研和讨论中出台了《浙江财经大学东方学院"双百双进"优秀大学生赴基层挂职锻炼管理办法》，该管理办法虽然对挂职条件、选拔程序、挂职内容、日常管理、挂职考核、激励保障和监督退出机制等作了详细规定，但在实际操作中，新问题层出不穷，制度赶不上变化，制度还需不断与时俱进。

（二）挂职时间跟不上挂职工作

项目调研和回访中，不少村社区负责任人表示学生挂职时间不连续、不固定，系统性的工作不便交给学生独立完成，挂职学生更多像是小时工，多负责文字整理编辑。今后，学院考虑将暑假和寒假纳入挂职时间，让挂职学生有更加连续和完整的时间开展工作，发挥主观能动性。

（三）挂职研究得不到鼓励支持

东方学院"双百双进"优秀大学生赴基层挂职锻炼项目开展两期，积累了丰富的研究素材，但是很少有师生对挂职锻炼工作取得的成效、存在的问题进行系统深入的分析。加强项目研究是使项目更具科学合理的重要方法。东方学院今后会引导和鼓励更多师生以挂职锻炼为课题开展多样研究，为项目今后发展提供更多理论依据。

"双百双进"优秀大学生赴基层挂职锻炼是新时代新形势下培养锻炼学生干部的一种重要途径和方式，是各大高校探索校地深度合作的有效借鉴模式。未来，继续打磨完善项目各项管理制度，加强项目的总结和研究，是项目走向成熟的考虑举措。

参考文献

[1] 胡敏，孙欢欢. 大学生社会实践新模式——以宁波大学选派优秀大学生地方挂职为例 [J]. 宁波大学学报（教育科学版），2008，30（2）：136－139.

[2] 林纯，钟咏斯，侯淑华，方妙芬，李昊臻. 构建大学生党员挂职基层常态化机制的思考——以中山大学南方学院党员实践基地为例 [J]. 江西青年职业学院学报，2016（3）：16－18.

[3] 安利利，宋健熊，艺钧. 高校研究生挂职锻炼实践模式的问题探究 [J]. 当代教育实践与教学研究，2017（2）：16－18.

[4] 崔锦铭，胡锦涛，吴学科. 社会角色视阈下大学生团干部到地方挂职锻炼的冷思考 [J]. 中国高新区，2018（7）：44－45.

[5] 刘怀宇，朱艺彬. 大学生骨干来莞挂职村长助理 210 名优秀大学生将在莞开展实践锻炼活动 [N]. 东莞日报，2008－8－7（2）.

[6] 董碧水. 打造大学生社会实践升级版，浙江："双百双进"让青春更接地气 [N]. 中国青年报，2016－11－29（1）.

高校辅导员在大学生就业指导中的角色及作用研究

王书渠

（浙江财经大学东方学院学生工作部，浙江 海宁 314408）

摘 要：高校辅导员在大学生就业指导中扮演着重要的角色并发挥着积极的作用。文章通过对当前大学生就业指导工作的现状、高校辅导员在大学生就业指导中的重要性、扮演的角色和存在的问题进行全面客观的分析，提出了发挥高校辅导员在大学生就业指导中作用的有效策略。

关键词：辅导员；大学生；就业指导；角色；作用

当前，大学生就业问题成为高校工作的重点，做好大学生就业工作是学生、家长和社会的殷切期望，也是时代赋予高校教育工作者的光荣使命，尤其是辅导员承担着不可推卸的责任[1]。高校辅导员在大学生就业指导中发挥着重要的作用，有利于指导大学生树立正确的就业观，培养大学生的就业能力，提高大学生职业素养和就业竞争力，引导大学生实现个人价值。因此，高校要充分发挥辅导员在大学生就业指导中的角色和作用，提高大学生就业指导工作的实效性。

一、当前大学生就业指导工作的现状分析

目前，高校通过开展就业辅导报告会、讲座等突击辅导的形式，指导大学生掌握就业形势和求职岗位需求，积极开展就业指导工作。高校对大学生的专业情况和兴趣特长掌握得不够准确，很难有针对性地根据大学生的个性特点制定切实可行的就业辅导方案，不利于高校有目的、有针对性地开展就业指导工作。目前，大学生就业指导课程设计不够合理，就业指导形式单一，就业指导课程内容仅仅是从宏观地角度阐述基本理论和就业形势，然而对大学生职业生涯规划情况和市场对人才的需求状况等论述的不够清晰，大学生就业指导工作仅停留在理论上，就业指导教学不能满足大学生就业需要。由于就业指导工作者缺乏专业的就业指导知识和具体的实践操作经验，导致高校就业指导工作缺乏有效性和针对性。

二、高校辅导员在大学生就业指导中的重要性

由于辅导员同大学生接触的时间较长,对大学生思想、学习和生活了解深入,而且大学生对辅导员充满着无比的信任,辅导员能够全面了解和掌握大学生的就业期望值和就业动向,辅导员可以有针对性地结合时代发展的要求和大学生的个性特点宣传国家的就业政策、提供就业信息、开展就业实践等活动,更好地指导大学生开展就业工作。辅导员是大学生的良师益友,除了从事日常管理工作外,辅导员还肩负着大学生的就业指导工作。辅导员应从大学生整体的就业趋势入手,客观全面地对大学生个体状况进行具体分析,准确地结合大学生的自身优势和个性特点帮助大学生制定切实可行的职业生涯规划,同时,注重培养大学生良好的职业素养、扎实的专业理论知识、丰富的职业技能,促进大学生的全面发展,全面地开展指导就业工作。

三、高校辅导员在大学生就业指导中的角色定位

(一)大学生就业政策的宣讲者

为更好地开展大学生就业指导工作,国家出台了一系列大学生就业扶持政策、就业实施意见和就业优惠政策等,目的是通过规范性文件更好地落实大学生就业政策,实施大学生就业方案,规范大学生就业流程,积极开展大学生就业服务工作。辅导员是大学生就业政策的宣讲者,通过开展讲座、报告会等形式细致解读大学生就业政策和相关文件精神,使大学生能够准确掌握就业形势,了解就业程序,熟悉社会对人才的需求,更好地引导大学生结合自身特点树立正确的择业观,做好职业生涯规划。

(二)大学生就业信息的传递者

由于大学生未步入社会,在就业方面知之甚少,特别是对国家的就业政策、当前的就业形势和近年来大学生就业情况不熟悉、了解地不够透彻,同时,关于大学生就业方面信息数量较少,大学生获取就业信息的途径有限,不利于大学生设计和规划自己的职业生涯,也不利于大学生开展就业创业活动。辅导员作为大学生就业信息的传递者,承载着大学生就业信息传递的重任,辅导员收集、筛选、汇总和整理各种就业信息,及时传达至大学生,辅导员成为用人单位和大学生之间联结的纽带,辅导员认真做好就业信息的传递工作,提高大学生就业信息的知晓度。

(三)大学生职业生涯的指导者

由于大学生一直处于学习状态,对社会认识和了解较少,在就业方面没有充足的社会经验;同时大学生还处于青春期,生理和心理各方面发展不稳定,对自身认识不足,不能科学地定位自己未来的发展方向,迫切需要教师的帮助和指导。辅导员作为大学生

职业生涯的指导者，能够全面了解和掌握大学生的专业学习情况、个性特点和兴趣爱好等，有针对性地引导大学生制定符合自身特点的职业生涯规划，并在职业规划各阶段进行不定期的指导和监督，以便于达到预期的效果。

（四）大学生求职能力的培育者

大学生在校期间不仅要认真学习专业文化知识，还应该不断加强自身能力和素质的培养，更好地适应求职的需要。尤其是大学生毕业后，要步入社会参加工作，大学生的职业素养和求职能力的培育就显得尤为重要。辅导员作为大学生求职能力的培育者，能够帮助大学生建构合理的职业规划体系，指导大学生树立正确的择业观，培养大学生良好的职业素养，引导大学生确立合理的职业规划目标，并结合社会对人才的需求做出职业规划改变和调整，更好地帮助大学生实现就业。

（五）大学生心理压力的疏导者

大学生刚走出校园，面对严峻的就业形势，由于思想认识不到位、基本理论知识不扎实、社会实践经验不足，对就业产生畏难心理、焦虑心理和恐惧的心态，导致大学生就业压力大，影响顺利就业。辅导员作为大学生心理压力的疏导者，通过开展大学生就业辅导、心理咨询辅导、一对一的心理咨询等解决大学生就业困惑，指导大学生坚定理想信念，克服就业带来的心理压力，提高大学生战胜困难的勇气和信心，帮助大学生成功就业。

四、高校辅导员在大学生就业指导中存在的问题

（一）高校辅导员队伍专业化建设滞后

当前，高校对大学生就业工作重视程度不够，组织领导弱化、职能分工不明确、缺乏合理的组织设置，大学生就业工作机制亟待健全。高校在大学生就业教育的投入力度不足，特别是财政经费侧重于教育教学和科研工作，严重忽视了大学生就业教育的投入力度。大学生就业指导教育主要是由辅导员来承担，但是辅导员还负责学院行政工作、大学生日常管理和选修课的教学工作，时间和精力较为有限，导致辅导员很难全身心地投入大学生就业指导工作。辅导员在大学生就业辅导工作中，专业理论性较强，缺乏社会实践经验，忽视了对大学生就业能力的教育和就业素质的培养，在大学生就业教育的管理层面缺乏有效的管理机制和监督体制。

（二）就业指导缺乏专业性和针对性

就业指导是一门专业性和综合性极强的学科[2]。目前，在大学生就业指导工作中，高校一直沿袭传统的就业教育指导模式，没有充分结合当前社会对人才发展的需要和大学生的个性特点进行教学课程设置，严重忽视了大学生实践能力和操作能力的培养，存

在就业指导内容与社会实践严重脱节的现象。在大学生就业指导教育设置中，呈现出专业理论性强、内容枯燥乏味，就业指导教育形式比较呆板、不灵活，就业指导实践载体形式单一，就业指导的考核监督机制还有待于完善，高校就业指导工作缺乏专业性和针对性。

（三）就业指导缺乏层次性和递进性

大学生就业指导工作不是短暂、一蹴而就的，它是一个循序渐进和持续发展的过程。大学生就业指导工作需要对学生进行长期持续性教育[3]。当前，大学生就业指导工作仅仅局限于即将步入社会的应届毕业生，大学生就业指导工作只是宏观地对就业形势进行解读，缺乏细致具体的职业规划和分层次的实施，因而高校对于其他年级的大学生缺少必要的培养和教育，导致大学生就业指导工作缺乏长效性和分阶段培养。大学生就业指导是一个渐进和不断深化的过程，但高校将就业指导工作重点放在专业理论知识的培养，却忽视了面试技巧、求职技能和职业素养的培育，导致高校就业指导工作缺乏实践性和递进性。

（四）辅导员的素质和业务能力有待提高

在大学生就业指导工作中，辅导员的素质和业务能力起着重要的作用。但是，当前辅导员主要负责大学生的日常管理，然而对大学生就业指导工作了解较少、工作抓得不扎实，大学生就业指导工作仅停留在表面、不切合实际。在大学生就业指导工作中，辅导员对大学生未来职业规划关注得少，缺乏准确的把握；辅导员对当前就业形势和就业岗位的需求掌握得不够全面、准确；辅导员缺乏丰富的社会实践经验和专业化的技能，在大学生职业生涯规划设计、职业岗位的选择、求职应聘技能等方面缺乏指导经验，辅导员的素质和业务能力都有待提高。

五、发挥高校辅导员就业指导作用的有效策略

（一）改变传统的就业指导理念，全力推进高校就业指导工作

高校要始终坚持以大学生为主体，立足于大学生就业需求，改变传统的就业指导理念，充分发挥辅导员的积极作用，指导大学生社会角色的转变，帮助大学生成功就业。辅导员在大学生就业指导工作中不仅要从宏观的角度对就业形势进行客观地解读，而且要细化大学生职业生涯规划方案，科学地对大学生进行分类别、分层次的就业指导，建立大学生就业指导工作长效机制。辅导员要根据大学生的个体差异和职业诉求，因人而异、因材施教，制定符合大学生个性特点的职业规划设计方案，并不定时地做好跟踪和督导工作。辅导员不但要将就业指导工作重点放在专业理论知识的讲授，而且还应该重点加强大学生思想道德品质、面试技巧、职业素养的培育，使高校就业指导工作体现人文性和个性化，真正帮助大学生顺利就业。

(二) 创新就业指导的内容和形式，提升就业辅导的服务功能

高校要将大学生就业工作贯穿于整个教育教学活动，坚持以人为本，不断丰富就业指导的内容，创新就业指导的形式，提高大学生的就业能力，切实加强大学生就业指导工作的途径和方法创新。作为学生大学生活中的直接管理者，辅导员与学生有着最直接、最广泛的接触[4]。辅导员要根据大学生的个性特点，建立科学合理的就业人才培养方案，通过课堂教学讲授当前的就业形势、国家的就业政策、大学生职业生涯规划等就业基础知识，同时将大学生的职业生涯规划和市场对人才的供需要求紧密结合，不断提高大学生的就业认识能力。辅导员通过校企合作、大学生孵化创业项目和科学研究等多种形式，将大学生就业指导和社会实践相结合，提高大学生就业本领、提升就业能力，使大学生就业指导工作更加深入、更加具体。同时，辅导员要加强对大学生的人文关怀和心理疏导，密切关注大学生的思想动态和心理状态，加强国家就业政策的宣传和教育，引导大学生树立正确的就业观，以积极的心态开展求职工作。

(三) 积极开展全过程就业指导，提高大学生的就业创业能力

高校辅导员要不断加强全过程就业指导的认识，丰富就业指导的内容，加强就业指导的宣传和引导，全身心的投入大学生就业指导工作。辅导员要根据市场需求和大学生的个性特点，指导大学生制定符合本人情况的职业生涯规划，并不定期地跟踪和引导，帮助大学生确定求职意向。辅导员要密切关注求职市场，加强与用人单位的联系，利用微博、微信、QQ、校园网站等及时发布各类招聘信息，以供大学生参考，为大学生提供更多的就业信息。辅导员要密切关注大学生的思想动态和心理状况，对于大学生的心理障碍及时发现和解决。辅导员通过开展大学生就业指导专题培训，聘请人社部门专家讲学，邀请成就人士谈就业经验，深入基层、机关、企业等开展社会实践活动，不断加强大学生对于就业前景、就业内容的认识，为大学生的成功求职奠定坚实的基础。

(四) 加强高校辅导员队伍建设，提高辅导员就业指导的水平

高校要加强组织领导，明确职责分工，健全和完善大学生就业指导工作机制，加强大学生就业指导工作的投入力度。辅导员是大学生就业指导工作的主力军，高校要优化师资力量，全面提高辅导员的专业知识和职业素养，打造一支高素质教师队伍。高校要密切结合就业形势和大学生自身的特点，开展国家就业政策培训、政治理论专题培训、心理学知识专题培训等，不断提高教师的思想政治理论修养和业务能力，提高教师就业指导知识和心理学知识的运用能力。同时，高校要注重辅导员业务能力的培养，切实加强高校辅导员队伍建设。在大学生就业指导工作中，辅导员要始终坚持以大学生为中心，创新就业指导理念，改变传统的就业指导模式，积极开展就业实践教学，提高大学生就业本领，更好地适应职业岗位需求。

综上所述，高校要改变传统的就业指导理念，创新就业指导的内容，丰富就业指导的形式，积极开展全过程就业辅导活动，不断加强高校辅导员队伍建设，提高辅导员就

业指导的服务水平，全力推进高校就业指导工作的顺利开展。

参考文献

[1] 门媛媛，崔勇.高校辅导员在大学生就业指导工作中的角色扮演 [J].出国与就业，2011（7）.

[2] 迟姗姗.辅导员在大学生就业指导中的角色和作用 [J].科技致富向导，2013（9）.

[3] 葛睿.辅导员在大学生就业指导工作中发挥的作用分析 [J].湖北函授大学学报，2016（10）.

[4] 郝玉瑛，李青，周东坡.高校辅导员在大学生就业指导中的定位 [J].山西青年，2016（10）.

后　　记

　　丛书在征稿、评审、校稿过程中，受到了学院领导、校内外专家、广大投稿者的大力支持，在丛书出版之时，谨向关怀丛书编写工作的各方人士、为丛书提供稿件的来稿者、参与丛书稿件评审的校内外专家表示衷心的感谢！

　　由于时间短促，丛书在内容取舍与阐述上难免存在不足，错漏和不当之处，在所难免，敬请广大读者不吝赐教和斧正，如您对丛书的相关栏目有独到见解，欢迎邮件来稿（dfyslc@163.com）探讨。